“十二五”职业教育国家规划教材
经全国职业教育教材审定委员会审定

普通高等教育“十一五”国家级规划教材

国家文化产业资金支持媒体融合重大项目

普通高等教育精品教材
高等职业教育专业基础课教材新系

Jingjixue Jichu

经济学基础

（第七版）

吴学军　主　编
杨学慧　齐守泉　韩肖肖　副主编

东北财经大学出版社
Dongbei University of Finance & Economics Press　大连

图书在版编目（CIP）数据

经济学基础 / 吴学军主编. —7版. —大连：东北财经大学出版社，2023.8

（高等职业教育专业基础课教材新系）

ISBN 978-7-5654-4941-3

Ⅰ.经…　Ⅱ.吴…　Ⅲ.经济学-高等职业教育-教材　Ⅳ.F0

中国国家版本馆CIP数据核字（2023）第155966号

东北财经大学出版社出版

（大连市黑石礁尖山街217号　邮政编码　116025）

网　址：http：//www.dufep.cn

读者信箱：dufep@dufe.edu.cn

大连天骄彩色印刷有限公司印刷　　东北财经大学出版社发行

幅面尺寸：185mm×260mm　　字数：344千字　　印张：15.5

2023年8月第7版　　2023年8月第1次印刷

责任编辑：魏　巍　宋雪凌　　责任校对：张晓鹏

封面设计：原　皓　　版式设计：原　皓

定价：38.00元

教学支持　售后服务　　联系电话：（0411）84710309

如有印装质量问题，请联系营销部：（0411）84710711

富媒体智能型教材出版说明

“财经高等职业教育富媒体智能型教材开发系统工程”入选国家新闻出版广电总局新闻出版改革发展项目库，并获得文化产业专项资金支持，是“国家文化产业资金支持媒体融合重大项目”。项目以“融通”“融合”“共建”“共享”为特色，是东北财经大学出版社积极落实国家推动传统媒体与新媒体融合发展的重要举措之一。

“财济书院”智能教学互动平台是该工程项目建设成果之一。该平台（www.idufep.com）通过系统、合理的架构设计，将教学资源与教学应用集成于一体，具有教学内容多元呈现、课堂教学实时交互、测试考评个性设置、用户学情高效分析等核心功能，是高校开展信息化教学的有力支撑和应用保障。

富媒体智能型教材是该工程项目建设成果之二。该类教材是我社供给侧结构性改革探索性策划的创新型产品，是一种新形态立体化教材。富媒体智能型教材秉持严谨的教学设计思想和先进的教材设计理念，为财经职业教育教与学、课程与教材的融通奠定了基础，较好地避免了传统教学模式和单一纸质教材容易出现的“两张皮”现象，有助于教学质量的提高和教学效果的提升。

从教材资源的呈现形式来说，富媒体智能型教材实现了传统纸质教材与数字技术的融合，通过二维码建立链接，将VR、微课、视频、动画、音频、图文和试题库等富媒体资源丰富地呈现给用户；从教材内容的选取整合来说，其实现了职业教育与产业发展的融合，不仅注重专业教学内容与职业能力培养的有效对接，而且很好地解决了部分专业课程学与训、训与评的难题；从教材的教学使用过程来说，其实现了线下自主与线上互动的融合，学生可以在有网络支持的任何地方自主完成预习、巩固、复习等，教师可以在教学中灵活使用随堂点名、作业布置及批改、自测及组卷考试、成绩统计分析等平台辅助教学工具。

“重塑教学空间，回归教学本源！”“财济书院”平台不仅仅是出版社提供教学资源和服务的平台，更是出版社为作者和广大院校创设的一个教学空间，作者和院校师生既是这个空间的使用者和消费者，也是这个空间的创造者和建设者，在这里，出版社、作者、院校共建资源，共享回报，共创未来。

最后，感谢各位作者为支持项目建设所付出的辛劳和智慧，也欢迎广大院校在教学中积极使用富媒体智能型教材和“财济书院”平台，东北财经大学出版社愿意也必将陪伴广大职业教育工作者走向更加光明而美好的职教发展新阶段。

东北财经大学出版社

7TH EDITION PREFACE

第七版 前言

党的二十大报告提出："加快发展数字经济，促进数字经济和实体经济深度融合。"经济学教材也必须顺应国家经济改革及高职教育发展趋势，及时进行更新和完善。本书出版二十多年来，深受高职院校师生欢迎，被教育部评为"普通高等学校精品教材""普通高等教育'十一五'国家级规划教材""'十二五'职业教育国家规划教材"。

本书以资源优化配置为主线，紧紧围绕社会四大经济主体的经济运行抉择（降低或提高抉择效益）展开，形成了清晰的逻辑线条，大幅提升了本书的理论系统性和逻辑严谨性。同时，编写团队以"思政与铸技有机融合"为原则，突出职业教育特点，统筹教材、教法改革，最终成功编纂了一本"知识呈现、情景趣味、形式新颖"相互融合、具有中国特色的职业教育教学改革融合创新型教材。

结合国内外经济形势的变化和加快发展数字经济的时代背景，在此次修订中，本书深入阐释中国特色社会主义经济学相关内容，提炼有价值的亮点。具体来说，本书具有以下特点：

1.巧妙融入思政元素，深入落实立德树人根本任务

本书紧密结合党的二十大报告内容，切实推动习近平新时代中国特色社会主义思想进教材、进课堂、进头脑，进而入脑、入心、入魂。例如，提炼"素养目标"，使其与"知识目标"和"技能目标"有机结合，引导学生将实现个人价值与国家发展、民族复兴、人类福祉紧密相连；设计"启智润心"栏目和"思政课堂"微课，精选典型思政案例，充分体现习近平新时代中国特色社会主义思想，体现世情、国情、党情、民情，大力弘扬以爱国主义为核心的民族精神和以改革创新为核心的时代精神，在提炼思政元素的基础上，启发学生明理善行，引导学生将职业技能与职业精神相融合，培养学生坚定的理想信念、良好的职业道德、甘于奉献的劳模精神及精益求精的工匠精神。

2.补充新时代创新理论内容，呈现中国特色社会主义经济学框架

本次修订过程中，编写团队及时补充了新时代创新理论内容。在介绍我国社会主义市场经济理论时，增加了习近平新时代中国特色社会主义经济思想的主要内容；在阐述收入分配理论时，增加了党的二十大报告中关于“中国式现代化是全体人民共同富裕的现代化”的论述，尤其是对“共同富裕”相关内容进行了科学阐释；在概括可持续发展历史进程时，增加了国际、国内最新发展史料，尤其是论述了习近平生态文明思想的主要内容；在论述我国现代市场经济体制模式的选择时，修改并归纳了我国社会主义市场经济体制的发展历程和特征。完善以上内容，可以更好地呈现中国特色社会主义经济学框架。

3.融入职教案例，体现校企合作“双元”育人

通过深化产教融合、校企“双元”结合，及时反映中国经济发展新变化、新要求。本书强化行业指导、企业参与，以真实生产项目、典型案例等为载体组织教学单元，设置“经济视野”栏目，及时融入反映我国经济发展特点和改革实践成果的新观点、新理论、新规范，提升教材的适用性。同时，本书坚持职教特色，坚持与时代特征、经济发展、学生需求相结合，提供符合职业院校学生学情特点的相关资料，通过深入分析中国特色经济发展典型案例，讲好中国故事。

4.探索纸质教材数字化改造新模式，推进职业教育信息化建设

本书紧跟职业教育信息化的发展要求，依托在线平台搭建课程资源，形成更多可听、可视、可练的数字资源，包括微课、习题、答案等。其中，微课资源打通了教学中的重点和难点，是对本书内容的有效拓展和补充。“在线测评”内容采用即测即评的形式，学生通过扫码答题即可测试本章学习情况，巩固了所学内容，增强了纸书的互动性。

本书由济南工程职业技术学院吴学军教授担任主编，杨学慧、齐守泉、韩肖肖担任副主编。具体编写分工如下：吴学军、齐守泉编写1～3章，韩肖肖和马方编写4～6章，时培凤和王俊编写7～9章，李青虔和杨学慧编写10～12章。济南产发农业科技有限公司的王鹰提供了部分中国经济改革实践案例。吴学军教授负责全书的总纂定稿。

本书在编写过程中参阅了大量的文献专著，在此向这些编著者表示诚挚的谢意。虽然经过反复校对，但由于时间和水平所限，不足之处在所难免，敬请读者教正！

编　者

2023年6月

Contents

目录

第1编　基础理论

第1章　经济学的研究对象 / 3

1.1　经济学的产生 / 4

1.2　经济学的研究对象与任务 / 9

1.3　经济学的研究方法及地位 / 12

1.4　经济学十大原理 / 16

第2章　交换、分工与货币 / 21

2.1　交换与分工 / 22

2.2　间接交换与货币 / 26

2.3　价格与均衡价格 / 30

第3章　市场经济 / 43

3.1　市场与市场经济 / 44

3.2　市场机制及市场规则 / 46

第2编　经济制度分析

第4章　财产制度 / 55

4.1　财产和产权 / 56

4.2　产权制度与资源配置效率 / 62

4.3　企业财产组织形式 / 66

第5章　收入分配制度 / 73

5.1　收入分配原则和分配方式 / 74

5.2　适度差别及其实现 / 79

5.3　效率与公平 / 83

第3编 微观经济分析

第6章 消费者选择 / 95
6.1 效用最大化 / 96
6.2 消费者偏好及物品替代 / 98
6.3 收入、价格对消费的影响 / 100
6.4 消费结构及方式 / 105

第7章 家庭经济行为 / 113
7.1 收入最大化 / 114
7.2 家庭投资决策 / 119

第8章 企业生产行为分析 / 127
8.1 企业追求利润最大化 / 128
8.2 生产理论与技术创新 / 129
8.3 生产成本分析 / 134
8.4 企业家与市场过程 / 140

第9章 不同市场结构中企业生产行为分析 / 147
9.1 市场及其结构的类型 / 148
9.2 完全竞争市场中企业的产量决策 / 149
9.3 完全垄断市场中企业的价格和产量决策 / 151
9.4 垄断竞争者和寡头的决策 / 153

第4编 宏观经济分析

第10章 社会总供求的平衡与失衡 / 165
10.1 社会总需求的形成 / 167
10.2 均衡国民收入 / 171
10.3 市场失灵与政府干预 / 178
10.4 经济增长与经济波动 / 184

第11章 国际贸易与总供求平衡 / 199
11.1 国际贸易 / 200
11.2 国际资本流动 / 207
11.3 汇率 / 211

第12章 经济体制 / 219
12.1 现代市场经济体制的产生及演变 / 221
12.2 中国现代市场经济体制模式的选择 / 225

主要参考文献 / 233

数字资源目录

章	数字资源	页码
第 1 章 经济学的研究对象	思维导图 1-1　经济学的研究对象	3
	思政课堂 1-1　正确发挥市场作用和政府作用　推动经济高质量发展	8
	经济课堂 1-1　经济学的研究对象	9
	在线测评 1-1　选择题	19
第 2 章 交换、分工与货币	思维导图 2-1　交换、分工与货币	21
	思政课堂 2-1　价格政策彰显社会主义经济制度优越性	37
	经济课堂 2-1　均衡价格	34
	在线测评 2-1　选择题	40
第 3 章 市场经济	思维导图 3-1　市场经济	43
	思政课堂 3-1　厚植诚信美德　优化营商环境	48
	经济课堂 3-1　市场	44
	在线测评 3-1　选择题	50
第 4 章 财产制度	思维导图 4-1　财产制度	55
	思政课堂 4-1　健全产权保护制度　全面推进依法治国	61
	经济课堂 4-1　产权制度在市场经济中的功能	64
	在线测评 4-1　选择题	71
第 5 章 收入分配制度	思维导图 5-1　收入分配制度	73
	思政课堂 5-1　促进社会公平　实现共同富裕	82
	经济课堂 5-1　洛伦兹曲线和基尼系数	79
	在线测评 5-1　选择题	92
第 6 章 消费者选择	思维导图 6-1　消费者选择	95
	思政课堂 6-1　大学生理性消费	97
	经济课堂 6-1　边际效用及其递减规律	96
	经济课堂 6-2　消费者偏好	98
	在线测评 6-1　选择题	111

章	数字资源	页码
第7章 家庭经济行为	思维导图7-1　家庭经济行为	113
	思政课堂7-1　教育公平是社会公平的重要基础	123
	经济课堂7-1　投资及风险分散决策	120
	在线测评7-1　选择题	124
第8章 企业生产行为分析	思维导图8-1　企业生产行为分析	127
	思政课堂8-1　新时代企业家的责任与担当	142
	经济课堂8-1　生产函数	129
	经济课堂8-2　机会成本	139
	在线测评8-1　选择题	145
第9章 不同市场结构中企业生产行为分析	思维导图9-1　不同市场结构中企业生产行为分析	147
	思政课堂9-1　资本主义垄断的形成及危害	158
	经济课堂9-1　市场结构类型	148
	经济课堂9-2　纳什均衡	155
	在线测评9-1　选择题	160
第10章 社会总供求的平衡与失衡	思维导图10-1　社会总供求的平衡与失衡	165
	思政课堂10-1　增进民生福祉　提高人民生活品质	188
	经济课堂10-1　国内生产总值	171
	经济课堂10-2　通货膨胀	193
	在线测评10-1　选择题	196
第11章 国际贸易与总供求平衡	思维导图11-1　国际贸易与总供求平衡	199
	思政课堂11-1　人民币国际化的趋势及意义	215
	经济课堂11-1　国际贸易的产生与发展	201
	在线测评11-1　选择题	217
第12章 经济体制	思维导图12-1　经济体制	219
	思政课堂12-1　以人民为中心的发展思想贯穿统筹推进“五位一体”	229
	经济课堂12-1　西方发达国家现代市场经济体制	221
	在线测评12-1　选择题	231

思政导图

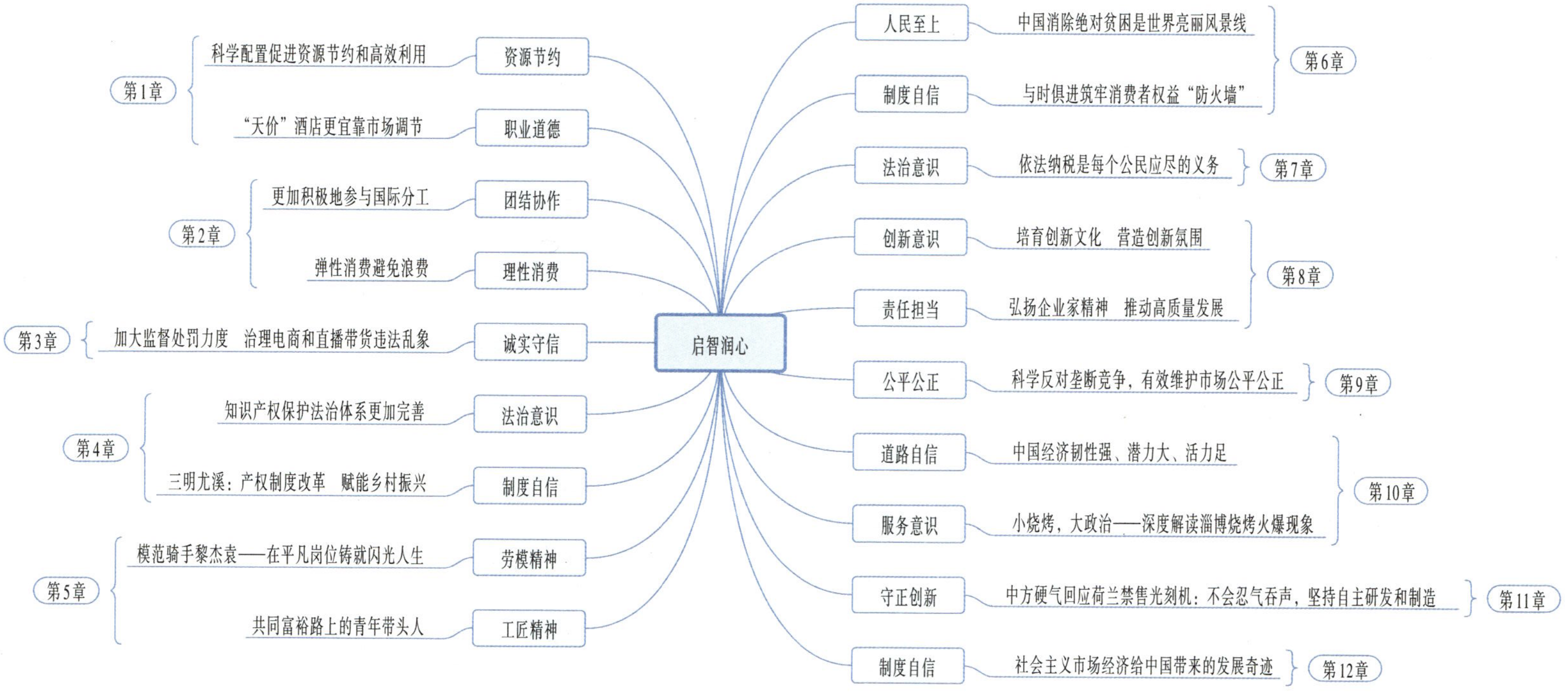

启智润心
第1章
资源节约
科学配置促进资源节约和高效利用
职业道德
“天价”酒店更宜靠市场调节
第2章
团结协作
更加积极地参与国际分工
理性消费
弹性消费避免浪费
第3章
诚实守信
加大监督处罚力度　治理电商和直播带货违法乱象
第4章
法治意识
知识产权保护法治体系更加完善
制度自信
三明尤溪：产权制度改革　赋能乡村振兴
第5章
劳模精神
模范骑手黎杰袁——在平凡岗位铸就闪光人生
工匠精神
共同富裕路上的青年带头人
第6章
人民至上
中国消除绝对贫困是世界亮丽风景线
制度自信
与时俱进筑牢消费者权益“防火墙”
第7章
法治意识
依法纳税是每个公民应尽的义务
第8章
创新意识
培育创新文化　营造创新氛围
责任担当
弘扬企业家精神　推动高质量发展
第9章
公平公正
科学反对垄断竞争，有效维护市场公平公正
第10章
道路自信
中国经济韧性强、潜力大、活力足
服务意识
小烧烤，大政治——深度解读淄博烧烤火爆现象
第11章
守正创新
中方硬气回应荷兰禁售光刻机：不会忍气吞声，坚持自主研发和制造
第12章
制度自信
社会主义市场经济给中国带来的发展奇迹

第1编

基础理论

第1章
经济学的研究对象

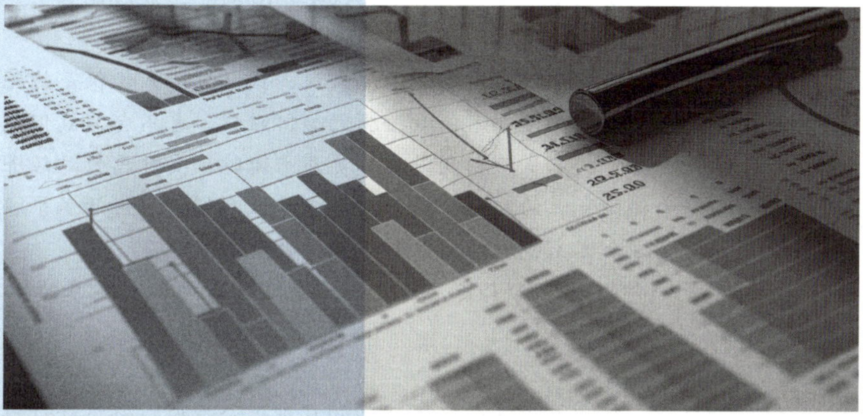

学习目标

知识目标： 了解资源的稀缺性规律和经济学十大原理，掌握经济学分析方法，理解经济学在现代社会的地位和作用，掌握经济社会发展面临的五大基本问题，了解资源配置的两种基本方式及其运动形态。

技能目标： 能够用经济学的方法来思考、分析经济问题。

素养目标： 树立正确的世界观、人生观和价值观，树立节约资源的意识。

思维导图1-1

经济学的研究对象

引例 认识经济学

经济学，是研究具有不同用途的稀缺资源使用的学问。

经济学，既是人们作为消费者对已有商品和劳务的产量进行安排的学问，又是关注从原始稀缺资源到产出，由输入转化为输出的整个过程的一门学科。

经济学研究的是资源的使用决策会产生什么样的后果，决策和后果比资源本身更重要。国家虽然拥有丰富的自然资源，但国民的生活水平却不同，这就是稀缺性造成的。

经济学的核心是替代用途。经济学关注的是如何有效解决每种资源应该分配给每一种用途多少资源量这一问题。本质上，不同的经济制度会以不同的方式决定如何分配稀缺资源，这些决策对整个社会生活具有深远影响。在进行经济决策的时候，我们应该考虑实际的东西，如投入生产过程中的水、铁矿、石油等，最后能够生产出来什么样的东西，而不是把它仅仅看作关于货币的决策。

经济学并不意味着谈钱，对整个社会来说，钱（货币）仅仅是为完成生产而人为创造出来的度量工具。经济学并不能教给我们如何赚钱，也不会为我们提供理财建议。我们用经济学分析物价、工资、利润或国际贸易平衡时，要考虑针对经济的不同部分做出的决策如何影响稀缺资源的配置，进而提高或降低人们物质生活水平。决定国家贫富的不是货币，而是这个国家拥有的商品和服务的数量。

经济学是一种因果分析工具，也是一个受过检验的知识体系，以及出自这一知识体系的原则。

经济学是一门研究人类社会经济活动的基础理论学科，经济活动是人类社会的基本实践活动。在现代市场经济条件下，经济学所阐述的基本原理不仅是国家领导经济建设的基本理论依据，而且是社会大众从事经济活动的基本行为准则。随着市场经济的深入发展，经济学的作用将日益凸显。

1.1 经济学的产生

经济学是一门研究资源配置及其行为的科学，配置是人类一种自觉的选择行为。人类为了自身的生存和发展，从来没有停止过利用资源进行物质资料生产的活动，物质资料生产是人类社会存在和发展的基础，也是经济学研究的出发点。

1.1.1 人类经济活动与资源

人类要生存，就必须有维持生活的物质资料，要有饭吃、有衣穿、有房住等，否则，人类就无法生活下去。而要取得这些生活资料，就必须进行生产。因此，物质资料的生产是人类社会生存和发展的基础。

生产，就是劳动者按照预期的目的，运用劳动资料（又叫劳动手段）加工于劳动对象，改变劳动对象的形状、性质或地理位置，使其适合于人们需要的过程。例如，农民种植棉花，工人把棉花纺成纱，用纱织成布；把地下埋藏的煤炭开采出来，把铁矿石冶炼成钢铁；把黏土烧成砖，用砖建成房屋等。这些活动都是生产活动。

人们的生产活动首先是一个劳动过程。劳动，就是具有一定生产经验和劳动技能的劳动者有目的的一种活动，它是生产的最基本要素。

劳动资料，即人们用来把自己的体力和脑力劳动传导到劳动对象上去的一切物质资料。生产就是人们发挥自己的劳动能力，利用劳动资料对劳动对象进行加工的过程。劳动资料包括生产工具和直接用于生产活动的一些物品，如建筑物、道路、管、桶、瓶和度量衡等。其中最重要的是生产工具，如现代化的机器设备等。

劳动对象，即人们在生产过程中把自己的劳动加于其上的一切东西。在劳动对象中，一类是没有经过人们劳动加工的自然生成物，如原始森林里的树木、地下矿藏等；另一类是经过人们加工的劳动产品，如棉花、钢铁等，这种经过人们加工的劳动对象被称为原料。

生产资料，是劳动资料和劳动对象的总称。生产资料是人们进行物质资料生产的客观条件，人的劳动则是进行物质资料生产的主观条件。

劳动者的劳动、劳动资料和劳动对象这三个要素是人们从事物质资料生产的基本条件，随着社会生产和劳动过程的发展，在这些基本要素的基础上又逐渐加入了某些新要素，如科学技术、经营管理、经济信息等。

所谓生产力，即具有一定生产经验和劳动技能的劳动者与生产资料相结合所形成的征服自然和改造自然的能力。就其实体性要素来看，主要有劳动者、劳动资料和劳动对象。科学技术是第一生产力。物质资料生产，从来不是单个人孤立进行的，而是通过结成一定的社会关系进行的。所谓生产关系，即人们在物质资料生产过程中结成的社会关系。生产关系是人们在一定生产资料所有制基础上形成的，在社会生产总过程中发生的生产、分配、交换和消费关系。

人类社会物质资料生产活动所需要的诸种要素，统称为**资源**。资源按其丰裕程度，可分为经济资源和自由取用资源。前者是稀缺的，以致要使用它就必须付出一定的代价；后者如空气，其数量非常丰富，以致人们不付分文便可以得到它。在现实生活中，相对于人的需要来说，绝大多数资源都是数量有限的或稀缺的经济资源。这种资源的稀缺性决定了人类的需要只能得到部分的满足。

1.1.2　稀缺性是一个普遍的规律

在经济学上，一切直接或间接地为人类所需要并构成生产要素的、用来生产满足人类需求的商品所需要的物质资料和服务，称为**经济资源**。

经济资源从不同的角度看有不同的分类方法。按经济活动的部门属性来分，经济资源可分为工业资源、农业资源、交通运输资源、建筑资源、旅游资源以及能源资源、科技资源等。按其本身属性来分，经济资源可分为自然资源、人力资源、资本资源和信息资源四大类。

自然资源是自然界赋予的各种生产要素，如土地、矿产、水、植物、动物等。自然资源作为一种生产要素，开发利用时要付出一定的代价。

人力资源是将劳动者的体力与智力作为一种生产要素的资源。它在一定的物质和精神条件作用下，具有很大的伸缩性，隐藏着巨大的潜力。

资本资源是以货币形式表现的具有人类劳动产品性质的资源，也是生产过程中不可缺少的要素之一。它包括实物资本（如厂房、设备等）和金融资本（如现金及其他有价证券）。

信息资源是反映客观事物性质及运动状态的各种信息的总和，是可以用某种方式显示、存贮和传输的人类关于自然、经济和社会的知识，是生产过程中必不可少的投入要素。它包括数量信息和质量信息。

人是有需要的，所谓需要，是指人们希望得到某些物品的愿望，包括对服务和环境的需要等。马克思把人的需要划分为生存需要、享受需要和发展需要。需要不仅是有层次的，其内容更是不断更新发展的。温饱问题解决后，人们还会追求吃的营养和口味、穿的讲究、住的舒适、行的方便，以及闲暇生活的丰富多彩等。人们对生活质量的追求是不断增加的。

习近平总书记指出，中国特色社会主义进入新时代，我国社会主要矛盾已经转化为人民日益增长的美好生活需要和不平衡不充分的发展之间的矛盾。人们的需要是无限的，当一种需要满足之后，又会产生一种新的需要。人类的需要是无限的，但用来满足人类需要的“经济物品”却是有限的，相对于人类无限的需要而言，经济物品或者说生产这些物品所需要的经济资源总是不足的，这就是**稀缺性**。稀缺性是一个普遍的规律，存在于一切时代和一切社会。它是始终伴随人类社会发展的问题。这就使得人类要不断地探索如何有效利用资源的问题，从而形成以探索资源有效利用为主线和主题的学说，即经济学。

经济视野 1-1　　需要（欲望）的五个层次

美国社会心理学家亚伯拉罕·哈罗德·马斯洛将人的需要（欲望）分为以下五个层次。

（1）生理的需要。它包括对衣、食、住、行等基本生存条件的需要，也就是解决人们的温饱问题。这是人类最基本的需要。

（2）安全的需要。它包括生命安全、财产安全、职业安全等。它主要是对现在和未来生活安全感的需要，实际上是生理需要的延伸。

（3）归属和爱的需要。它包括情感、爱与归属感等。人作为社会的一分子总要有一种归属感，希望在自己的群体里有一席之地，希望与别人建立起友情，能够得到理解和爱。这种欲望产生于人的社会性。

（4）尊重的需要。它包括自尊与来自别人的尊重。自尊包括对获得信心、能力、本领、成就、独立和自由等的愿望。来自他人的尊重包括威望、承认、接受、关心、地位、名誉和赏识。这是人更高层次的社会需要。

（5）自我实现的需要。它包括自我发展、自我理想的实现等。

马斯洛认为，人的这五个层次需要是按从低到高的层次依次组织起来的，只有当较低层次的需要得到某种程度的满足时，较高层次的需要才会出现并要求得到满足。一个人生理上的迫切需要得到满足后，才能去寻求安全保障；也只有在基本的安全需要获得满足之后，归属和爱的需要才会出现并要求得到满足。

1.1.3　经济学的产生与发展

迄今为止，人类社会进行物质资料生产的经济活动已有200多万年的历史。在经济活动中对资源有效利用问题的探索，也经历了2 000多年的时间，但最终成为一门独立的经济学科则是近几百年的事情。

有关文献资料表明，经济学出现于奴隶社会产生以后，古希腊思想家色诺芬（约公元前440—公元前355年）的《经济论》一书的问世，表明西方开始出现早期经济学，这本书首先使用了"经济"一词。《经济论》是一部研究奴隶主家庭经济管理问题的著作。色诺芬认为，经济学研究的是善良的主人如何管理好自己的财产。

经济学虽然出现于奴隶社会，但在奴隶社会和封建社会并未能形成一门独立的学科。经济学作为一门独立的社会科学并取得政治经济学这一学科名称，是伴随着资本主义生产方式的产生与发展而形成的。17世纪初，法国重商主义代表人物安·德·蒙克莱田（1575—1621）出版了《献给国王和王后的政治经济学》，其用意在于表明他所论述的经济问题已超出家庭或庄园经济的范围，是涉及国家或社会的经济问题。

但重商主义经济学还不能算作真正的现代经济科学，因为其研究范围仅局限于流通过程。真正的现代经济科学，是当理论研究从流通过程转向生产过程的时候才开始的，完成这一转变的是资产阶级古典经济学。18世纪后期，古典经济学兴起，它是作为重商主义的对立面出现的。它所强调的是自由放任的经济，就是国家不要干预经济，而由市场机制充分发挥作用，以解决资源配置和要素报酬分配的问题。古典经济学的代表人物主要有两个：亚当·斯密（1723—1790）和大卫·李嘉图（1772—1823）。以后又出现了以边际效用价值论为基础的新古典经济学。新古典经济学的代表人物马歇尔（1842—1924）在其著名的《经济学原理》一书中进一步论述了市场机制是如何发挥调节供求平衡作用的，具体分析了各种资源的配置是怎样通过价格机制、工资机制和利率机制的自发运行来实现的。19世纪30年代以后一直到20世纪30年代前，在西方经济学界占主流地位的仍然是主张国家不要干预经济的古典和新古典经济学的经济思想。

1929—1933年，资本主义世界发生了空前严重的经济危机，使供给相对于需求严重过剩，生产严重缩减，失业范围达到了前所未有的程度。面对濒于崩溃的资本主义经济，主张自由放任的经济自由论者束手无策，这样，20世纪30年代初出现的经济大危机就成为西方经济学的一个重大转折点。因此，以政府干预论为中心内容的凯恩斯主义应运而生，并逐渐成为在西方世界占主导地位的经济学说。凯恩斯认为自由市场经济会经常造成有效需求不足，他着重对经济的总量进行分析，用以说明经济危机和长期萧条的现象，并以此为基础，提出一套政府干预刺激需求、治理危机、稳定经济的政策主张。

但是，西方资本主义国家在推行凯恩斯主义理论、刺激经济发展的同时，又出现了"滞胀"的经济现象。到了20世纪70年代，"滞胀"这种失业和通货膨胀的并发症成为西方资本主义世界普遍存在的经济现象。"滞胀"使以需求管理为中心，认为通货膨胀和失业不可能同时存在的凯恩斯主义经济学陷入进退两难的境地。于是新自由主义经济理论、货币学派、供给学派、理性预期学派等纷纷登场。新自由主义者强调市场机制的自动调节作用，反对国家对经济生活的过度干预；货币主义者强调货币政策的重要性；

供给学派主张削减税率；理性预期学派则试图用信息的不完全来解释资本主义经济运行的波动。20世纪80年代以来又出现了新的强调国家干预经济的新凯恩斯主义。

19世纪中叶，马克思在批判地继承古典经济学科学成分的基础上，服务于无产阶级反对资产阶级斗争的需要，搜集和研究了资本主义发展历史的大量材料，详细地分析了资本主义社会的经济结构，揭示了资本主义经济关系的本质、矛盾及其运动规律，以剩余价值学说为基石，创立了以价值分析为核心范畴的马克思主义经济学。不过由于马克思的经济学说重点在于揭示人类社会的发展规律，服务于当时无产阶级反对资产阶级的阶级斗争，因此偏重于对经济关系本质的分析（严格说来，是以“价值”为核心范畴的政治经济学），对市场经济运行机制以及资源的有效利用等则较少研究。

20世纪的世界经济出现了多元化趋势，有资本主义市场经济与社会主义市场经济之分，也有计划经济、市场经济与混合经济之分，德国的社会市场经济与美国的自由市场经济之分。但是自从20世纪80年代掀起世界范围内的社会主义经济改革运动以来，传统的社会主义计划经济模式为新的现代市场经济模式所取代。到20世纪末，尽管各国的市场体系发育不同，用市场配置资源的模式存在差异，但是全面发展现代市场经济已成为共同任务。研究市场经济的运行、矛盾和调节方式已成为经济学的共同主题。

党的十一届三中全会以来，我们党把马克思主义政治经济学基本原理同改革开放新的实践结合起来，不断丰富和发展马克思主义政治经济学。1984年10月《中共中央关于经济体制改革的决定》通过后，邓小平同志评价说：“写出了一个政治经济学的初稿，是马克思主义基本原理和中国社会主义实践相结合的政治经济学。”邓小平坚持实事求是的原则，科学地总结了我国经济建设和世界各国经济发展的经验教训，创造性地提出了社会主义条件下的现代市场经济理论。40多年来，我国市场取向的经济体制改革实践验证了邓小平社会主义条件下现代市场经济理论的科学性。

党的十八大以来，以习近平同志为核心的党中央紧紧围绕新时代中国特色社会主义经济改革和发展重大实践课题，提出一系列治国理政新理念新思想新战略，形成了习近平经济思想。这一思想把“公有制为主体、多种所有制经济共同发展”“按劳分配为主体、多种分配方式并存”“社会主义市场经济体制”确立为社会主义基本经济制度，提出我国经济发展的根本保证是加强党对经济工作的全面领导，中国共产党领导人民发展社会主义市场经济，发挥市场在资源配置中的决定性作用，更好发挥政府作用，建立完善的宏观调控体系。这是社会主义经济制度理论和中国特色社会主义政治经济学的重大创新。

思政课堂1-1

正确发挥市场作用和政府作用推动经济高质量发展

经济视野1-2　人的需要与生理最低需要的关系

生物学家告诉我们，每天花几元钱在一种稀粥上就可以使我们得到充足的营养，但这并不意味着人们每天排斥这样的伙食：卷心菜、菠菜、猪肝和面粉！凡是掌握过家庭预算的人都知道，社会生活必需品和衣食住行等用品与生理上的最低需要并没有什么关系。研究表明，今天大部分人的生活已经超过了生理上所需要的水平，消费者在购买时的选择取决于流行风尚和广告宣传。

1.2 经济学的研究对象与任务

如上所述，经济学是适应人类社会为满足资源有效利用的需要而产生的，因而它研究的核心内容就离不开稀缺资源在有竞争性的用途中有效配置的问题，由此规定了经济学的定义和研究对象。

1.2.1 什么是经济学

经济课堂 1-1

经济学的研究对象

初学经济学的人，首先想明确知道什么是经济学，按照最一般的定义，经济学是一门研究资源配置及其行为的科学。由于经济资源具有稀缺性，这迫使人们不得不对各种已有资源实行优化配置，不得不节省、选择。配置是人类一种自觉的选择行为。在一般意义上说，配置就是选择，即如何根据现有资源和人们的需要，决定生产的种类和数量，并寻找适当的分配方式。

通过选择，人们试图解决人类社会面临的五大基本经济问题。

第一，生产什么和生产多少，亦即如何进行资源配置。社会必须决定该社会可供使用的资源应分配到哪些产品和劳务的生产上，各种产品和劳务的生产应各占多大的比重。在经济活动中生产什么和生产多少，实际上取决于资源供应条件和社会的需求状况，其中最终的约束力量是来自可以取得的经济资源的数量和结构。

第二，怎样生产，即社会决定采用什么样的方法生产这些产品和劳务。经济资源应用于生产过程时叫投入，一种投入可以用来生产不同的产品，一种产品可以由不同的投入来生产，这就是经济资源用途上的替代性，对生产者来讲就面临一种选择，应该如何在各种替代性用途中去分配资源，才能最有效地生产出最优的产品和最佳产品，可以采用不同的设备、不同的原材料、不同工种的工人，在不同的地方生产等，可以有多种组合。生产者究竟选择哪一种组合，生产多少数量，经济效益才最好？这又产生了成本与收益的比较。同时，又有多个生产者生产同一产品，对生产者来讲又面临竞争。这些对怎样生产都起着决定性作用。

第三，为谁生产，即社会决定所生产的产品和劳务如何在社会成员之间进行分配。资源的有限决定了产出的有限，产品生产出来，应该先满足谁，后满足谁？应该满足到什么程度？通过什么方式来满足？当产品作为物质内容的财富生产出来后，应该如何分配？在市场价格一定的条件下，消费者如何将他的收入在不同的商品之间分配？作为消费者的劳动者，其收入又是由什么来决定的？等等。在经济活动中，如何实现产品分配，最终可以归结为凝结于产品中的劳动和生产资料的分配问题。社会必须正确解决这些问题。

第四，经济增长问题，即如何保证产品和劳务的生产能力不断提高。经济增长的基本含义是一国生产的商品和劳务总量的增加，即国内生产总值（GDP）的增加。如果考虑人口增加和价格变动等因素，经济增长的标准应该是实际人均国内生产总值的增加。经济发展的基本含义是一个国家由不发达状态过渡到发达状态和更发达状态的前进过程。还有将资源在目前消费与将来发展这两方面进行分配的问题，即可持续发展问题。

第五，保证和促进资源的充分利用，即社会必须决定怎样使该社会的全部资源，包括人力资源和非人力资源都得到充分的利用，或者说，把资源的闲置、浪费降到最低限度。

人类社会在经济活动中的上述五个方面的选择，是任何社会都面临并必须解决的五个基本经济问题。这五个问题也是资源配置的基本问题。对这五个方面问题的研究及解决是经济学的对象和任务。

1.2.2 资源配置的基本方式

计划和市场是在社会化大生产条件下按比例分配社会劳动的基本形式，也是社会进行资源配置的两种基本方式和手段。任何一种资源配置方式都离不开决策、信息和动力三大要素。

所谓计划，是指社会按照预先确定的目标，运用各种力量和形式调节国民经济的运行过程。无论这种调节以何种力量和形式去实施，只要它是由社会按照事先确定的原则和目标进行的，就可以看作是计划，就属于计划调控的范围。所以，计划和计划调控实际上是一个含义相当广泛的范畴。计划经济则不同，它是一种与市场经济相对立的社会经济运行和资源配置的组织调节方式。计划经济当然是以计划作为经济运行的调节机制的，但是，只有当一个社会的经济运行和资源配置全部或主要由计划来调节时，这个社会的经济才能称为计划经济。因此，计划不等于计划经济，计划和计划调控的存在，也不等于计划经济体制就一定存在。同样，对计划经济体制的否定，也并不意味着对计划和计划调控方式的全盘否定。在以现代社会化大生产为基础的市场经济中，由于社会化大生产客观上要求按比例分配社会劳动，而单纯市场机制的自发调节并不能顺利实现社会化大生产客观要求的比例关系，因此一定的计划和计划调控方式的存在是有其客观必然性的。

市场是商品交换场所或交换关系的总和，市场调节的实质是通过价值规律、供求关系、竞争机制等作用来配置资源。市场经济是指经济资源主要由市场来配置，市场调节在社会经济运行中占据主导地位的一种经济运行形式。

市场配置资源的实际运动形态是：首先，众多的生产者在市场中搜集横向信息，即供给和需求、生产要素的数量和价格以及据此推断的成本和盈利情况，独立地做出生产什么、怎样生产和为谁生产的目标决策。其次，生产者依据这些信息，特别是市场信号——价格，按照利润最大化的原则进行预期，从而决定生产品种和产量。由于预期是自主做出的，其执行是自觉的，因而具有较高的积极性。最后，生产者依据横向传递的、日益变化的信息，不断调整自己的决策，使自身的生产、经营与市场需求相吻合，实现稀缺资源的优化配置。

从决策、信息、动力三大要素的比较看，市场运行机制相对于计划体制具有明显的优点。但由于市场调节具有盲目性和滞后性，因此需要有宏观调控相配合。从世界范围来看，市场在总体上是起决定性作用的资源配置方式。但是，这两种资源配置方式往往是并存的，也就是说，市场和计划结合配置资源。在现实经济生活中很难找到完全的计划配置或完全的市场配置的典型。

启智润心 1-1　科学配置促进资源节约和高效利用

改革开放以来，中国经济发展取得了举世瞩目的成就，但在加速工业化和城镇化的过程中消耗了大量能源、水、粮食、土地、矿产等资源和原材料，“高投入、高消耗、低产出”的粗放发展方式未得到彻底扭转，生产生活中资源浪费的现象仍然存在，导致资源消费总量居高不下，高质量发展面临的资源约束长期偏紧，安全保障压力增大。党的十八大以来，我国部署实施全面节约战略，大幅降低能源、水、土地利用强度，大力发展循环经济，在全社会倡导厉行节约、反对浪费，推动资源节约集约高效利用，取得积极成效。进入新发展阶段，实现高质量发展、推动产业转型升级、更好地满足美好生活需要，都对资源节约和高效利用提出了更高要求。

为此，要抓紧落实党中央决策部署，从理念、技术、政策等方面入手，以能源、工业、建筑、交通等重点领域为着力点，综合运用好市场化、法治化手段，加快建立体现资源稀缺程度、生态损害成本、环境污染代价的资源价格形成机制，在“开源”和“节流”两个方向上持续发力。一方面，加紧战略性矿产勘探开发，加大可再生能源、清洁生产、绿色产品研发创新投入力度，深化“一带一路”沿线国家资源合作，拓展资源边界，扩大能源、矿产及低碳技术和产品的有效供给；另一方面，坚持倡导全民节约，创新发展循环经济，进一步优化技术、产品的能耗标准体系，完善节能减排激励机制。

中国是资源大国，也是人口大国，资源总量大、品类丰富，但人均占有量偏少，这一客观事实决定了节约资源是需要长期坚持的基本国策。要鼓励企业积极探索资源科学配置的新路径新模式。用好数字技术，精准识别制约资源利用效率提升的难点堵点，推动数字化绿色化深度融合，引领重大低碳技术、工艺和装备研发应用实现新突破，促进全产业链、产品全生命周期的精细化能耗监测和低碳管理。

资料来源　杨丹辉. 科学配置促进资源节约和高效利用［N］. 人民日报，2022-11-02（5）.

思政元素：资源节约　生态环境保护　高质量发展

明理善行：节约资源是我国必须长期坚持的一项基本国策。习近平总书记在党的二十大报告中指出：“推进生态优先、节约集约、绿色低碳发展。”习近平总书记在中央全面深化改革委员会第二十七次会议上强调，坚持把节约资源贯穿于经济社会发展全过程、各领域，推进资源总量管理、科学配置、全面节约、循环利用。贯彻好这些要求，我们必须坚持节约优先，促进资源科学配置和高效利用。我们要筑牢安全底线，为加快推进生态文明建设、推动高质量发展、推进中国式现代化提供坚实的资源保障。青年学生要认清形势，增强节约意识，从我做起、从身边的小事做起，节约粮食、践行“光盘行动”，节约用电、用水、用纸等；坚持做好垃圾分类；树立文明健康的消费理念，理性消费，不盲目攀比；积极参加形式多样的环保宣传活动等。

【小思考 1-1】

资源配置的基本问题是什么？

小思考 1-1

分析提示

1.3 经济学的研究方法及地位

任何一门学科都有特定的研究方法。要学习经济学，首先要了解经济学的研究方法。另外，与其他社会科学不同，经济学是一门实用性很强的科学，了解它的实用性有助于提高人们学习的自觉性。

1.3.1 经济学的研究方法

第一，唯物主义历史观。经济学主要是研究资源配置的全过程及决定和影响资源有效配置的全部因素。但是这种配置不是在真空中配置，而是“根源于物质的生活关系”。唯物主义历史观认为，人类历史呈有规律的发展过程。人们只有依据历史发展的规律，在物质条件已经存在或者至少是在形成过程之中的时候，才能提出自己能解决的任务，才有解决这个任务的可能。在某一国度、某一特定时期，人们究竟采取何种资源配置方式，只能由物质条件来决定。

第二，抽象方法。科学抽象或抽象方法是在纷繁复杂的现象中，抽去某些非本质的、次要的因素，找出其固有的本质特征或规律加以概括，得出概念、范畴，形成理论，最后用本质规律去说明现象。在自然科学的研究中，人们在实验室排除自然现象中的一些非本质的、起干扰作用的因素，从中找出固有的规律性。在经济科学的研究中，人们利用抽象方法，在思维过程中撇开非本质的经济现象，抽取经济现象中本质的属性，经过思考上升到理性认识，形成概念、范畴和理论的系统。

第三，数量分析与非数量分析相结合的方法。数量分析可以分为三类：一是总量分析，即客观经济分析；二是个量分析，即微观经济分析；三是数量结构分析，即对总量进行分解，如产业结构分析、部门结构分析、地区结构分析等，由于这种方法介于宏观和微观分析之间，又称为中观经济分析。这三类数量分析主要是处理经济变量之间的函数关系，这种函数关系包括等量关系、不等量关系和变量变化方向之间的关系。这些关系的描述和分析的过程，也就是模型的建立、推演和分析的过程。也就是说，经济学研究中要运用数学，以从量的方面分析经济的运行和发展。非数量分析可以分为两类：一是制度因素分析，即制度对经济问题的影响，它包括产权问题、利益集团问题以及制度创新等；二是理论分析，即研究在经济活动中“应不应该这么做”“值不值得这样做”“是对还是错”等价值判断问题。

第四，实证分析和规范分析相结合的方法。经济学中的实证分析方法，是通过对客观经济现实的描述和分析，说明经济现象和经济过程“是什么”的问题，而不对其做出评价。规范分析方法是从某种价值判断标准出发，研究社会经济活动“应该是什么”和“如何做”的问题。经济学是实用之学，是一门社会启蒙和社会设计的科学，它不仅要客观地反映经济现实，揭示经济运动中客观存在的规律性，更要按照一定的价值标准来规划现实，使社会经济运动沿着一定的轨道前进，达到预期的目的。所以，经济学研究必须把实证分析和规范分析结合起来。

1.3.2 经济学的地位和作用

经济学大师萨缪尔森在谈到经济学的地位时说，经济学是“最古老的艺术，最新颖的科学”“它在社会科学中居首要地位”。我国改革开放以来，社会对经济学的关注达到了空前的程度。当前，经济学在我国已经由只为计划部门和少数决策者服务的计划经济学变为大众经济学。个人、家庭、企业、政府部门都强烈需要经济学。

由于市场经济的运行是一个客观过程，它不像计划经济那样，生产、流通、分配和消费都由计划者主观决定，供求关系、价格、消费者偏好、各种市场行情、进出口、就业和经济周期的变动，既有一般的规律可循，又有难以准确把握的随机变化。对这种一般规律和随机变化的认识，离不开专门的经济理论知识。

就个人而言，每个人不得不考虑，手上这笔钱用在什么地方最有效，应该选择哪种消费品，消费后的余钱是存入银行还是投入股票市场，你必须在预期利润上做出判断和抉择。个人的日常经济行为可能不自觉地使用经济学，但是如果掌握了经济学的一般知识，你就可以根据市场变化做出更有利的抉择。

随着竞争市场的形成和发展，企业特别是一些大中型企业，不但请经济学家做顾问，而且成立了自己的经济研究所，因为一个企业的经理无论是对市场走势的把握还是对客观政策变化的认识，都需要听取市场战略专家和经济政策专家的意见，这样才能减少决策的失误。

市场经济条件下的政府特别需要经济学，政府制定和实施一项经济政策，如控制信贷和投资，平抑物价，治理通货膨胀，用偏紧的货币、财政政策紧缩需求，或者放松信贷，刺激投资和生产，提高就业水平，用宽松的货币、财政政策增加供给。它们是两个方向完全不同的经济政策，在什么时候做出什么样的政策选择，是一件关系国计民生的大事。

改革开放40多年来，中国经济的发展一直较为平稳、快速，除了制度创新和发展战略调整的贡献外，经济学和经济学家的贡献是不应当忽视的。无论是“需求论”还是“供给论”，都对政府的政策行为有正面的影响。当政府推行扩张型政策、经济出现“过热”和通货膨胀时，“需求论”要求控制货币、信贷和投资的呼声提高，政府政策可能变扩张型为收缩型；当收缩政策导致市场疲软，有效需求不足，企业生产过度滑坡，失业率提高很快时，“供给论”要求放松货币、信贷和投资需求控制的呼声提高，原来向下收缩的政策可能转为向上微调。因此，经济学中的“需求论”和“供给论”对政府的过度扩张和过度紧缩的行为起到了抑制作用。

由于个人、家庭、企业和政府都需要经济学，因此经济学在我国社会成为一门时髦的科学。

另外，经济学作为一门专业基础课，是学好其他专业课的必备条件，应该引起青年学生的高度重视。

1.3.3 经济人假设

经济人假设，又称理性人假设，其含义是每个人（不但包括自然人，也包括厂商）都是在给定约束的条件下追求自己利益的最大化。因为资源稀缺，所以人是受资源稀缺约束的，如收入的限制、时间的限制等。人们只能在这些约束下追求利益最大化。经济人最早由英国经济学家亚当·斯密提出。他在其1776年出版的名著《国民财富的性质和原因的研究》（以下简称《国富论》）中指出："我们每天所需要的食物与饮料，不是出自屠户、酿酒家或烙面师的恩惠，而是出于他们自利的打算。"对亚当·斯密提出的这一思想，后人将其归纳为"经济人假设"，其含义有两个方面：一方面人是理性的，另一方面人也是自私的。

在经济学家的眼里，千差万别的活生生的人都是理性经济人——不懈地追求自身利益最大化的人。经济人都是自利的，以自身利益最大化为自己的追求目标。当一个人在经济活动中面临若干不同的选择机会时，他总是倾向于选择能给自己带来更大利益的那种机会。

经济人假设人自私，绝非倡导人们自私。恰恰相反，它是提醒决策者，若要惩恶扬善，就必须注意人性自私的弱点。民间有句俗语："先小人后君子。"意思是说，为了事后不伤和气，事前不妨把人往坏处看，如和朋友做买卖，明知都是君子，可签合同时，双方还得把违约责任写上。经济人假设也是如此，对事不对人，不管张三、李四是否自私，但要做经济分析，就得假设人是自私的。

1.3.4 看不见的手和看得见的手

"看不见的手"是指家庭或厂商受市场这只"看不见的手"的指引，决定购买什么、购买多少、何时购买，决定生产什么、生产多少、如何生产、为谁生产。家庭或厂商能够通过价格的涨落，及时、准确地掌握供求关系的变化，积极调整生产经营活动，从而在追求自身利益最大化的同时，推动科学技术和经营管理的进步，促进劳动生产率的提高和资源的有效利用，实现整个社会福利最大化。

"看不见的手"最早由亚当·斯密提出。资本主义形成和发展的初期阶段，生产规模相对狭小，经济自由竞争还受到各种限制。亚当·斯密在《国富论》中对经济自由竞争、自由贸易进行了详尽的阐述。亚当·斯密认为，在市场里，市场这只"看不见的手"会解决一切。

亚当·斯密主张国家不要干预经济，让经济自由发展，让市场机制自发地起作用，每个人都会自动按照市场机制，根据自己的利益去做事，这样经济就会发展。看得见的手一般是指政府宏观调控或管理，也称有形之手，是看不见的手的对称提法。

经济视野1-3　　　　**像经济学家一样思考**

每个研究领域都有自己的语言和自己的思考方式。数学家谈论公理、积分和向量空间。心理学家谈论自我和认识的不一致性。律师谈论案发现场、侵犯行为和约定的禁止翻供。经济学家也没有什么不同。供给、需求、弹性、比较优势这些术语都是经济学家语言的一部分。本书一个重要的目的就是帮助你学会经济学家的思考方式。当然，学会像经济学家一样思考是需要一些时间的。本书通过把理论、案例研究和新闻中的经济学事例结合起来，将给你提供充分发展和实践这种技能的机会。

启智润心 1-2　**“天价”酒店更宜靠市场调节**

在“五一”假期“涨”声一片中，有媒体报道北京周边度假酒店有所“降温”时，举的例子是2023年4月29日某酒店价格为5 598元/晚，只比平日周末涨了37%左右，而去年同期该房型价格超过6 000元/晚。言下之意，今年涨价还算温和。这则报道令人百感交集。5 598元/晚的价格，就算不如之前涨得多，也是令普通人咋舌的“天价”。

酒店有权自主定价。高价酒店有人预订，说明酒店抓住了一部分消费能力较强的客户。但报道也说了，5 598元/晚的酒店“遇冷”“预订热度不及以往”，也从侧面反映了高消费群体不如想象得多，旅游市场应该多关注普通人的消费需求。

2023年旅游市场回暖，客观上造成了度假需求大增，酒店价格普遍上浮。针对各地出现的酒店涨价潮，多地市场监管部门发布了告诫书，要求经营者强化价格自律，严格落实明码标价和收费公示制度；实行市场调节价格，要按照有关规定合理制定价格标准，不得强制或变相强制消费，不得捏造、散布涨价信息，不得相互串通、操纵市场价格等。

“天价”酒店并非常态。有的酒店价格高是因其自身定位就是高端酒店，比如某些小众酒店只有十几间或者二十几间房，日常价格就是5 000多元；但大多数酒店本身定位没那么高端，平日价格从100多元到1 000多元不等，涨价主要是因为供不应求。调节后者价格，考验的是城市管理者的智慧和能力，而不是考验商家的道德和情怀。好的城市管理要能够调动市场之手，持续稳定政策预期，不断优化营商环境，让包括人、财、物在内的生产要素自由流通，便利经营者投资兴业。通过增加供给、完善设施、引入竞争等方式平滑价格起伏，让一些因供不应求导致的“天价”自己降下来，不能寄希望于商家为了长远口碑或城市形象主动放弃挣钱机会。就拿北京来说，离得不远的廊坊“五一”期间仍有每晚400多元的五星级酒店。如果京津冀联动，鼓励消费者跨省游，扎堆现象少了，酒店涨价的基础也就不那么牢固了。

酒店经历过“骨折价”促销的苦日子，某种程度上说，现在的“天价”预示着旅游市场回暖速度和强度超出预期。但我国14亿多人口中绝大多数是普通人，他们的生活同样受到经济下行压力影响。促消费不要一味盯着高端群体，普通人也有消费的需求和权利。近期出现的“特种兵”旅游、大火的淄博烧烤和默默火了很久的萨莉亚餐厅、唯品会购物，说明普通人的消费需求不仅很旺盛，也是一个大市场，很有挖掘潜力。当“天价”的热度散去，更要多关心普通人的生活。

资料来源　佘颖. “天价”酒店更宜靠市场调节［N］. 经济日报，2023-04-26（5）.

思政元素：职业道德　服务意识

明理善行：市场机制对经济活动的调节，其实质就是价值规律、供求规律、竞争规律等客观经济规律对经济活动的调节，其最主要的内容是实现资源的合理配置。我国实行社会主义市场经济，就是使市场在国家宏观调控下对资源配置起基础性作用。节假日，由于游客集中出行，会导致价格上涨，这是客观存在的事实。酒店涨价在一定程度上预示着旅游市场回暖。在非民生保障领域，只要经营者合法合规，监管不宜越俎代庖，“天价”酒店应靠市场来调节。价格管制如何做到企业利益与消费者利益兼顾，淄博酒店“坐地降价”的思路值得借鉴。对于毁约涨价等有损职业道德、侵害消费者权益的行为，应坚决予以惩治，避免扰乱市场秩序、侵害消费者正当权益。市场越是安全有序有活力，企业受益就越多。当酒店的翻台率持续稳高，酒店又何必用“天价”宰客呢？

小思考 1-2

分析提示

【小思考 1-2】

为什么只有在市场经济条件下，经济学才能真正成为大众经济学？

1.4 经济学十大原理

前文我们从生产角度提出了经济学五大基本问题，美国哈佛大学教授、著名经济学家格里高利·曼昆则从理性人之间交易关系的角度提出了经济学十大原理，这在经济学界也很受推崇。

曼昆认为，经济只不过是一群人在生活中相互交易而已；经济学研究社会如何管理自己的稀缺资源；经济学家要研究人们如何决策，如何相互影响，分析影响整个经济的力量和趋势等。其主要观点如下：

1.4.1 人们如何作决策

该问题涉及四个原理：

原理一：人们面临权衡取舍。

我们会经常遇到这样的选择：为了得到一件喜爱的东西，不得不放弃另一件喜爱的东西，做出决策就是要求我们在一个目标与另一个或几个目标之间进行权衡取舍。如学生要考虑如何分配使用其宝贵的时间，国家要考虑财政收入用于国防和居民生活的比例分配等。

对经济学的学习首先应从认识生活中的权衡取舍开始，至于如何权衡取舍，则是更深层次的问题。

原理二：某种东西的成本是为了得到它所放弃的东西。

譬如，人们考虑是否上大学的决策。从上大学收益的角度考虑，是为了丰富知识，增长才干，将来获得好职业。从成本角度考虑，则会产生学费、住宿费、餐费，但大家不要忽略一个最大的成本要素，即你为了上大学不得不放弃的工作收入，这是个单项成本，也就是后面将讲到的机会成本。

原理三：理性人考虑边际量。

经济学中，通常假设人是理性的，即人是理性人，具有理性思考的能力。

经济学家通常使用“边际变动”这个术语来描述对现有行动计划的微小增量调整。“边际”是指“边缘”，因此边际变动是围绕你所做的事进行边缘调整。理性人通常通过比较边际收益和边际成本来做出决策，当一种行为的边际收益大于边际成本时，才会做出理性的决策行为。

原理四：人们会对激励做出反应。

由于理性人通过比较边际成本和边际收益做出决策，因此当激励可以改变做某件事的收益时，他们会对激励做出反应。例如，学校评定“三好学生”，当确定增加或减少三好学生数量时，就要做出激励效应比较。如考虑增加“三好学生”评定数量，就要顾及这个增量是否降低了“三好学生”评定标准，削弱了影响力；如考虑减少“三好学生”评定数量，就要顾及是否标准太高，若大多数学生可望不可及，同样降低了激励效应。又如，政府出台房产税制度，就要从实际出发比较激励效应，过高或过低都会适得其反。

1.4.2　人们如何相互影响

在生活中，许多决策不仅影响自己，而且会影响他人。

原理五：贸易可以使每个人的状况都变得更好。

自给自足的自然经济使人们的消费十分局限，不能满足社会生活的需要，但贸易可以使人们互通有无，生活丰富多彩，大家各自用最专业的技术生产各自最低成本的质优价廉产品，然后通过贸易使每个人的状况更好。因此，开展贸易的规模和空间愈大，人们的收益也愈大。

原理六：市场通常是组织经济活动的一种好方法。

家庭和企业在市场上相互交易，大家都盯着价格，价格左右着交易者的行为，市场价格是指引人们开展经济活动的工具。计划经济为什么会挫败？是因为价格不是由市场决定的，而是由中央计划者指定的。

原理七：政府有时可以改善市场结果。

市场的作用是伟大的，但市场也不是万能的。经济学家用“市场失灵”这个概念来说明市场本身不能有效配置资源的情况。当发生市场失灵等情况时，政府的宏观控制又是必要的。这个问题本书在后文政府宏观调控章节还将专门论述。

1.4.3　整体经济运行

前面人们如何作决策和人们如何相互影响共同组成了“经济”。下面的三个原理则涉及整体经济的运行。

原理八：一国的生活水平取决于它生产物品与劳务的能力。

用什么来解释各国和不同时期生活水平的巨大差别呢？答案可以说简单得出人意料，即各国和不同时期生活水平的变动都可以归因于各国生产率的差别，也就是一个工人一小时所生产的物品与劳务量的差别。在那些每单位时间能生产出大量物品与劳务的国家，大多数人享有高生活水平；而在那些工人生产率低的国家，大多数人必须忍受贫困的生活。生产率是生活水平的最终根源。

原理九：当政府发行了过多货币时，物价上涨。

什么引起了通货膨胀？在大多数严重或持续的通货膨胀下，罪魁祸首总是货币量的增长。当一个政府创造了大量本国货币时，货币的价值就下降了。如在20世纪20年代初的德国，当物价平均每月上升3倍时，货币量每月也增加了3倍。

原理十：社会面临通货膨胀与失业之间的短期权衡取舍。

物价水平主要是货币量增加的结果，大多数经济学家这样描述货币注入的短期效应：

（1）货币量增加刺激了整个支出水平，从而刺激了物品与劳务的需求。

（2）随着时间的推移，高需求会使企业提高物价，同时也会鼓励企业增加生产物品和提供劳务量，并更多地雇用生产这些物品和提供这些劳务的工人。

（3）雇用更多的工人意味着失业的减少。

上述推理明确了一个结论：在通货膨胀与失业之间存在着短期权衡取舍关系。政府要兼顾这种关系调控经济运行。

以上就是曼昆从理性人之间交易关系角度考察提出的经济学十大原理，简单易懂。即使最复杂的经济分析，也是用这十大原理构建起来的。

经济视野1-4　　世界末日模型给经济学提出新课题

20世纪70年代，罗马俱乐部发表了一篇论文《增长的极限》，提出了世界末日模型。这个模型认为，由于人口增长，食物的生产要受到资源的限制，加上矿藏等不可再生性自然资源的消耗，以及环境污染严重，如果人类这样增长下去，全球资源必然在2010年崩溃。这个模型引起了全世界广泛的争论，支持者提出了限制增长、实现零增长的目标，以维持全球的生存与生态平衡。反对者把这个模型称为“用计算机的马尔萨斯”悲观论（这个模型的结论是用计算机得出的）。从今天来看，这个模型并不正确，因为人类社会在增长中解决了各种问题。但这个模型也引起了人们对资源利用和环境污染等问题的重视，后来提出的可持续发展观点就是对这个模型的发展和运用。

本章小结

● 人类社会物质资料生产活动所需要的诸种要素，统称为资源。在现实生活中，相对于人的需要来说，绝大多数资源都是数量有限的或稀缺的经济资源。

● 稀缺性是一个普遍的规律，存在于一切时代和一切社会。它是始终伴随人类社会发展的问题。这就使得人类要不断探索资源如何有效利用的问题，从而形成以探索资源有效利用为主题的经济学。

● 经济学是一门研究资源配置及其行为的科学。配置是人类一种自觉的选择行为，从一般意义上说，配置就是选择，即如何根据现有资源和人们的需要，决定生产的种类和数量，并寻找适当的分配方式。

● 人类社会面临解决的五大基本经济问题，就是经济学的任务。

● 计划和市场是社会进行资源配置的两种基本方式和手段。从世界范围来看，市场在总体上是起决定性作用的资源配置方式。但是，这两种资源配置方式往往是结合在一起的。

● 经济学在中国成为热门科学，主要是因为在经济市场化过程中它有很强的实用性，能为个人、家庭、企业和政府提供越来越有作用的指导。只有在市场经济条件下，经济学才真正成为大众经济学。

● 曼昆从理性人之间交易关系的角度进行考察，提出了经济学十大原理对理解经济学很有助益。

主要概念和观念

□ 主要概念

资源　经济资源　稀缺性

□ 主要观念

稀缺性是一个普遍的规律。

配置是人类一种自觉的选择行为。

基本训练

1）选择题（单项或多项选择）

（1）人类与资源的关系是（　　）。

A.依赖　B.依靠　C.有效利用　D.掠夺使用

（2）市场经济（　　）。

A.对立于计划经济　B.排斥计划调控

C.不等于无计划　D.可以同计划调节结合

在线测评 1-1

选择题

2）简答题

（1）为什么稀缺性是一个普通的规律？

（2）什么是经济学？经济学的对象和任务是什么？

（3）资源配置的基本方式有哪些？

（4）经济社会面临的五大基本问题是什么？

（5）资源配置的两种基本方式及其运动形态是什么？

（6）如何深入理解曼昆的经济学十大原理？

3）分析题

电视台的经济栏目中正在讨论关于制定最低工资法的问题。在讨论中，有两种表述：一位学者认为最低工资引起了失业，另一位学者认为政府应该提高最低工资。这两种表述分别运用了经济学的哪种研究方法？

观念应用

关于大炮与黄油的选择

经济学家们经常谈论“大炮与黄油”的问题。“大炮”代表军用品，是保卫一个国家的安全必不可少的；“黄油”代表民用品，是提高一国国民生活水平所必需的。“大炮与黄油”的问题也就是一个社会如何配置自己的稀缺资源的问题。

任何一个国家都希望有无限多的大炮与黄油，这就是欲望的无限性。但任何一个社会用于生产大炮与黄油的资源总是有限的，这就是社会面临的资源稀缺性。因此，任何一个社会都要决定生产多少大炮与黄油。这就是社会所面临的选择问题。做出选择并不是无代价的。在资源既定的情况下，多生产一单位大炮就要少生产若干单位黄油，为多生产一单位大炮所放弃的黄油数量就是生产大炮的机会成本。“大炮与黄油”问题概括了经济学的基本内容。

各个社会都要解决“大炮与黄油”的选择问题。无论出于什么目的而更多地生产大炮，都要求经济的集中决策，但代价是黄油减少、人民生活水平下降。通常情况下，政府与市场共同决定大炮与黄油的生产，以使社会福利达到最大。经济学就是在解决“大炮与黄油”的问题。

问题：“大炮与黄油”之间的关系是怎样的？如何才能更好地解决“大炮与黄油”的问题？

第2章
交换、分工与货币

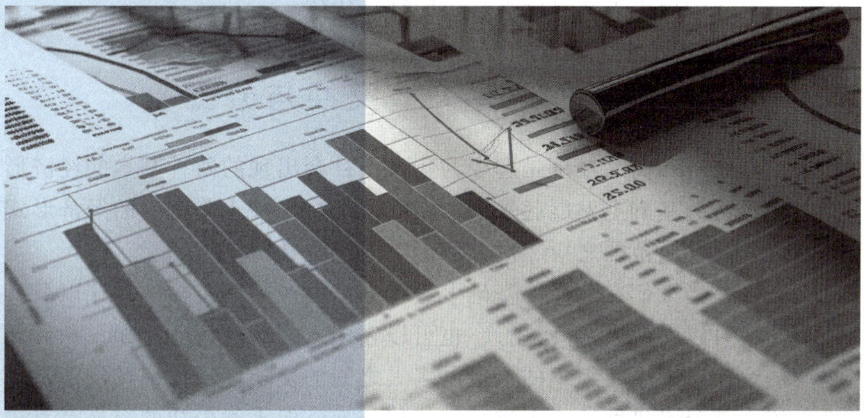

学习目标

知识目标： 掌握交换、分工、价格、货币、供求法则、均衡价格、弹性理论等基本原理，理解政府调节市场的价格政策。

技能目标： 能够根据市场条件画出供求曲线，能用均衡价格、弹性理论等重要原理分析实际问题。

素养目标： 强化团结协作意识，自觉做到理性消费。

思维导图2-1

交换、分工
与货币

引例 谷贱伤农

《新五代史·冯道传》中有这样一段记载：明宗问曰："天下虽丰，百姓济否？"道曰："谷贵饿农，谷贱伤农。"意思是说，粮食获得丰收，农民不仅不能从中受益，反而因为粮食价格的下降而收入降低了。用经济学来解释，根本原因就在于粮食是缺乏需求价格弹性的商品。收益=价格×销量，价格下降了，但是销量没变，所以收益就减少了，从而损害了农民的利益。

商品经济是以商品生产和商品交换为主要内容的经济形式，是社会经济发展不可逾越的阶段。在商品经济社会，要实现社会资源的有效配置，就必须充分利用商品、货币、价格和均衡价格在资源配置中的杠杆作用。

2.1 交换与分工

自然经济和商品经济是迄今为止人类社会出现的两种基本的经济形式。商品经济是在自然经济的基础上发展起来的。自然经济是一种十分古老的经济形式，它在我国统治时间之长、涉及范围之广、对人们影响之深是举世罕见的。

交换是指人们在自愿的基础上进行的有关产品所有权的转让以及其他形式的相互合作。交换可以在两人之间进行，也可以在多人之间进行。比如，一件商品的买卖是两人之间的交换，而企业组织的形成是多人之间的交换。现代市场经济是一个复杂的交换体系，绝大部分是借助于货币进行的间接交换，但人类最初的交换是直接交换。

2.1.1 直接交换

自然经济先于商品经济存在，长达二三百万年的原始社会是完全的自然经济。自然经济是以自给自足为特征的经济形式，在这种经济形式下，生产是为了直接满足生产者家庭或经济单位（如原始氏族、封建庄园）本身的需要，而不是为了投入社会交换，产品不进入流通过程或只有极少部分进入流通过程。在生产单位中，全部或绝大部分的经济条件是在本单位中生产出来，并可继续不断地从本单位的产品中取得补偿的。在自然经济条件下，每个生产者家庭利用自身的经济条件，几乎可以生产出自己所需要的一切产品。自然经济与不存在社会分工或分工不发达的社会生产力相适应。在奴隶社会和封建社会，虽然商品交换已经产生并有一定程度的发展，但自然经济仍占据统治地位。

所谓商品的直接交换，是指不借助于货币的物物交换，即以物易物。在直接交换中，参与交换的双方都既是卖者又是买者，交换的目的是直接享用。交换的比例是某种物品用另一种物品衡量的相对价格，如果一个人用3斤苹果换另一个人的1斤鸡蛋，即1斤苹果的价格是1/3斤鸡蛋，或说1斤鸡蛋的价格是3斤苹果。

简单商品经济是以直接交换为特征的。它在各种社会形态中都存在，但它从未成为社会经济的支配形式，而总是伴随着和附属于占统治地位的生产方式。

2.1.2　分工是进步的源泉

分工是和交易交换相联系的。如果没有分工，人们的交易交换也许会有，但是规模会很小。只有有了精细的生产分工，人与人之间的交易交换才能够更加频繁地展开。

关于分工的思想，很多先哲都有过阐述。例如，古希腊的柏拉图就认为，在一个理想的国度，君主是理想的统治者，士兵是国家的保卫者，人民是国家的劳动者，所有人都遵守这种分工，各司其职，才能维护社会正义。大卫·休谟曾指出，人类的欲望和个人的能力之间是不匹配的，只有通过协作提高能力、分工增加才能、互助减少风险，才能让人满足尽可能多的欲望。当然，这些先哲关于分工的论述都很简单，只有在亚当·斯密那里才对分工展开了较为完整的论述。

在《国富论》的开篇，亚当·斯密就用大篇幅说明了分工的重要性。斯密指出分工有三个方面的好处：第一，它有助于手的技巧的完善，提高人的劳动熟练程度和判断力；第二，它节约了在不同工作环节之间转换劳动的时间；第三，它增加了发明新工具的可能性。正是由于有了这些好处，人们才得以通过分工合作大幅提升自身的力量，完成仅靠单个人难以完成的事情。

经济视野 2-1　　**亚当·斯密的制针工厂**

《国富论》是亚当·斯密最重要的著作，但这部伟大的作品并没选择从对国家大事的论述开始，而是选择描述了一段扣针的制造过程。

扣针制造，几乎是一项被人遗忘的产业，但是正如亚当·斯密所指出的，“一个劳动者，如果对于这职业没有受过相当训练，又不知道怎样使用这职业上的机械，那么纵使竭力工作，也许一天也制造不出一枚扣针，要做二十枚，当然是绝不可能的了”。而如果工人们有了分工，“一个人抽铁线，一个人拉直，一个人切截，一个人削尖线的一端，一个人磨另一端，以便装上圆头……”如此分工之下，一个十人的小厂，一天就可以生产十二磅的针。十二磅是什么概念？四万八千根，也就是平均每个工人生产了四千八百根针。由此可见，即使是扣针制造这样一个小小的产业，只要利用分工，生产效率也能得到成百上千倍的提升。

从这个看似平凡的制针的例子中，竟得到了令人吃惊的结论，正因为如此，它成为经济学中最著名的案例之一。

既然分工可以极大地改善效率，那么分工究竟是由什么决定的呢？斯密认为，它是市场规模扩大的结果。如果没有市场，就不会有分工，只能自给自足。在斯密看来，市场的扩大促进了分工的细化，分工的细化带来了技术进步与创新，进而促进了经济发展，而经济发展又反过来使得市场进一步扩大……如此反复，就是经济良性发展的整个过程。

生产的社会分工除了水平分工，即最终产品生产上的专业化分工外，还有从原材料生产到最终产品生产的整个链条上的垂直分工。现代社会，几乎任何一种最终产品的产业链都是全球分布的。

启智润心 2-1 更加积极地参与国际分工

在新发展格局下，面对国际分工体系的大调整、大变革，我国要坚持和平发展，坚持互利共赢，推动构建人类命运共同体，从而实现更高水平的合作共赢；要立足国际分工演进规律，统筹思考参与国际分工的新目标、新优势、新角色，更好地把握分工重构的主动权与合作发展的新机遇。

就分工目标而论，要集聚全球先进要素，建设现代化经济体系，推动国内经济高质量发展；同时坚持多边主义，在国际和区域空间维度参与并推动全球经济治理变革。

就分工优势而论，要培育内源主导、内外联动的内生发展能力，发挥技术、市场、资源、制度、产业等多要素系统集成优势，履行大国责任，推动国际分工体系良序演化。

就分工角色而论，要发挥大国产业体系特殊的安全保障效应，为全球产业链、供应链安全提供保障，推动国际分工体系在国内区域和产业维度上延伸，实现国内分工体系与国际分工体系的融合互动。

我国更加积极地参与国际分工，必须着力发展消费引领的内需体系、垂直整合的产业链体系、以我为主的供应链体系、互利共赢的价值链体系、内外融合的市场体系，构建强大的国内循环，实现国内国际双循环相互促进。

资料来源 马涛. 更加积极地参与国际分工［N］. 学习时报，2021-04-23.

思政元素：团结协作 互利共赢

明理善行：没有国际分工，人类生产力就不可能发展。只有跳出零和博弈思维，遵循合作共赢理念，提升与他国实现共赢的能力，才能顺应经济全球化的时代潮流。习近平总书记指出：“在新发展格局下，中国的对外合作将不断深化，同世界各国实现互利共赢。我们将更加积极地参与国际分工，更加有效地融入全球产业链、供应链、价值链，更加主动地扩大对外交流合作。”构建新发展格局，中国开放的大门不会关闭，只会越开越大。广大青年要有强烈的爱国情怀，有开阔的国际视野，牢固树立人类命运共同体意识，学有专精，藏器于身，在世界经济大潮中破浪前行，为祖国繁荣发展贡献青春力量。

2.1.3 经济的相互依存的利益

商品是从劳动产品发展而来的。从劳动产品转化为商品，必须具备两个条件：社会分工和劳动产品归不同的所有者。

当不同的个人持有不同的物品、怀有不同的愿望，或者两者兼有时，就出现了进行互利交换的可能，即各个参与者都能得到好处的交换。交换可能使这两个人都得到好处，同样的道理也适用于国家之间。

两人之间的自愿交换并不会造成一人得利、另一人吃亏的结果，而是两人同时得利。假如贸易会使任何一方吃亏，吃亏的一方就不会参与贸易了。因此，自愿交换的一个基本结果就是每一方都受益。

交换的另一个好处是它使个人、单位或国家可以集中资源用于生产他们最善于生产的物品。有些个人、单位或国家在某种物品的生产上比另一些个人、单位或国家有更高的效率，即具有绝对优势。有些个人、单位或国家在某种物品的生产上相对成本低，即具有比较优势。

在实行商品生产和交换的条件下，各个生产者或个人都处在社会化大分工的体系中，各自都生产自己具有绝对优势和相对优势的商品同他人相交换，从而大大提高了社会的劳动生产率和社会资源的配置效率。因此，商品经济形成的相互依存的利益，不但表现在单个商品生产者身上，而且表现在整个社会乃至全世界。

经济视野2-2　　世界杯上的中国制造

2022年卡塔尔世界杯，从决赛场馆、供水供电设施，到各国官员、媒体、球迷乘坐的客车，再到卡塔尔随处可见的球赛周边产品，中国制造的身影无处不在。中国驻卡塔尔大使周剑表示，这些中国元素一方面是中国发展的象征，另一方面也表明，中国制造、中国建造越来越多地得到了世界人民的认可和喜爱。

卡塔尔世界杯花费超过2 200亿美元，成本是过去7届世界杯总和的5倍。钱到底花在哪了？基础建设投资占了很大一部分。为了筹备此次世界杯，卡塔尔在距首都多哈约20千米的卢塞尔地区建起了一座城市——卢塞尔新城。沙漠起新城，卢塞尔体育场是卢塞尔新城的核心建筑物，这座全球最大跨度双层交叉索网屋面单体建筑的顺利竣工，中国企业发挥了重要作用。

卡塔尔世界杯举办期间，来自中国的宇通纯电动客车穿梭在场馆与酒店间，承担起各国官员、记者、球迷的接驳保障任务，中国的纯电动客车取代燃油客车，成为赛场外的主流。

卡塔尔世界杯组委会在采购客车时，吸引了全球20多家企业参与投标，包括众多欧洲企业。宇通为卡塔尔世界杯量身打造的新能源客车解决方案刚好与卡塔尔政府推进的绿色能源转型战略不谋而合。卡塔尔组委会下定决心选择宇通纯电动客车，源于采购人员的一趟“中国行”。招标期间，采购人员来到位于河南郑州的宇通厂区参观。参观过程中，宇通工厂的规模和自动化程度给采购人员留下了深刻印象。此次中国之行让他们认识到，中国制造的电动客车不输甚至领先欧洲竞品。

赛场外，中国小商品是吸引人们眼球的“明星”。足球、球衣、奖杯、哨子、小喇叭、球星卡……世界杯期间，“义乌造”几乎涵盖了所有在卡塔尔售卖的周边商品。义乌体育用品协会估算，义乌制造占到整个世界杯周边商品市场份额约七成。有外媒称，每一名来卡塔尔观赛的球迷，几乎都会带着一件“中国制造”回家。

资料来源　赵昊. 看！世界杯上的那些“中国制造”[EB/OL]. [2022-12-09]. http://ent.people.com.cn/n1/2022/1209/c1012-32583464.html.

【小思考2-1】

如何理解劳动分工与市场交换的关系？

小思考2-1

分析提示

2.1.4　商品的效用及价值

商品、货币、价格是经济学最基本的范畴。经济学的研究必须借助商品、货币、价格等基本要素。

根据西方经济学的观点，商品是用于交换的财货或有效用的物品。商品是为社会和他人生产的经济物品。因此，它首先是一个有用物，即能够满足人们的某种需求或欲望，如粮食可以充饥，衣服可以御寒，容器可以盛物等。商品的某种有用性，就是商品的效用，也是商品的使用价值。一种商品因其自身的成分、性质和用途的不同而有不同的效用，同一种商品因有多种属性而拥有多种效用。一种没有任何效用的劳动产品，包括服务，既不会有需求，也不会有供给，它也就不会成为商品。因此**效用**实质上是能够满足人们某种需要的使用价值。

效用可分为客观效用和主观效用。某一商品的客观效用，是指它客观具有的某种满足人们需要的性能。这是由商品本身的物理性质和形式决定的，是人们不同的具体劳动的结果。它是客观的使用价值，是能够进行客观比较的。某一商品的主观效用，是指不同的人消费之后所产生的不同感受和满足，是一种主观的使用价值。由于这是一种不同人各自主观的判断，因此可以自我比较，但不能进行相互比较。尽管主观效用是消费者的主观感受，没有一个客观标准，很难进行测定，但是如果我们对千百万人的主观感觉进行统计分析，又可以找出其中规律性的东西。例如，南方人喜欢吃大米、饮黄酒；北方人喜欢吃面食、饮白酒。这就是南、北方人对大米及酒等经济物品主观效用上的差别，因此主观效用是客观的，主观效用的差别也是客观的，尊重这种客观存在，才能最大化地满足不同消费者的需求。

关于商品的价值，根据马克思劳动价值论的观点，商品是用以交换的劳动产品，在生产它们时都耗费了人的体力与脑力。这种体力和脑力的支出就是无差别的人类劳动。凝结在商品中的无差别的一般人类劳动就是**商品的价值**。

西方经济学者在价值是什么的问题上有多种观点，如“生产费用价值论”“边际效用价值论”“供求价值论”“生产要素价值论”等。而研究价值是什么的问题并不是经济学的主要任务。价值是政治经济学的核心范畴，解决价值是什么的问题，是政治经济学的任务。经济学的核心范畴是价格而不是价值，在现实经济生活中，人们也是只讨论价格而不讨论价值。因而不管价值是什么，不管是马克思的“劳动价值论”，还是西方经济学者的“生产费用价值论”“边际效用价值论”“供求价值论”“生产要素价值论”等，都不影响经济学整个理论体系的构建。

2.2 间接交换与货币

2.2.1 货币的产生

商品交换经历了两个阶段：直接的物物交换和以货币为媒介的间接交换。物物交换因受时间、地域和所需商品等因素的限制，具有很大的局限性。随着商品交换的发展，出现了一种特殊的商品，由它来充当商品交换的媒介。这种特殊的商品最后被固定在金银等贵金属上时，就形成了货币。货币产生后，交换不仅变得方便了，而且交换的形式也发生了变化，由“商品→商品”的物物交换形式，转换为“商品→货币→商品”的间接交换形式。因此，**货币**是商品交换长期发展的产物，是从商品交换中分离出来，充当交换媒介的一般等价物。从历史发展来看，世界各国货币制度的演变先后出现过银本位制、金银复本位制、金本位制和纸币本位制四大类型。

货币的出现，解决了直接交换的不便。货币是人们普遍愿意接受的支付手段。人们愿意接受它，是因为相信其他人会接受它。货币的出现还统一了商品的价值尺度，使经济核算更容易了。与直接交换相比，货币的出现大大降低了交换成本，推动了分工和专业化，使得人类的大范围合作成为可能。

2.2.2　货币需求与货币需求量

1）货币需求与货币职能

货币需求是指经济主体在既定的收入和财富范围内能够并愿意持有货币的数量。经济学意义上的需求指的是有效需求，不单纯是一种心理上的欲望，而是能力与欲望的统一体。货币需求作为一种经济需求，是由货币需求能力和货币需求愿望共同决定的有效需求。

货币需求是一种派生需求，派生于人们对商品的需求。货币是固定充当一般等价物的特殊商品，具有价值尺度（即衡量商品价值量）、流通手段（即充当商品交换媒介）、支付手段（即清偿债务）和贮藏手段（即当作一般社会财富保存起来）、世界货币等职能，能够满足商品生产和交换的需要，以及持有财富的需要等。

2）货币需求量

货币需求量是指在特定的时间和空间范围内（如某年某国），经济中各个部门需要持有货币的数量，即一定时期内经济对货币的客观需求量。决定一定时期流通中货币需求量的规律，即货币流通规律。一般来说，流通中需要的货币量主要取决于三个因素：（1）待售商品总量；（2）商品价格水平；（3）货币流通速度（在一定时期内，同一单位货币可以流转多次）。前两个因素的乘积，即商品价格总额。在其他条件一定的情况下，商品价格总额越大，流通中所需要的货币量越多，货币量与商品价格总额成正比，而与货币流通速度成反比。用公式表示如下：

$$\text{一定时期内流通中需要的货币量}=\frac{\text{商品价格总额}}{\text{同一单位货币的平均流通速度(次数)}}$$

2.2.3　西方经济学者关于货币需求理论的研究

1）古典货币数量说

古典货币数量说主要有现金交易数量说和现金余额数量说。

（1）费雪的现金交易数量说。1911年，美国经济学家费雪在其《货币购买力》中提出了著名的交易方程式，也称为费雪方程式：

$$MV=PT$$

其中，P代表物价水平，T代表商品和劳务的交易量，V代表货币流通速度，M代表货币量。

费雪认为，在方程式中，V和T在长期中都不受M变动的影响。V由制度因素决定而在短期内难以改变，可视为常数；T取决于资本、劳动和自然资源的供给状况以及生产技术水平等非货币因素，大体上也是稳定的。因此，只有物价水平P和货币量M有直接关系。M处于主动的、起支配作用的地位，P则是被动因素，是随货币量的变动而变动的。因此，交易方程式所反映的货币量决定物价水平的理论，也被称为“现金交易数量说”。

（2）剑桥学派的现金余额数量说。庇古是英国剑桥学派的主要代表人物。1917年他在英国《经济学季刊》上发表了“货币的价值”一文，提出并全面阐述了剑桥方程式：

$$\pi=\frac{KY}{M} \quad 或 \quad KY=\pi M$$

其中，Y代表总收入，K代表总收入中愿意以货币形式持有的比重，π代表货币价值，M代表名义货币供给量，KY代表真实货币需求量。

庇古认为，货币的价值由货币供求的数量关系决定。货币需求应以人们的手持现金来表示，它不仅包括作为交易媒介的货币，而且包括贮藏货币，这是剑桥方程式区别于交易方程式的关键所在，等式中的K就集中反映了这一思想。因此，庇古的理论也被称为现金余额数量说。剑桥学派把K解释为人们的持币量与支出总量的比例。持有的货币总量越大，所需货币越多。这说明了物价和货币价值的升降取决于货币量的变化。假定其他因素不变，物价水平与货币量成正比，货币价值与货币量成反比。这表明了控制货币投放对控制物价及稳定币值的意义。

2）凯恩斯的货币需求理论——流动性偏好论

现代宏观经济学的奠基人凯恩斯在其1936年出版的经典著作《就业、利息和货币通论》中，在扬弃古典货币数量说的基础上，提出了自己的货币需求理论。凯恩斯深入细致地分析了货币需求者的各种动机，认为经济主体之所以需要货币，是因为存在“流动性偏好”这一心理倾向，即愿意持有具有完全流动性的货币而不是其他缺乏流动性的资产，以应付日常的、临时的或投机的需要，从而产生货币需求。因此，凯恩斯的货币理论被称为流动性偏好论。流动性偏好论指出，货币需求是由三类货币需求动机决定的：①交易动机。②预防动机（即为了应付不测之需）。③投机动机。前两项构成交易性需求，由获得的收入多少决定，是国民收入的增函数；后一项是投机性需求，是国民收入的减函数。凯恩斯认为，当利率降到某一低点时，货币需求会无限增大，此时无人愿意持有债券，都愿意持有货币，流动性偏好具有绝对性。这就是著名的流动性陷阱。

凯恩斯的理论突出了利率对流通中货币需求的影响，试图表明应如何通过控制利率来控制货币需求及物价水平。

3）弗里德曼的现代货币需求数量说

美国当代经济学家弗里德曼在接受剑桥学派观点的基础上认为，人们持有货币不仅仅是因为交换，还因为货币是财富而形成了多种影响因素。这些影响因素主要有四个方面：①财富总额，即以人们现在收入与过去收入加权计算的收入，也即“恒久性收入”。恒久性收入越高，所需货币量越多。②财富构成，即人力财富与非人力财富之比。人力财富是指个人在将来获得收入方面的能力，非人力财富即物质财富。未来的人力财富总要转化为现实的物质财富。转化过程需要货币，人力财富比例越高，所需准备的货币就越多。③金融资产的预期收益率。持有货币的名义收益率一般等于0，持有其他金融资产如股票、债券、定期存单等的收益率一般大于0。因此，其他金融资产的收益率越高，持有货币的数量就越少。④其他因素，即影响货币需求的各种随机因素。这里，弗里德曼把货币量看作一个十分复杂的经济范畴，提出了现实中各种错综复杂的影响因素。为此，弗里德曼提出了自己的货币需求函数：

$$\frac{M}{P}=f\left(Y_p, W, L_m, L_b, L_e, \frac{1}{P}\frac{dp}{dt}, \mu\right)$$

其中，M代表名义货币量，P代表物价水平，Y_p代表恒久性收入，W代表非人力财富占总财富的比例，L_m、L_b、L_e分别代表货币、债券和股票的预期名义收益率，$\frac{1}{P}\frac{dp}{dt}$代表物价水平的预期变动率，μ代表随机因素的影响总和。

弗里德曼同时十分强调货币数量的作用，他认为货币数量的变动在经济生活中起支配作用，强调“唯有货币要紧”。联系近年来世界范围内屡屡发生的金融危机，无不是因为货币数量出了问题。

上述理论都各自从不同的角度就货币数量提出了有价值的观点，对现实经济生活中人们把握货币流通规律具有指导意义。

2.2.4 货币供给

货币供给是相对于货币需求而言的，指货币供给主体即一国或者一货币区银行系统向经济主体供给货币以满足其货币需求的过程。

货币供应量是指非银行部门持有的货币资产数量，即流通中的货币数量。货币一旦被注入经济中并进入实际流通领域，就会形成现实的流通中的货币。因此，货币供应量在数量上等于流通中的货币量。

流通中的现金和银行活期存款为流通中的货币，是我国狭义货币供应量M_1；“定期存款+储蓄存款+证券公司客户保证金”属于潜在的货币量，与M_1一起构成我国的广义货币供应量M_2。

货币的需求与供给既相互对应，又相互依存。货币供给符合经济生活对货币的需求则达到均衡，即货币供求平衡。若货币供给过度，超过了经济生活对货币的需求，就会出现单位货币贬值、物价上涨的现象，这称为通货膨胀。

经济视野 2-3　货币供应量增长必须控制在国内生产总值增长率加3%的水平之内

依据费雪方程式，货币供应量增长率应该等于经济增长率加通货膨胀率减货币流通速度变动率。通常情况下，货币流通速度大致不变，因此货币供应量增长率应该等于经济增长率加通货膨胀率。经验表明，3%左右的通货膨胀率大致说来是正常的，可满足经济增长需要且被人们所接受。因此，结合费雪方程式，要保持通货膨胀率不超过这一水平，货币供应量增长率就必须控制在国内生产总值增长率加3%的水平之内。

2.3 价格与均衡价格

无论是以物易物的商品交易，还是以钱换钱的货币交易，或是以货币作媒介的一般流通模式，都必须有价格，**价格**是商品价值的货币表现，没有价格就不存在市场交易，也就没有市场经济。价格是市场经济的核心范畴。由于市场经济条件下的供求关系是决定价格的主要因素，因此我们的价格分析要从需求与供给开始。

2.3.1 需求与需求曲线

每个物品的市场都有需求和供给两个方面。需求是指消费者在某一特定的时期内，在每一价格水平上愿意而且能够购买的商品量。需求的构成要素有两个：第一，有购买欲望；第二，有购买能力。这两者缺一不可。

我们可以把消费者在不同价格水平下对某种商品的需求量用表2-1来表示。

表2-1 消费者对某种商品的需求量表

消费者	价格（元）	需求量（吨）
a	20	110.0
b	40	90.0
c	60	77.5
d	80	67.5
e	100	62.5
f	120	60.0

这种表明某种商品的价格和需求量之间关系的表，就称为需求表。在经济学中，通常用图示法把需求表中所体现的这种关系表现出来，如图2-1所示。在图2-1中，横轴表示需求量，纵轴表示价格，D表示需求曲线。需求曲线就是根据需求表画出的表示价格与需求量关系的曲线。但图2-1中的需求曲线只不过是个人需求曲线，市场上的消费者很多，如果把所有消费者对某种商品的需求表综合起来，就可以得出市场需求表，并根据市场需求表画出市场需求曲线。

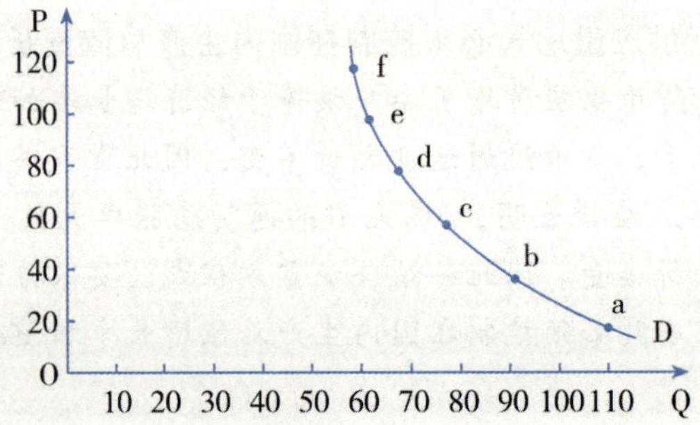

图2-1 某种商品的需求曲线

市场需求不是静止不变的，影响其变化的因素主要有下列四项：

（1）商品本身的价格。在其他因素不变的条件下，某商品的需求量与该商品的价格变动成反比。当价格上涨时需求量下降，当价格下跌时需求量增加。这就是需求法则的基本内容。

（2）消费者的货币收入水平。在其他因素不变的条件下，所有消费者的货币收入越多，对商品的需求量越大，反之则需求量越小。在坐标图上，货币收入水平上升使需求曲线向右上方移动，货币收入水平下降使需求曲线向左下方移动。

（3）消费者的偏好。如果消费者对某一商品的偏好程度变大，则该商品的需求曲线向右移动；反之，则向左移动。消费者的偏好变化越大，则市场需求曲线的移动幅度越大。

（4）关联商品的价格水平。某商品的关联商品有替代品和互补品之分。一种是替代关系，它是指两种商品可以相互替代来满足同一种欲望，如苹果与梨。当苹果的价格下跌时，梨的市场需求曲线就会向左移动；当苹果的价格上涨时，梨的市场需求曲线就会向右移动。两种替代商品之间的价格与需求量是同方向变化的。另一种是互补关系，它是指两种商品共同满足同一种欲望，它们之间是相互补充的，如录音机与录音带、录像机与录像带。当录音机或录像机价格降低时，对录音带或录像带的需求就会增加，这时录音带或录像带的需求曲线就会向右移动。两种互补的商品之间的价格与需求量是反方向变动的。

此外，社会制度、社会人口的数量及组成、风俗习惯、地域等因素也会影响需求曲线的移动。

如果把影响需求的因素作为自变量，把需求作为因变量，则可以用函数关系来表示影响需求的因素与需求量之间的关系，这种函数就是需求函数。用D代表需求，用a、b、c、d、……、n代表影响需求的因素，则需求函数为：

$$D=f(a, b, c, d, \cdots, n)$$

如果假定其他因素不变，只考虑商品本身的价格与对该商品的需求关系，并以P代表价格，则需求函数为：

$$D=f(P)$$

从图2-1中可以清楚地看出需求曲线向右下方倾斜，它反映了现实经济生活中的一条规律：在一般情况下，如果其他条件不变，价格越高，需求量越少；反之，价格越低，需求量越多，价格和需求量之间存在着反向变动的关系。这就是一般商品的需求法则。

需求法则表明，当其他条件不变，即收入、消费者偏好、关联商品价格等因素不变时，商品本身的价格与其所引起的对该商品的需求量的变动是在同一条需求曲线上移动的。这种变动称为需求量的变动。

当商品本身价格不变，其他因素变化，从而引起需求变动时，表现为需求曲线的平行移动。这种变动称为需求曲线移动，也叫需求变动，如图2-2所示。当需求曲线向右移动时，表示需求的增加；当需求曲线向左移动时，表示需求的减少。

当然，也有例外，主要表现为以下两种情况：

（1）珠宝、项链等作为地位象征的商品，其价格越低，需求量越小。

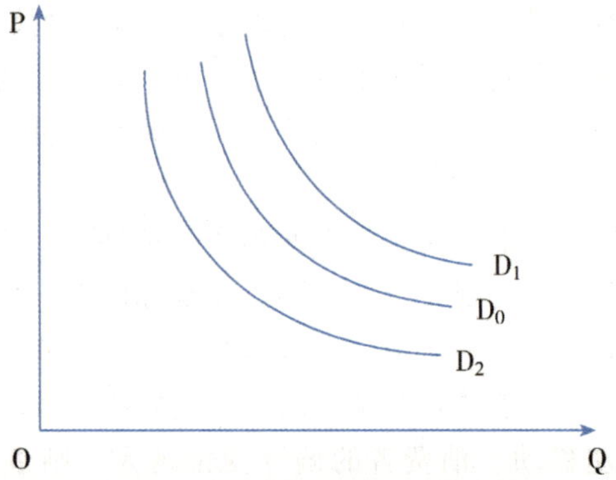

图 2-2 需求曲线的移动

（2）古玩、历史珍品、名贵邮票等，当价格发生较大变动时，需求量呈现不规则的变化。

经济视野 2-4 **动物园门票的定价**

如果你是一个大型动物园的园长，你的财务经理告诉你，动物园缺乏资金，并建议你考虑改变门票价格以增加总收益。你将怎么办呢？是提高门票价格，还是降低门票价格？

回答取决于需求弹性。如果参观动物园的需求是缺乏弹性的，那么提高门票价格会增加总收益。但是如果需求是富有弹性的，那么提高价格就会使参观者人数大幅减少，导致总收益减少。在这种情况下，你应该降价，这样参观者人数会大幅增加，总收益也会增加。

为了估算需求的价格弹性，你需要请教有关统计学家。他们会用历史资料来研究门票价格变化时，参观动物园人数的逐年变动情况。这种资料分析能够提供一个需求价格弹性的估算，你可以结合估算结果对你的财务问题做出应有的反应。

2.3.2 供给与供给曲线

经济学中所说的供给是指生产者在某一特定的时期内，在每一价格水平上愿意并且能够卖出的商品量。供给应具备两个条件：第一，有出售愿望；第二，有供给能力。两者缺一不可。在生产者的供给中，既包括新生产的产品，也包括过去生产的存货。

生产者在不同价格水平下对某种商品的供给量可以用表 2-2 来表示。

表 2-2 生产者对某种商品的供给量表

生产者	价格（元）	供给量（吨）
a	20	5.0
b	40	46.0
c	60	77.5
d	80	100.0
e	100	115.0
f	120	122.5

这种表明商品的价格与供给量之间关系的表，称为供给表。根据表2-2，可以做出图2-3。

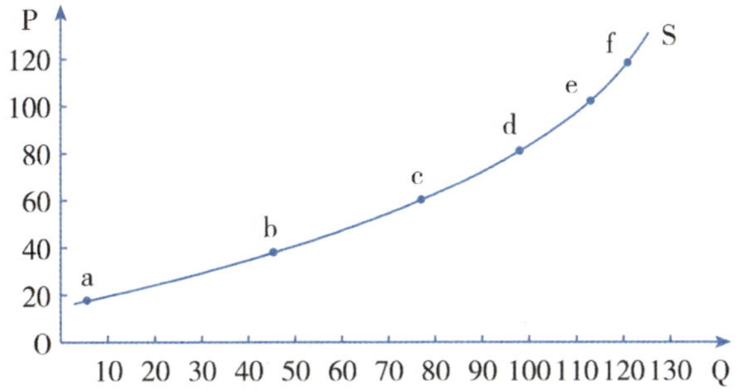

图2-3　某种商品的供给曲线

在图2-3中，横轴代表供给量，纵轴代表价格，S即供给曲线，供给曲线就是根据供给表画出来的，表示价格与供给量关系的曲线。

从图2-3中还可以看出，供给曲线是一条向右上方倾斜的曲线，这表明价格与供给量之间存在着同方向变动的关系，即在其他条件不变的情况下，供给量随着价格的上升而增加，随着价格的下降而减少，这就是经济学中所说的**供给法则**。需要注意的是，对某些商品来说，供给法则也不一定适用。例如，劳动力的供给在工资小幅度上升时会增加，但当工资增加到一定程度时，如果再增加，劳动力的供给不仅不会增加，反而会减少。

影响供给的因素除了商品本身的价格之外，还有这样一些因素：生产者所要达到的目的；现有的技术水平；其他商品的价格；生产要素的成本以及生产者对未来的预期等。

如果把影响供给的因素作为自变量，把供给作为因变量，则可以用函数关系来表示影响供给的因素与供给量之间的关系，这种函数就是供给函数。用S代表供给，用a、b、c、d、……、n代表影响供给的因素，则供给函数为：

S=f（a，b，c，d，…，n）

假定其他因素不变，只考虑商品本身的价格与该商品的供给量的关系，并以P代表价格，则供给函数为：

S=f（P）

当影响供给的其他因素不变时，商品本身价格的变动所引起的供给量变动是在同一条供给曲线上的移动。这种变动称为供给量的变动。例如，在图2-3中，在供给曲线S上，从a点到其他各点的变动就是供给量的变动，向右上方的变动表示供给量的增加，向左下方的变动表示供给量的减少。

当商品本身的价格不变时，其他因素的变动所引起的供给量的变动是整个供给曲线的移动。这种变动称为供给的变动，可以用图2-4来说明。

在图2-4中，供给曲线由S_0移至S_1、S_2，都是供给的变动。当供给曲线向右下方移动时（由S_0移至S_1），表示供给的增加；当供给曲线向左上方移动时（由S_0移至S_2），表示供给的减少。

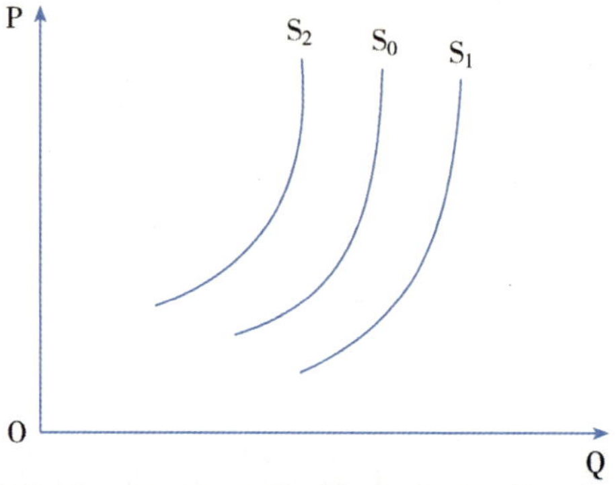

图2-4 供给曲线的变动

经济视野2-5 逆向而行的思维

在我国，“猪周期”“蒜周期”“蛋周期”等可谓众所周知。一般而言，在其他条件不变的情况下，价格上涨，供给量增加，符合供给定理，那么何以造成严重的供过于求？主要原因有：其一，生产规模小、分散，产销信息不对称，盲目跟风；其二，生产与销售出现时滞，生产需要一个过程，开始生产时行情好，到销售时行情却发生了变化；其三，随着价格上涨，需求量在减少。那么，从生产者个体的角度而言，是否有更好的应对之策呢？

战国时代商人白圭的经营方法与众不同，总是逆流而行，“人弃我取，人取我与”，有一次，别的商人都在一窝蜂地抛售棉花，拼命地大减价；白圭却大量地买进棉花，甚至花钱租地方存放棉花。卖完棉花，别的商人都抢着购买皮毛；白圭却打开仓库，把库存的皮毛卖得精光。几天后，有消息说近年棉花严重歉收，商人们心急火燎地到处寻找棉花；白圭高价卖出了全部库存棉花，发了一笔大财。又过了一段时间，满街的皮毛突然卖不出去了，价格降得越来越低，那些抢购皮毛的商人瞬间血本无归。

巴菲特曾说，“在别人恐惧时我贪婪，在别人贪婪时我恐惧”，其思想与白圭有异曲同工之妙。物以稀为贵，物极必反。当生产者不了解市场行情及规律，而盲目随大溜的时候，危险正在前方。

2.3.3 均衡价格

经济课堂2-1

均衡价格

均衡是物理学中的概念。当一物体同时受到方向相反的两个外力的作用，且这两种力量恰好相等时，该物体由于受力相等而处于静止状态，这种状态就是均衡。马歇尔把这一概念引入经济学中，主要指经济现象中各种对立的、变动着的力量处于一种力量相当、相对静止、不再变动的境界。均衡价格理论是根据需求与供给的变动来说明价格的决定。**均衡价格**是指一种商品的需求与供给相一致时的价格，这时的需求量与供给量也一致，称为均衡量或均衡产量。

均衡价格是经过市场供求波动而自发形成的。从表2-3中可以看出，当价格为10元时，生产者认为这个价格最有利，它将提供5个单位的商品，但消费者认为价格太高了，需求量为1，于是供大于求，价格下跌。反之，当价格为2元时，消费者认为价格最适合，需求量增大到5个单位，但生产者认为价格太低了，供给量减少到1个单位，于是供不应求，价格上升，供给量将增加，需求量将减少。由于供求不一致，因此连续波动。通过市场价格的波动和供求的变化，当价格为6元时，供给量和需求量相一致。此时，某种商品的均衡价格为6元，均衡数量为3个单位。将此过程用曲线来表示，如图2-5所示。

表2-3　　某种商品的均衡价格表

项目	供给量（个）	价格（元）	需求量（个）
a	5	10	1
b	4	8	2
c	3	6	3
d	2	4	4
e	1	2	5

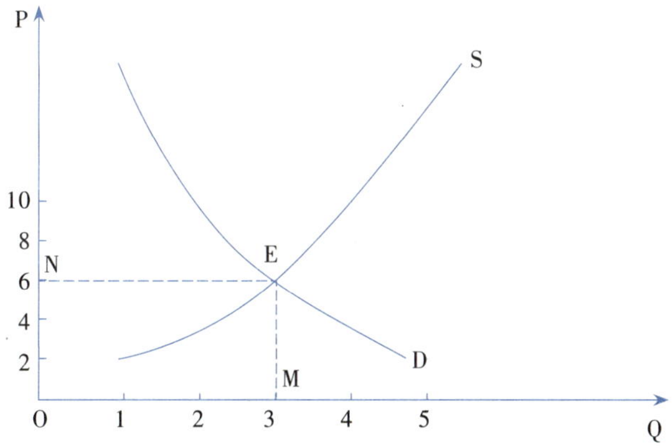

图2-5　需求与供给均衡

在图2-5中，横轴代表数量，纵轴代表价格，D代表需求曲线，S代表供给曲线，D与S相交于E点，这时需求等于供给，决定了均衡价格为ON，均衡数量为OM。

均衡价格是通过市场供求关系的自发调节形成的。由于供求的相互作用，一旦市场价格背离均衡价格，则有自动恢复均衡的趋势。

影响均衡价格的基本因素有：

（1）需求变动。需求曲线的平移是由商品本身价格以外的因素决定的，主要有消费偏好、关联商品价格的变动等因素。需求曲线的移动，也就是需求的变动。需求增加，需求曲线向右平移，表明均衡价格和均衡产量都有了增加；需求减少，需求曲线向左平移，表明均衡价格和均衡产量都有了减少。需求变动引起的均衡价格和均衡产量的变动是同方向的变动，如图2-6所示。

（2）供给变动。供给曲线的平移是由商品本身价格以外的因素决定的，主要有技术水平的提高、生产要素价格的变动、生产成本的变动等因素。供给增加，供给曲线向右方平移，表示均衡价格下降，均衡产量扩大；供给减少，供给曲线向左方平移，表明均衡价格上升，而均衡产量减少。供给变动引起均衡价格反方向变动和均衡产量同方向变动，如图2-7所示。

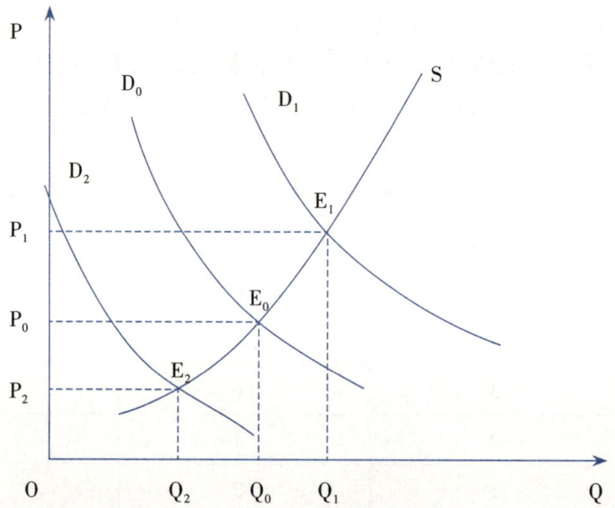

图 2-6 需求变动效应

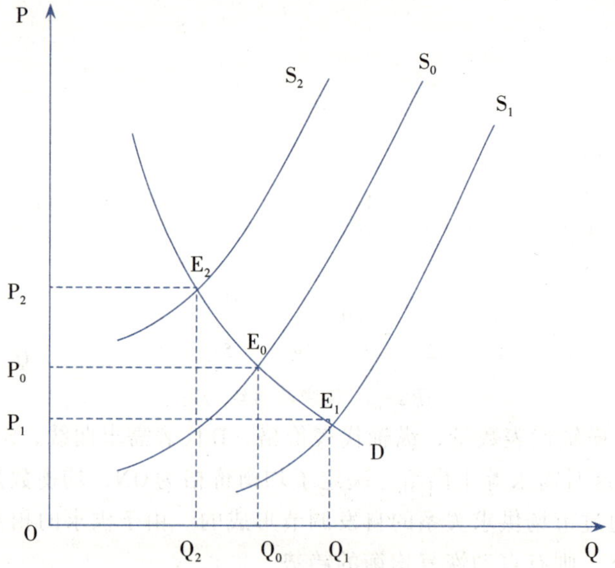

图 2-7 供给变动效应

从以上分析可以得出以下两点结论：

第一，需求的增加引起均衡价格上升，均衡产量增加；需求的减少引起均衡价格下降，均衡产量减少。也就是说，需求的变动引起均衡价格与均衡产量同方向变动。

第二，供给的增加引起均衡价格下降，均衡产量增加；供给的减少引起均衡价格上升，均衡产量减少。也就是说，供给的变动引起均衡价格反方向变动，均衡产量同方向变动。

上述关于需求变动与供给变动对均衡价格和均衡产量影响的关系，称为**供求定理**。

均衡价格理论常用来分析政府的各种价格政策对经济的影响，关于支持价格与限制价格的分析便是一例。

支持价格，是政府为了扶持某一行业的生产而规定的该行业产品的最低价格。支持价格高于均衡价格，供给大于需求。为了维持支持价格，政府就要收购过剩产品，用于储备、出口或援外。

限制价格，是政府为了限制某些产品的价格上涨而规定的这些产品的最高价格。政府为了防止物价上涨，确定了某种产品的限制价格。限制价格低于均衡价格，这时需求量大于供给量，为了维持这种限制价格，政府会采用配给制，市场上会出现抢购现象与“黑市”交易。

在现代经济社会，随着收入水平的提高，人们的需要不仅高层次化，而且越来越多样化，可变性也越来越强，因而满足固定需要的必需品的生产在整个生产中所占的比重越来越小，更多的商品和劳务生产不得不伴随着需要的变化而变化。从某种意义上说，现代经济生活更多的是“需求创造供给”，而非“供给创造需求”。

思政课堂 2-1

价格政策彰显社会主义经济制度优越性

经济视野 2-6　　大蒜价格“一飞冲天”破新高及其背后原因

2023年5月4日，全国大蒜六大主产区价格上涨。山东金乡一般混级主流报价在3.80～4.00元/斤；河南杞县印尼货主流报价在3.93元/斤；江苏邳州红皮净蒜6.5cm主流报价在4.90元/斤；山东兰陵四六瓣库内蒜印尼货主流报价在3.55元/斤；山东莱芜杂交红蒜统货主流报价在3.75元/斤。线上公共交易平台涨停，市场供应货源减少，储存商部分惜售。刚需及短炒商家活跃度较高，成交量较大。储存商惜售情绪浓厚，货源难组织，市场基本处于有价无市状态。大蒜在高人气及供少需多的情况下上涨动力十足，价格自2022年9月1日的1.82元/斤，上涨至今日的3.80元/斤，涨幅为109%。趋势运行从六年内相对低位水平“一飞冲天”，破六年内新高，走出了“蒜你狠”行情。

分析其原因如下：

第一，2022—2023年大蒜种植面积减少16.59%，大蒜预期体量收缩。相关机构测算，2022—2023年，中国大蒜种植核心省份种植面积数据显示：全国种植面积为633.79万亩，同比减种幅度为16.59%，预计影响100～120万亩大蒜。第二，大蒜苗情部分产区减产迹象明显，早熟蒜减幅10%以上。第三，2023年蒜薹减产明显，不同区域在管理及天气等综合因素的影响下减产20%～40%。第四，大蒜价格“狂飙”，吸引大量游资介入，市场人气飙升。

资料来源　Mysteel. 是什么让大蒜2023年“冲破云霄”创新高［EB/OL］.［2023-05-04］. https://finance.sina.com.cn/money/future/agri/2023-05-04/doc-imysrcvt3400250.shtml.

2.3.4　弹性及应用

这里应该引起注意的一个现象是，当需求和供给两方面都仅仅发生需求量或供给量变动的时候，需求曲线和供给曲线的交点不发生变动，但是呈现出了需求弹性和供给弹性。

1）需求弹性

需求弹性，是需求价格弹性的简称，它表示某一商品的需求量对其本身价格变化的反应程度。需求弹性用公式表示如下：

$$\text{需求弹性} = \frac{\text{需求量变动的百分比}}{\text{价格变动的百分比}}$$

不同商品的需求弹性是不同的。决定一种商品需求弹性的因素可以概括为下述四个方面：

(1) 该商品的替代品的数目和替代的相近程度。如果一种商品有很多相近的替代品，它的需求很可能是有弹性的。因为如果价格上涨，消费者就会少买这种商品，而多买它的替代品；如果价格下跌，消费者就会多买这种商品，而少买它的替代品。

(2) 必需品和奢侈品。必需品倾向于需求缺乏弹性，而奢侈品倾向于需求富有弹性。例如，食盐、面粉、肥皂之类的商品，其需求弹性就很小。

(3) 市场的范围。在任何一个市场上，需求弹性都取决于我们所划出的市场界限。范围小的市场的需求弹性往往大于范围大的市场，因为范围小的市场上的物品更容易找到相近的替代品。例如，食物是一个广泛的范畴，它的需求相当缺乏弹性，因为没有更好的食物替代品。冰激凌是一个较狭义的范畴，它的需求较富有弹性，因为容易用其他甜点来替代冰激凌。香草冰激凌是一个非常狭义的范畴，它的需求非常有弹性，因为其他口味的冰激凌几乎可以完全替代香草冰激凌。

(4) 时间的长短。物品往往随着时间变长使得需求更富有弹性。当汽油价格上升时，在最初的几个月中汽油的需求量仅略有减少。但是，随着时间的推移，人们购买更省油的汽车，或转向公共交通，或换到离工作近的地点，几年之内，汽油的需求量会大幅度减少。

需求弹性对于厂商确定销售价格和政府机构制定销售价格政策，都是必须考虑的重要因素。

2）供给弹性

供给弹性是供给价格弹性的简称。它表示某一商品的供给量对其本身价格变化的反应程度。供给弹性用公式表示如下：

$$\text{供给弹性}=\frac{\text{供给量变动的百分比}}{\text{价格变动的百分比}}$$

决定商品供给价格弹性的因素有两方面：

(1) 供给价格弹性决定着卖者改变他们生产的物品产量的伸缩性。例如，海滩土地供给缺乏弹性，因为几乎不可能生产出这种土地。而书、汽车和电视这类制成品的供给富有弹性，因为生产这些物品的企业可以对价格上升做出反应而增加产量。

(2) 供给价格弹性的决定性因素是时间的长短。供给在长期中的弹性通常大于短期。在短期中，供给量对价格非常不敏感。而在长期中，企业可以建立新工厂或关闭旧工厂。此外，新企业也可以进入一个市场，旧企业也可以关闭。因此，在长期中供给量可以对价格做出相当大的反应。

供给弹性对政府调整产业结构、扩大或压缩产品生产有很大的借鉴作用。

启智润心 2-2 弹性消费避免浪费

目前，很多餐馆采取弹性消费的形式，设置不同的消费价目。比方说，同一个菜式设置不同的菜量，并且依此确定两到三种价目。量少，价格适当下调；量多，价格合理上浮。这样一来，顾客就可以根据实际用餐人数、个人食量合理点菜，避免了因吃不完而造成的浪费；餐馆也可以根据顾客选择的价格，对配菜的分量进行合理调整，不用担心顾客埋怨菜品“量少”。

资料来源 李荣灿．弹性消费避免浪费［N］．人民日报，2020-09-07（10）．

思政元素：理性消费 节约消费 服务意识

明理善行：弹性是指一个变量相对于另一个变量发生的一定比例的改变的属性。餐馆采取弹性消费的形式，设置不同的价目，既满足了不同顾客的消费需求，又使“舌尖上的浪费”现象有所改观。民以食为天，食以俭养德。党的二十大报告指出，在全社会弘扬“勤俭节约精神，培育时代新风新貌”。我们要继续弘扬勤俭节约的传统美德，自觉抵制浪费行为；按需点餐，杜绝浪费，使用公勺公筷，拒绝野味，文明就餐；在礼品的选择上应以突出心意和祝福为主，摒弃商品过度包装之风等。杜绝浪费需要全社会共同努力，大家都以节约粮食为荣、以铺张浪费为耻，破除讲排场、比阔气的陋习，才能把节约进行到底。

【小思考2-2】

供求关系对价格形成的作用如何？

小思考2-2

分析提示

经济视野2-7　　减少香烟需求量的两种方法

公共政策制定者常常想减少人们吸烟的数量。政策可以达到这一目标的方法有两种：

一种方法是使香烟或其他烟草产品的曲线移动。公益广告、香烟盒上“有害健康”的警示，以及禁止在电视上做香烟广告，都是旨在减少任何一种既定价格水平下香烟需求量的政策。如果成功了，这些政策就使香烟的需求曲线向左移动。

另一种方法是提高香烟的价格。例如，如果政府对香烟制造商征税，烟草公司就会以高价格的形式把这种税的大部分转嫁给消费者。较高的价格促使吸烟者减少他们吸烟的数量。在这种情况下，吸烟量的减少就表现为沿着同一条需求曲线移动到价格更高而数量更少的点上。

吸烟量对价格有多大的反应呢？经济学家试图通过研究香烟税变动时出现的情况来回答这个问题。他们发现，香烟价格上升10%会引起需求量减少4%。此外，青少年对香烟价格特别敏感：香烟价格上升10%使青少年的吸烟量减少12%。

本章小结

- 商品经济是以商品生产和商品交换为内容的经济形式，在商品经济社会，要实现资源的有效配置，就必须充分利用商品、货币、信用、价格、均衡价格在资源配置中的杠杆作用。
- 商品自愿交换的一个基本结果就是每一方都受益，参与交换的好处是使个人和社会可以集中资源用于他们最善于生产的物品。参与者的受益可表现为比较利益的绝对优势和比较优势。
- 商品的间接交换产生了货币，货币的出现使经济核算变得更容易，降低了“交换成本”。
- 市场包含需求和供给两个方面，需求曲线是一条从左上向右下移动的曲线，需求数量随价格提高而减少；供给曲线是一条从左下向右上移动的曲线，供给数量随价格提高而增加。
- 用需求的价格弹性可以测量需求数量对价格变化反应的灵敏度。

● 价格是商品价值的货币表现，但受供求关系的影响并直接决定其高低。在完全竞争条件下，当商品的需求量和供给量正好相等时，需求曲线和供给曲线相交那一点的价格叫均衡价格。现实中的实际价格通常低于或高于均衡价格，但实际价格存在向均衡价格接近的趋势。

● 供求定理的内容是：需求的变动引起均衡价格与均衡产量同方向变动；供给的变动引起均衡价格反方向变动，均衡产量同方向变动。

主要概念和观念

☐ 主要概念

效用　商品的价值　货币　价格　需求法则　供给法则　均衡价格　供求定理

☐ 主要观念

价格是商品价值的货币表现。

基本训练

1）选择题（单项或多项选择）

（1）商品经济是（　　）。

A.自利经济　B.利他经济　C.互利经济　D.损人经济

（2）商品的主观效用（　　）。

A.不存在　B.客观存在

C.有客观标准　D.差别具有客观性

（3）均衡价格是（　　）。

A.由价值决定的

B.不存在的

C.是反价值的

D.价值决定在供求平衡状态下的价格表现

（4）费雪的交易方程式表达的观点是（　　）。

A.货币量决定货币价值　B.物价是被动因素

C.最活跃的因素是货币量　D.货币量决定物价水平

（5）庇古的现金余额数量说认为（　　）。

A.物价水平与货币量成正比，货币价值与货币量成反比

B.人们对货币的需求量取决于他们的流动性偏好

C.恒久性越高，所需货币越多

D.货币量是最活跃的因素

（6）凯恩斯的流动性偏好理论认为，影响人们流动性偏好的因素主要有（　　）。

A.交易动机　B.预防动机　C.投机动机

D.发展动机　E.价值动机

（7）在弗里德曼的货币需求函数中，与货币需求成正比的因素有（　　）。

A.恒久性收入　B.人力财富比例　C.存款的收益率

在线测评 2-1

选择题

D.债券的收益率　　　　E.股票的收益率

2）简答题

（1）直接交换、间接交换及货币的产生。

（2）怎样理解交换的相互依存的利益？

（3）需求的变动和需求量变动的区别。

（4）供给的变动和供给量变动的区别。

（5）需求弹性和供给弹性的计算。

（6）谈谈价值、价格和均衡价格的关系。

3）分析题

（1）某种商品的需求弹性系数为1.5，当它降价8%时，需求量会增加多少？

（2）如果要提高生产者的收入，那么对农产品和电视机、录像机这一类高级消费品应采取提价还是降价办法？为什么？

（3）根据需求弹性理论解释“薄利多销”和“谷贱伤农”这两句话的含义。

（4）为什么化妆品可以薄利多销而药品却不行？是不是所有的药品都不能薄利多销？为什么？

（5）收入增加和价格下降都可以使彩电的市场销售量增加。从经济分析的角度看，收入增加和价格下降引起的销售量增加有什么不同？

观念应用

日本人精在哪里

某年，福建省某机械厂进口了一套设备，当时国际上有许多国家出售该设备，价格为1 000万~1 300万美元。该厂预测经过艰苦谈判，最多争取到1 000万美元，不料日本商人找上门来，开价1 000万美元，该厂长心想，其中一定有鬼，但考察结果，货真价实，无可挑剔，于是成交。

设备使用一年后，许多零部件需要更换，结果发现国际上只有日本企业型号相配，日商的供货价格提高了一倍，明知不合理，该厂也不得不接受这个条件，几年下来，整套设备的花费远远高于预期。

问题：你能否运用经济学原理分析其中的道理？

第3章 市场经济

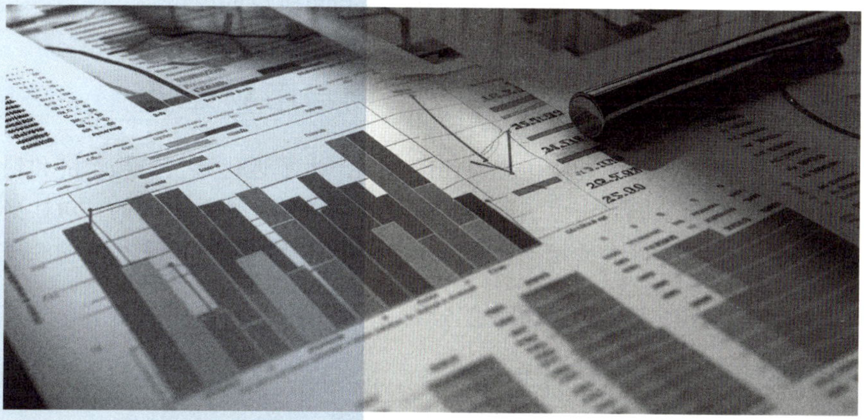

学习目标

知识目标： 掌握市场经济及市场机制的含义，掌握市场机制体系及其核心机制的相互作用。

技能目标： 能够用市场机制原理分析市场动态，把握市场变化的大致方向。

素养目标： 理解矛盾的对立统一关系，树立诚信意识。

思维导图3-1

市场经济

引例 **人均收入翻一番的时间由1 400年缩短到50年**

人类的技术进步在市场经济中是最快的。在市场经济诞生前的2 000年中，人类社会的年技术进步率不超过0.05%，这意味着人均收入得花1 400多年才能翻一番。而在过去的200年中，人类社会的年技术进步率约为1.5%，是原来的30倍，这意味着人均收入翻一番的时间不到50年。这样快的技术进步来自市场经济本身，而非政府补贴。

上一章我们研究了货币、价格、均衡价格等基本概念及供求定理，本章将在此基础上继续深入探讨经济学的基础理论，即市场经济理论。

商品经济是社会经济发展不可逾越的历史阶段。市场经济是同商品经济紧密联系的经济范畴，是商品生产和交换发展到一定历史阶段的产物。

3.1 市场与市场经济

在商品经济的发展阶段和高级阶段，产生了近代原型市场经济和现代市场经济。市场经济存在和发展的历史表明，它对稀缺资源的配置是有效的，对社会生产力的发展和经济现代化起了巨大的推动作用。市场经济是当代经济效率最高的经济制度。

3.1.1 市场及生产者和消费者的分离

经济课堂3-1

市场

市场几乎与人类历史同样古老。市场建立起了人们之间的贸易链。大约5 000年前，两河流域就出现了记录经济信息的账本。

如果有人想买东西而又有人想卖东西，市场就出现了。经济学对市场的定义有多种，最初理解为商品交换的场所。较为抽象的理解是，市场是把买卖双方联系到一起并便利交换的制度安排。如今，人们普遍接受的定义是：买卖双方的相互作用就形成了市场。由于买卖双方的相互作用即“交易”，因而一般也把“市场”与“市场交易”混用。

在此处还需要揭示上述“市场”定义中的两个主要特征，即斯密特别强调的自由与竞争。

（1）自由。在市场上，交换是自愿进行的，买卖双方都是独立的个体，可以拒绝任何一项交易，不受制于其他任何人，只受制于资源约束和市场规则。不是自由、自愿的“交易”也就不是市场交易。当然对于低收入的人来说，市场信息的自由是有限的。但这是受制于资源约束的问题。无论如何，选择接受或拒绝交换是一种自由。

（2）竞争。竞争限制了任何参与交换的人的权利，而且在大多数市场中可以阻止任何人对整体的交易结果施加决定性的影响。经济学将市场划分为两类：一类是完全竞争市场，其中的买者和卖者都是根据市场价格来决定买或卖；另一类是不完全竞争市场，其中的买者和卖者或是买卖双方拥有足够的市场力，能够影响市场的价格和产量，并为其销售或购买的物品或服务确定最有利于自己的价格。一个竞争性的市场，意味着人们自由选择余地的存在。

值得一提的是，古代智者和古典经济学家对市场的认识。亚里士多德指出：“如果没有向朋友施善和展示美德的机会，自己的成功有何用处？没有朋友，我们的成功又怎能保证，怎能维持？”斯密则把亚里士多德的观点推广到关系疏远的人、陌生的人或普通人之间，并指出普通人之间相互依存、互惠互利的途径是自由、公平的市场交换。因此，斯密指出：市场建立了体验自由、真实人际关系的条件，在这种人际关系中，真正的友谊及美德、善举等其他关系产品得以繁荣发展。

市场是改善人类生活、实现人类幸福的最有效的手段。对于贫困的国家来说，市场给它们提供了最可行的摆脱贫困的手段；对于富裕的国家来说，市场则是它们维持并提高现有生活水平所不可或缺的链条。

自然经济的特征是自给自足，即生产满足消费，消费决定生产。个人或家庭有自己独特的偏好，面对各种各样的可获得性资源约束，个人偏好和资源禀赋决定着生产计划。当然，人类面临很多的自然灾害，导致很多计划无法实现。当不确定性造成生产结果与计划不一致的时候，消费就要适应结果而调整，最终使个体消费出现较大幅度的波动。

简单的产品交换自古以来就存在。但在长期农业社会，人们生产产品主要是为了消费，生产者和消费者是一体的，没有出现二者分离的现象，交换只是互通有无，调剂余缺。

但随着交换和分工的发展，出现了所谓的“市场经济”，生产和消费分离了。在市场经济中，生产者生产的产品主要不是为了自己消费，而是为了在市场上出售，消费者消费的产品通常也不是自己生产出来的，而是从市场上购买的。由此，产品变成了“商品”。在市场上，同一种商品通常有多个生产者和众多的消费者，同一个生产者通常生产少数几种产品或者专业化于一种商品的生产，同一个消费者要向不同的生产者购买不同的商品，生产者之间要为出售商品而竞争，消费者之间要为购买商品而竞争。进一步，生产者通常并不拥有从事生产所需要的所有投入（生产要素），他们需要从市场上购买生产要素，而这些生产要素的出售者是作为要素所有者的消费者。因此，我们可以这样定义：**市场经济**是以市场为基础配置社会资源的经济组织形式。

在自给自足的自然经济中，家庭既是生产单位，也是消费单位，而在现代的市场经济中，生产单位变成了“厂商”（企业），家庭则成了消费单位。

3.1.2　经济循环流模型

市场不是狭隘地指某个交易场所，它的本质是承载买卖双方之间的契约关系。经济学家把市场分为两大类：第一类是产品市场，第二类是要素市场。图3-1展示了一个简单的产品市场与要素市场构成的经济循环流模型。厂商和家庭在两个市场上的角色正好相反：在产品市场上，家庭是买方，厂商是卖方；在要素市场上，家庭是卖方，厂商是买方。在两个市场上，产品和要素的流向与货币的流向正好相反，产品和要素由卖方流向买方，货币由买方流向卖方。这样，家庭在要素市场上出售生产要素（劳动、资本、土地等），以要素价格的形式获得货币收入，再在产品市场上支出货币买到它们需要的产品；厂商在要素市场上支出货币购入生产要素，然后组织生产，再在产品市场上向家庭出售产品，获得货币收入。在产品市场上，家庭的货币支出构成厂商的货币收入；在要素市场上，厂商的货币支出变成家庭的货币收入。正因为如此，货币的流动成为市场经济中生产活动和消费活动的基本表现。

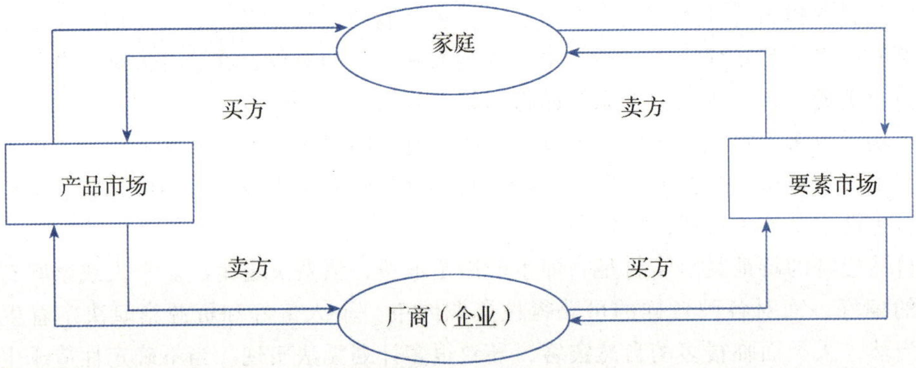

图3-1 产品市场与要素市场的循环流模型

这个循环流是现实经济的一个高度简化。现实中，不仅产品市场五花八门，要素市场也多种多样，产品市场上的买方与要素市场上的卖方并不相同。比如，一个人受雇于一家玩具厂家，但他并不一定在玩具市场上购买玩具，即使购买玩具，也不一定购买他自己工作的那个厂家的玩具。这意味着单个厂商在要素市场上的支付与其在产品市场上的收入并不是对应的。这一点对于理解厂商的运营十分必要。

另外，由于垂直分工，现实中的产品市场并不仅是消费市场，而且包括原材料和中间产品市场。原材料和中间产品的交易是生产者之间的交易，而不是生产者和消费者之间的交易，消费者并不会购买原材料和中间产品。经济的专业化和分工越深、越细，原材料和中间产品市场的比重越大。事实上，衡量分工程度的一个主要指标是原材料和中间产品交易额在总交易额中的比重。在大部分现代经济体中，原材料和中间产品的交易额相当于最终产品交易额的3倍左右。这对于理解货币与实体经济的关系非常重要，因为原材料和中间产品的交易也是以货币为媒介的间接交易。

3.2 市场机制及市场规则

有了市场概念，还需要掌握市场运行的内部机理，即市场机制与市场规则。

3.2.1 市场机制及其本质特征

“机制”一词的含义是：机器的构造和工作原理，有机体的构造、功能和相互关系，泛指一个复杂的工作系统或某些自然现象的规律。**市场机制**是把市场作为资源配置的一种机制，是市场统一体的内在结构体系，是市场内各种要素相互适应、相互制约、相互协调的自我组织能力。经济学界公认，“看不见的手”的机制就是市场机制。

指导市场自动运行的“手”可能是看不见的，但实际上并不是超自然现象的力量。斯密在《国富论》第四篇中讲道：“他只是盘算他自己的安全……他所盘算的只是他自己的利益。像在其他许多场合一样，在这种情况下，他受一只看不见的手的指导，去尽力达到一个并非他本意想要达到的目的。”在《国富论》第四篇的后面讨论国内贸易和对外贸易的时候，斯密干脆用“个体利益和个人欲望”代替了“看不见的手”一词，即个体的“自利动机”或“自利性”。

市场机制有三个本质特征：

（1）自利。市场机制即斯密讲的“看不见的手”的机制。自利，是“看不见的手”的机制的动力源泉。斯密在《国富论》中讲的“看不见的手”，即人们对财富的获取欲，对自己需要的满足欲，表现为人们劳动的自利动机。“自利”是斯密特别强调的创造繁荣、幸福的三种成分中的“又一个”。

（2）互利。市场交易是互惠互利的。这是“看不见的手”的机制的结果（目前讲的“看不见的手”恰恰忽略了这一点）。如果交易失去了互利，则不会持续。在《国富论》中斯密讲道：“他追求自己的利益，往往使他能比在真正出于本意的情况下更有效地促进社会的利益。”

（3）竞争。自由市场即完全竞争市场或自由竞争市场。“竞争”也称“竞争机制”，是市场机制或“看不见的手”的机制。只有自由竞争，才能保证商品价格普遍地、快速地下降，才能保证消费者获得更多的利益。在自利的动机下，尽可能多的生产者、消费者参与市场交易，则形成市场竞争。自由市场天然地排斥垄断。

总之，正是因为自利动机的驱动，或者正是因为“自利”的动机，供求双方追求着各自的利益，才能保证“自由（竞争）市场中价格不断变化并趋于市场出清（均衡）”，最终实现供给者和需求者之间的“互利”以及社会利益的最大化。正是这三个本质特征演绎出了市场机制体系的社会资源配置功能。

至此，我们可以认定：自利、互利和竞争是市场机制或市场经济的三个本质特征。

3.2.2　市场规则

为了保证市场的良好运行，还需要一整套规则、习惯和制度等的支持。市场规则也称为市场机制的支持机制，主要包括三个方面的规则：

（1）诚信规则。由于我们将“互利”视为市场经济的本质特征之一，因此诚实守信就成为市场经济的内在要素。只有当人们彼此建立起信任之后，市场才能有效运行。没有公共道德，就不会有市场经济；仅仅在善于合作、诚实守信的人们之间，市场才能有效地运行，才能带来财富和幸福。许多商品的品质是看不见的，因此，必须找到某种方法，使买者确信商品的质量，如果得不到其他人“信守诺言”的保证，人们是不会进行交易的。故“诚信”是市场良好运行所必需的一条基本规则，也被视为平台机制或支持机制。

（2）信息对称规则。只有保持信息畅通，市场才能够有效运行。信息不对称会阻碍谈判的进行，阻碍合约的达成，因此信息对称是保证市场良好运行的必要规则。

（3）降低交易成本是市场有效运行的基本规则。只有当交易成本降至足够低时，市场才能有效运行。交易成本是指为了完成交易必须支付的成本，包括交易过程中各种各样的摩擦，如花费在商品交易过程中的时间、精力和金钱。交易成本名目繁多，会吞噬很多资源，使交易低效或无效，导致市场失灵。人们开始寻找交易伙伴时，进行比较、

思政课堂3-1

厚植诚信美德
优化营商环境

选择就会产生交易成本；为了达成一项协议，需要进行谈判等，将会产生更多的交易成本；协议达成后，还有其他的交易成本，如监督工作、合同的执行、争端的解决等发生的交易成本。每发生一笔交易费用，都会直接降低效益，故控制摩擦、降低交易成本是保证市场有效运行的基本原则。

为了保证市场的良好运行，政府还会从宏观上制定某些规则，并建立健全立法、司法、监管机构制度。

经济视野3-1　　社会主义市场机制

市场机制就是市场的各种要素，包括价格、供求和竞争等因素之间互为因果，相互制约，各自发挥功能，又共同发挥功能的这种联系和作用。其中，价格机制是市场机制的核心。

社会主义市场经济条件下，经济运行与调节机制可分为两大模块，即市场机制和宏观调控机制。市场机制，作为在一定的市场形态下，价格、供求、竞争等市场基本要素相互制约、互为因果所形成的自动联结系统、运转形式和调节方式，是市场制度的核心内容。从实践角度看，市场的正常运行必须通过市场机制来实现，而且市场机制的作用范围和力度，衡量着市场经济的发展程度。

启智润心3-1　　加大监督处罚力度　治理电商和直播带货违法乱象

近年来，电商平台和直播带货发展迅猛，它们在为消费者提供便利的同时，也出现了一些新的问题。2022年“双11”期间，中国消费者协会利用互联网舆情监测系统，对10月20日至11月13日期间的消费维权情况进行了网络大数据舆情分析。在监测期内，共收集到“直播销售”负面信息50.9万条，占“吐槽类”信息总量的9.3%。其中，假冒伪劣、货不对版、优惠差异等是主要问题。

通过监测数据还可以看到，以往电商的促销活动当中，比如大家熟知的“规则难倒尾款人”“套路渐欲迷人眼”等乱象有所改善，消费者对电商平台简化促销规则、提升消费体验的评价总体趋向正向，但是问题依然存在，主要表现在两个方面：一是一些商家诚信意识淡薄；二是一些平台在提升消费者满意度、获得感方面做得还不够。

对此，市场监管部门将从三个方面加强相关工作：一是明确和压实平台责任。引导商家和平台企业加强“自律”，强化诚信意识和规则意识，主动补齐在落实主体责任和对平台内经营者约束管控方面的短板，不断提升网购的满意度和获得感。二是加大监管和处罚力度。针对直播带货这样的新模式、新业态，一方面市场监管部门要坚持包容审慎监管，另一方面必须要守住法律底线，确保在规范中发展。对管理不力、屡屡出现问题的平台，要通过约谈、责令改正等方式督促其整改落实；对明显违法违规或损害消费者权益的主播和商家，要依法严厉处罚，并根据侵权程度列入信用黑名单，增强监管实效性和震慑力。三是提升消费者的防范意识。通过宣传引导，呼吁消费者不断提升自我保护意识和风险防范能力，明晰权益边界，避免盲目冲动，做到科学消费、理性维权，更加成熟、自信、负责地去参与网络促销。

资料来源　佚名．加大监督处罚力度　治理电商和直播带货违法乱象［EB/OL］．［2023-04-26］．https：//baijiahao.baidu.com/s？id=1764232466746920464&wfr=spider&for=pc.

思政元素：诚实守信 沟通交流

明理善行：恪守诚信规则，方能行稳致远。诚信守诺是放之四海皆准的公共商业道德及行为准绳。卖方和买方都要遵守市场规则，珍惜和维护良好的形象。任何违规违法行为，都要受到应有的惩罚。由行政处罚、刑事追责、民事赔偿及诚信记录等组成的多层次追责体系，将显著提升违法违规成本，共同维护市场秩序，改善市场生态，保护消费者合法权益。青年学生应在全社会深入宣传诚信理念，弘扬诚信文化，进一步增强信用自律意识，推动形成诚实守信的社会环境。

综上，作为市场“支持机制”的市场规则并不是市场机制外在的东西，而是市场机制良好运行必不可缺的要素，因此，完善的市场机制还应该包含市场规则，即支持机制。

至此，我们可以给市场经济下这样的定义：**市场经济是以市场为基础配置社会资源的经济组织模式、经济运行机制（包含“支持机制”）或社会经济体制。**

经济视野3-2　　房地产风暴背后的经济学原理

2020年下半年开始，随着我国新冠肺炎疫情得到较好控制，房地产市场迅速回暖，又一轮调控紧随其后，各地限价、限售、限贷政策不断加码，但仍控制不住房地产这头“洪水猛兽”。随着房地产调控政策效应的叠加，2021年7月，以恒大债务危机为标志，房地产这辆狂奔20多年的火车终于在调控下停下步伐。至此开始，房地产市场形势急转直下，全国房地产销售面积和销售额急剧萎缩，多家全国性知名地产公司相继“暴雷”，房地产投资增速急剧下降。房地产及相关行业在国民经济中占比较大，房地产市场的萧条直接影响了国家整体经济增速。

2022年以来，国家开启了一轮救助措施。除国家采取金融支持政策外，全国超70个城市调控政策出现不同程度的松动，虽然这一年房地产政策暖风频吹，但房地产市场下行态势依旧。房地产调控政策不能改变经济规律，只能改变经济周期长度、频率和波动振幅。在现代市场经济中，经济周期是客观存在的，经济活动水平的扩张和收缩有规律地交替进行。经济周期一般随经济增长率的变化表现为繁荣、危机、萧条、复苏四个阶段。繁荣期房地产供不应求，房地产价格开始快速上涨，市场成交量激增；繁荣期过高的价格使居民无力负担，房地产需求逐渐减少，供过于求，房价开始下跌，市场预期悲观；随着供求矛盾日益尖锐，房地产市场销售竞争加剧，楼价继续下跌，市场逐渐萎缩，由此进入萧条阶段；经过长时期萧条，房地产交易量较低，但价格趋稳，市场预期开始好转，标志着房地产市场进入复苏阶段。

分析我国商品房历年销售数据，1998年“房改”以前，成交量极低，可以视作我国房地产的萧条期；1998年至2010年，为房地产复苏期；2010年至2021年为房地产繁荣期；2021年下半年至今为房地产危机期。

资料来源　徐茂义．这场房地产风暴背后的经济学原理［EB/OL］．［2022-12-23］．https://finance.sina.com.cn/jjxw/2022-12-23/doc-imxxskzs1029141.shtml.

本章小结

● 自利（动因）、互利（客观结果）和竞争是市场机制也是市场经济的三个本质特征。市场经济对社会资源的配置功能正是这三个本质特征的充分演绎。

● 市场经济对于稀缺资源的有效配置和市场的有效运行起着巨大的推动作用。市场经济的功能就其基本方面是积极的、主要的。

● 市场机制是市场经济运行的基础。市场机制包括价格机制、供求机制、竞争机制、风险机制以及利率机制、汇率机制，还包括其支持机制。价格机制是价格形成、价格运行和价格调节的机制，是市场机制体系的核心机制。

● 一个社会用什么样的经济机制配置社会资源取决于一定的社会经济条件。市场经济就其本质来说，是社会化大生产的产物，是商品经济充分发展基础上的资源配置方式，其本身并不具备社会制度属性。市场经济是当代经济效率最高的运行机制。我国正处在社会主义初级阶段，建立和发展现代市场经济是历史发展的必然选择。

主要概念和观念

□ 主要概念

市场机制

□ 主要观念

市场经济是当代效率最高的经济体制。

市场机制是客观存在的经济范畴。

价格机制是市场机制体系的核心机制。

基本训练

1）选择题（单项或多项选择）

（1）完全的市场主体是（　　）。

A. 生产者　　B. 消费者

C. 中介人　　D. 生产者、消费者及中介人

（2）市场经济是（　　）。

A. 一种经济形态

B. 一种经济运行机制

C. 主要以市场为基础配置资源的经济组织形式

D. 资本主义性质的

在线测评 3-1

选择题

2）简答题

（1）简述市场及市场经济的定义。

（2）结合经济循环流模型理解货币流动为什么会成为市场经济活动中的基本表现。

（3）简述市场机制的定义。

（4）简述市场机制体系及核心机制。

（5）为什么说控制摩擦、降低交易成本是保证市场经济有效运行的基本原则？

观念应用

市场机制的重要性

1947年，第二次世界大战后的德国，生产和消费下降到极低的水平。造成这种经济崩溃的原因既非战时轰炸的破坏，也非战后的赔款。很明显，问题的原因是市场机制的瘫痪。价格管制和无所不在的政府规章制度使市场陷于困境：钱不值钱了；工厂由于缺乏原料而关闭；火车由于缺煤而无法运行；煤不能开采出来，是因为矿工饿着肚子；矿工饿着肚子，是因为农民不愿用粮食来换取货币，而又没有工业品来偿付他们。市场的作用没有得到正常发挥。人们不能按自由市场的价格来购买他们所需要的东西或销售他们所生产的东西。接着，在1948年，一次彻底的货币改革使得市场机制重新发生作用，人们把它称为“经济奇迹”，但是事实上，经济的恢复是由市场机制顺利运行所引起的。

问题：如何理解市场机制对德国经济发展所起的作用？

第2编

经济制度分析

第 4 章

财产制度

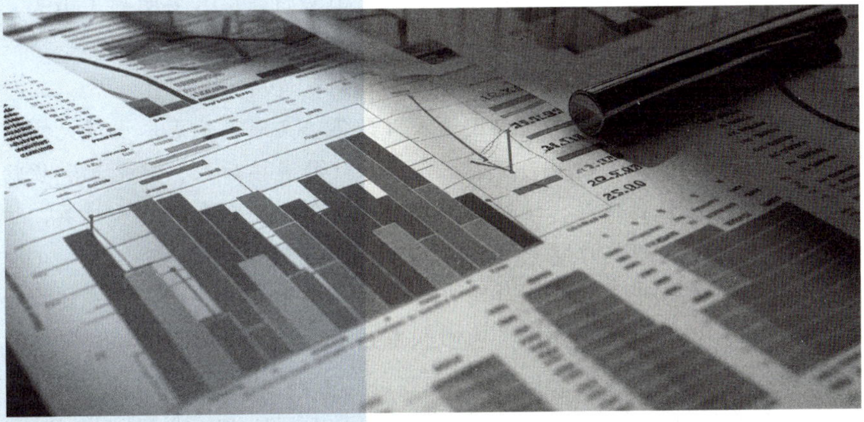

学习目标

知识目标： 掌握财产制度、产权、产权制度和企业的财产组织形式等基本概念，理解产权制度对资源配置效率的影响，了解企业财产组织形式的基本类型。

技能目标： 能用所学原理对企业的产权关系做出基本判断。

素养目标： 自觉遵守法律、遵守规则，提高防范风险的意识。

思维导图 4-1

财产制度

引例 产权的兴起

人类社会需要产权安排。产权的兴起有两个动力：一个是外部性；另一个是人口的集聚。产权不是天然就存在于我们的社会中的，它经历了漫长的发展过程。

起初，人类社会并没有非常明确的产权界定。人们打猎，谁打到就是谁的，不需要界定产权，这种状况一直持续到航海的兴起。航海兴起后，动物的皮毛可以通过航运送到欧洲去卖，皮毛变得值钱了，这时就产生了“外部性”，我们多打一只，别人就少打一只。因此，社会就逐渐产生了对产权保护的需求。

动物到处跑，产权怎么界定？这时人们就需要依靠自然环境的帮助。在美国的东北部，大多数动物都是穴居动物，它们有个特点，就是离自己的窝不会太远。因此人们虽然很难界定动物归谁，但是可以界定哪个山头归谁。只要明确了山头，基本就可以确定山里的动物归谁了。这时就形成了产权界定和行使的一个雏形，一个一个山头，就从最初的共有慢慢界定到集体所有，甚至界定到家庭所有。

产权兴起的另一个重要原因是人口聚集。交通运输成本出现大幅下降，使得人和货物远距离的旅行和运输成为可能，而这导致的直接后果，就是人和货物的高度集聚。人可以密集地居住在一起，这时人与人之间的各种冲突也就越来越多，于是便产生了对产权，也就是对“排他性权利安排”的需求。

生活在大都市里的人，每时每刻都在享受着交通成本下降、货物和人不断流动的好处。陌生人之间、各种资源之间的联系也变得非常紧密。产权和制度的安排，丰富了我们的物质生活和精神生活。

资料来源 闫彦军，蒋毅一. 经济利益、劳动分工与市场交换 [J]. 商业时代，2007（22）.

上一章我们研究了市场经济，明确了现代市场经济是当代效率最高的经济方式，下面我们进一步研究市场经济的运行。

经济制度是社会经济运行的基本条件，是社会资源配置的“制度变量”，财产制度是经济制度的核心；财产制度与经济主体的经济行为之间存在内在联系，财产制度对资源配置有重要影响。

4.1 财产和产权

如果从生产关系的角度即政治经济学的角度看待财产关系，就要考察生产资料所有制，考察生产资料所有制归属的性质，考察所有制的变更，譬如公有制或私有制的性质区分以及取代等问题，而本书主要是从经济运行的角度去看待财产关系，因而侧重研究特定所有制下的产权制度，研究产权在经济运行过程中的各种具体结合形式以及对资源配置效率的影响。

4.1.1 财产

财产是产权的客体，是与主体相分离或相对分离，能够被人们所拥有，对人们有用的、稀缺的对象，是人们建立产权关系的客观基础。财产必须同时具备三个条件：

（1）它必须是独立或相对独立于主体（人或人的群体）的意志而存在的对象，也就是说，财产必须与财产主体分离开来。财产主体是意志的化身，而财产本身是没有意志的。

（2）它必须是能够被人们所拥有且具有使用价值的物。首先，这种物必须能够为人们所控制和利用。例如，宇宙中还有无数的东西客观存在着，但是至今人们既不能认识它们，也不能控制和利用它们，因而不能称其为财产。其次，这种物必须对人们具有使用价值，无用的东西不可能成为财产。当然，财产的使用价值不仅体现在自身固有的属性和直接用途上，而且体现为它可以间接地为人们带来一定的经济或其他利益。

（3）它必须具有稀缺性。一种独立于人的意志存在的东西，虽然能被人们拥有，也对人们有用，甚至用处极大，但是如果取之不尽，用之不竭，即不具有稀缺性，也就不可能成为财产。也就是说，人们对它不可能建立财产观念、形成财产权利关系。例如，在一般情况下，空气和阳光仍然不构成人们的财产对象。

4.1.2　财产制度的内容

在现实的经济生活中，主体之间为了自身的需要经常发生交往或共同行为，从而建立了各种财产上的联系。为了使人们在这些联系中利益有所保障，主体行为能够协调，进而使建立的社会关系能够稳定，于是就产生了一种需要，即要求共同遵守的办事规程或行为准则。**财产制度**就是为了满足人类共同经济生活的需要，为了保障经济主体的利益，在经济活动中要求共同遵守的办事规程或行动准则。它是以法律形式对财产主体在经济活动中形成的各种关系的规范化，是对主体地位、权利、利益、责任等的确认形式。它是社会存在和正常运行必须具备的制度。

财产制度通常表现为法律制度，它以国家强制力为后盾，直接或间接地提出一个标准或者方向，指引人们应该有怎样的行为或不应该有怎样的行为，使人们的行为符合它预期的要求，违者将受到制裁。财产制度是调整财产关系的法律制度，因而财产制度的对象是财产关系。所谓财产关系，是指人们在占有、支配、交换和分配物质财富的过程中所发生的关系。在这一关系中，有主客体之分。主体是在财产关系中享有一定权利，并承担义务的组织和个人，客体则主要是财产。

财产制度包含以下内容：

1）主体制度

它是对从事经济活动的主体资格的一般规定，任何组织、个人从事经济活动时，其法律地位都是由主体地位确定的，主体制度规定了每个财产关系参加者的角色和地位。公司法是主体制度的具体化形式。国家则以所有者的身份作为特殊主体参与财产关系。

2）所有权制度

它是反映在经济中的所有制关系，是对财产的取得、归属、使用、处置、收益的一般规定，是主体制度的根基。所有权制度是财产制度中的基本制度。

3）债权制度

它是以所有权明晰为基本前提，对商品的交换、分配过程以及这一运动过程中所发生的各种活动和联系的法律规定。票据权利的设定、转移、担保证明及付款方式和承兑等都是债权制度的具体化。保险制度也是对债权制度的发展。

上述内容既各自独立，又密不可分，在各自的领域发挥着作用。上述内容都以法律规范的形式体现，包括行为模式（作为或不作为）及其法律后果。

4.1.3 产权

在经济运行中，财产的运作是通过产权形式实现的。所谓**产权**，是指财产的所有权及其派生的对财产的占有、使用、收益和处置等权利的总称。

所有权与产权都是反映财产关系的。但前者是从生产关系的角度，着重研究生产资料所有制归属的性质，即通常所说的公有制或私有制；产权及产权制度则是从经济运行的角度考察占有权、使用权、收益权、处置权这四种权利在运行过程中的具体结合形式。

从产权的历史发展来看，原始意义上的产权就是指财产的所有权，即财产主体对其财产拥有的绝对的支配权，因而占有权、使用权、收益权、处置权也包括在其中。随着商品经济的发展，特别是借贷关系和租赁关系的出现，所有权出现了二重分离，即分离为法律上的所有权和经济上的所有权。法律上的所有权，是指作为财产主体的所有者对财产的最终所有权。经济上的所有权是指作为经济主体的企业实际占有、使用财产的权利。经济所有权又称为法人所有权。因此，产权就有了广义与狭义之分，广义上的产权即四权的统一，狭义上的产权单指财产的实际经营权。

产权在法律上的意义和在经济学上的意义是不同的。从法律上说，它着重对财产做出归属的判断，即归谁或不归谁，具有排他性。从经济学上说，它不是指一般的物质体，而是指由人们对物的使用所引起的相互认可的行为关系，用来界定人们在经济活动中如何受益，如何受损，以及他们之间如何进行补偿的规则，以帮助形成交易时的预期。进一步分析不难发现，同样的所有制关系可以体现为不同的产权制度。例如，资本主义生产资料私有制可以有不同的产权组织形式，如自然人原始产权基础上的独资企业，法人产权制度基础上的股份公司等。反之，同一形式的产权制度也可归属于不同的所有制形式，如股份公司的法人产权制度既可以是资本主义私有制的体现形式，也可以在社会主义公有制基础上建立起来。

在市场经济中，为了资产的有效运营，产权应具有如下几个方面的性能：

（1）产权必须完整，不能残缺。它的权能是否完整，主要可以从所有者对它是否具有排他性和可转让性来衡量。如果权利的所有者拥有实际的占有权、排他的使用权、收入的独享权和自由的转让权，那么他所拥有的产权是完整的。如果这些方面的权能受到限制，那么他所拥有的产权是残缺的。

（2）产权的主体应该是十分明确的。有人（或者行动团体）对某一经济实体拥有明确的产权。这种界定，具有享受权益和承担责任的对称性，有利于整个社会财产的营运和维护。

（3）产权的主体应该是多层次的。从商品经济产生和发展的条件来看，商品经济是一种“渗透型”“横向性”的经济，因而产权主体结构不是单一的，而是多层次的。当然，这里不是指同一资产的产权主体。

（4）产权的主体应该是分散的。商品经济关系的实质是不同产权主体之间所有权的平等交换关系。正是因为有多个分散化的彼此独立的产权主体的存在，才产生了通过市场彼此交换劳动、配置资源和满足需要的必然性。

（5）产权独立与产权自由转移。产权的独立，意味着维护自身财产的刚性和不可侵犯性。选择将保值与增值有机结合起来维护财产的方式，必然是一切经济主体及其代表所寻求的。产权的自由转移，意味着产权流动的自主性和有偿性。为了追求自身的利益，经济主体必须能够自由地处置所拥有的财产，特别要反对和防止凝固化。一旦通过产权界定了经济主体的权益，所有者放弃财产必然依法得到相应的补偿，否则就会侵权。与财产有偿转让相联系的产权流动，由于建立在经济主体自觉自愿的基础上，因而避免了滥用财产和扼杀经济主体积极性的现象，有益于财产营运效益的提高，极大地推动了产权的合理流动和资源的优化配置。

（6）产权的交换与转移必须通过市场，并通过在产权独立和自由转移基础上的等价交换来实现。等价交换，要求自由意志和平等权利，以及与此相适应的法律制度和道德准则，这也是等价交换关系的扩展和凝结。

4.1.4　两权分离与产权社会化

所有权形式的选择是创建企业的前提，但是决定企业形态更重要的因素是经营模式。经济学主要从效用和利润的角度来研究企业。而详细考察企业所有权归属关系，则是法学的专门课题。

所有权的形态并不是凝固不变的，而是受生产力或生产社会化水平的影响，进而发生变化。

“古老的”个人所有权，是将占有权、使用权、收益权、处置权紧密结合在一起并集中于某一个具体的个人。工业革命前的手工作坊的所有权就采取这种形式。

即使在工业革命以后，个人所有制在相当长一段时间内仍然是“四权合一”的。工业革命后，工厂虽然代替了手工作坊成为生产的主要组织形式，但由于这些工厂中所使用的机器在数量上是有限的，在技术水平上也是较低的，还由于工厂调集资源（如原材料）受到运输工具和运输线路的限制，更由于工厂的产品生产受到市场规模比较狭小的限制，因此这种工厂的规模比较小，工厂生产的产品数量也比较少，对这种工厂的投资并不太多，对这种工厂的管理（无论是生产管理还是资金管理）也比较简单。在这种情况下，工厂主以自有资金对工厂进行全额投资，进行独资经营和对工厂进行包揽管理都不是太困难，因此个人所有制仍然可以将四权集中于一身。

人类科学技术的发展，并没有停留在工业革命的水平上。以发电机和电动机的出现以及电力技术的广泛使用作为标志的第二次科技革命，把人类从蒸汽时代带进了电气时代。人类依靠科学技术，不仅扩大了原有资源的用途，而且将更多新的资源投入使用。人类使用的资源种类和资源数量也都在以过去难以置信的速度增加。人类还依靠科学技术建立起了快捷周到和运量大增的现代交通运输系统，使生产要素在不同地区乃至不同国家之间的迅速流动成为可能，使生产者在生产活动中调集资源的空间范围扩大，种类和数量增多。大量的高精密度、高效能的机器投入使用，特别是自动化生产线的出现，使得劳动生产率迅速提高，再加上原来的区域市场向全国市场和世界市场发展，市场需求急剧扩大，因此人类社会的生产和消费变成了“大规模生产”和“大规模消费”。正是这种大规模的生产和消费，使得先前那种“四权合一”的个人所有制在运转过程中遭遇到了自身难以克服的困难。这种困难突出表现在筹资和管理两个方面。

如果说在工业革命和工业革命后的相当长一段时间内，由于生产力的发展水平低下，导致产品生产数量不那么多，企业的规模也不那么大，个人还可以独资（或大部分出资）创建小工厂和小企业的话，那么当产品生产变成大规模生产、企业变成大企业时，个人要进行这种投资就变得十分困难。对于小工厂、小企业，由于所使用资源的种类和数量并不多，生产过程和经营活动也不那么复杂，因此企业主和工厂主个人还能凭借个人的能力和以往的经验对其实行管理。然而，随着工商企业规模的扩大，使用资源种类和数量的增多，生产过程和经营活动的复杂化，依靠一个人的能力和经验已经越来越不适应这种管理。

正是社会化大生产的客观要求，使得先前那种“四权合一”的所有权发生了重大变化，这种变化集中地表现在经营权从所有权中的分离和产权的社会化。

一般说来，谁对某物品拥有所有权，谁就拥有该物品的占有权。因此，所有与占有、所有权与占有权没有什么区别。你可以将你所有或占有的物品，借、租给他人使用、经营，在借、租期间，你虽然拥有对该物品的最终所有权，但是该物品的控制、使用和经营的权利已让渡给租借人，出现了所有权与经营权、占有权与使用权的分离。经济学把所有权与经营权的分离叫作“两权分离”。

我国改革开放以前的国有企业和集体企业，经营权没有独立，国有和国营融为一体。20世纪80年代推行“拨改贷”（国家对企业的直接拨款改为银行贷款）和“利改税”（企业向国家上缴利润改为交纳税款）改革，政府的目的是想使国有企业走两权分离的道路，将企业改变成自负盈亏、独立经营的主体。实现两权分离的基本条件是产权的归属明确，国有企业的财产必须由国家授权的单位公开行使所有者的权利。

国有企业走两权分离道路的前提条件是产权明晰，要确立单纯行使国有资产所有者权利的代表，这个代表的基本职能是在监督国有资产是否保值增值的同时，代表国家收取资产租金，就像房东收取房租一样。在这种条件下，国有资产经营者不但要承担所有企业都有的纳税义务，而且要承担向国有资产代表机构交纳资产租金的义务。

股份制属于两权分离的资本或资产产权制度。无论是比较分散的股民持股还是大股东持股，股票无论是上市还是不上市，股份制企业的所有权和经营权都是相互独立的。股票或账面股额代表控制资产的权利，股息是让渡资产使用权的收益，这些都属于所有权的行为。作为一种所有权制度，股份制不但具有一定程度的“资产共有”特征，而且产权是社会化的，这对于向社会发行股票尤其是股票上市的企业而言更是如此。从这个意义上说，股份制既可以看作是一种社会所有制，也可以看作是一种更高形态的个人所有制。这既避免了传统公有制产权主体缺位的弊端，又使产权的组织和市场操作具有联合的性质，实现了产权的社会化，因而更适应现代市场经济的发展。社会主义市场经济应该注意发展股份制。

经济视野 4-1 **象牙带给大象的劫难**

象牙一直都是极其昂贵的收藏品，人们对象牙的贪婪，导致越来越多的大象死于偷猎者手下。不同动物的命运不同，关键不在于其本身的商业价值，而在于经济学家常说的产权问题。野生动物属于共有资源，不属于任何人，将它打死就可以占为己有。共有资源，人人都是所有者，可以自由捕夺，但人人又不是唯一的所有者，无法排除他人占有。这样，人人都可以作为共有资源的众多所有者之一而捕猎。经济学家用公有地被过分滥用而没有人保护来说明公有资源遭到破坏的原因，称为“公有的悲剧”。野生动物的灭绝正是另一种形式的公有的悲剧。野生动物的灭绝说明了经济学中一个重要原理：产权是重要的。只有建立了明确的产权制度，市场经济的运行才是有效率的。明确的产权制度就要有明确唯一的产权主体，产权要受到法律明确保护，神圣不可侵犯。

资料来源 佚名. 为什么象牙的商业价值危害到大象，而牛肉的商业价值却是黄牛的护身符?[EB/OL].［2018-09-11］. https: //www.zhihu.com/question/294088799.

另外，产权与经济发展是有内在联系的。首先，明确的产权具有排他性，而产权的排他性构成了滥用稀缺资源的屏障，排除了一切人的任意滥用，有利于稀缺资源的利用和再生的统筹安排，在使其个人收益最大化的同时也使社会收益最大化。其次，明确的产权，特别是知识产权，使得发明创造者的个人收益率接近社会收益率，因而可以激发发明和创造。再次，最关键的是明确的产权之所以能够促进经济的发展，就在于排他性的产权支撑了迄今为止被证明了的最有活力、最有效率的市场经济。市场经济之所以迄今为止最有活力，就在于市场的制度安排高效地解决了任何经济运行所必需的经济计算和经济激励问题。这里所讲的经济计算，就是会计手段所无法替代的千万次的市场交换，通过这种交换进行各种劳动的换算比较，通过货币选票给资源流向以评价和诱导。由于市场经济特有的计算方式而使报酬相应公正，也由于市场经济特有的竞争压力而使经济激励问题相应解决。这就是几乎全人类都选择了市场经济的原因所在。从市场经济的各种规定出发，市场经济最怕产权不明确，经济学的知识告诉我们，任何交易都是产权的交易。产权不明确的交易，会产生各种混乱，如搭便车、互相蚕食等，这些都增大了交易成本。所以，产权是否明确，对于确立市场经济的秩序至关重要。

思政课堂4-1

健全产权保护制度全面推进依法治国

启智润心 4-1 **知识产权保护法治体系更加完善**

近年来，我国高度重视加强知识产权保护的法治建设，坚持科学立法、严格执法、公正司法、全民守法，知识产权事业在法治轨道上行稳致远。

在科学立法方面，2022年先后修订《科学技术进步法》《种子法》《反垄断法》《农产品质量安全法》《植物新品种保护条例》，发布施行《商标代理监督管理规定》，公布《最高人民法院关于第一审知识产权民事、行政案件管辖的若干规定》等一系列司法解释，知识产权保护法治体系更加完善。

在严格执法方面，相关行政执法部门开展“铁拳”“剑网”“龙腾”“春雷”“蓝网”等一系列专项行动。2022年，市场监管部门共查处商标、专利违法案件4.4万件，涉案金额16.2亿元。

在公正司法方面，2022年，公安机关破获侵犯知识产权和制售伪劣商品犯罪案件2.7万起，检察机关起诉侵犯知识产权和制售伪劣商品犯罪嫌疑人2.7万人，审判机关审结各类一审知识产权案件219.4万件，形成强大震慑。

在全民守法方面，连续15年组织全国知识产权宣传周活动，将知识产权法治宣传教育纳入“八五”普法工作，全方位营造守法护法的良好氛围。

但同时，知识产权领域也面临新问题，例如，以短视频、长视频、网络音乐、网络小说为代表的网络版权一直备受争议。中宣部版权管理局负责人赵秀玲介绍，一方面，国家版权局不断加大网络版权治理力度；另一方面，积极推动区块链等新技术应用，提升新技术版权保护与服务能力。

知识产权保护一个比较难的领域是电商平台及新兴的直播带货。国家市场监督管理总局副局长甘霖表示，市场监管部门主要从三个方面加强相关工作：一是明确和压实平台责任。引导商家和平台企业加强自律，不断提升网购的满意度和获得感。二是加大监管和处罚力度。对管理不力、屡屡出现问题的平台，要通过约谈、责令改正等方式督促其整改落实；对明显违法违规或损害消费者权益的主播和商家，要依法严厉处罚，并根据侵权程度列入信用黑名单。三是宣传引导消费者不断提升自我保护意识和风险防范能力。

资料来源　佘颖．知识产权保护法治体系更加完善［N］．经济日报，2023-04-27（2）．

思政元素：法治意识　风险防范意识

明理善行：保护产权是坚持社会主义基本经济制度、优化营商环境的必然要求。党的二十大报告指出：“完善产权保护、市场准入、公平竞争、社会信用等市场经济基础制度，优化营商环境。”新征程上，我们要深入贯彻落实党的二十大精神，把依法强化产权保护作为不断优化营商环境的重要举措，为保护各类经营主体产权提供有力的法律服务和法治保障，更好激发各类经营主体的发展活力；要提高大学生对知识产权的重视程度，加强对剽窃他人成果的惩罚力度，鼓励自主创新，形成监督、保护知识产权的氛围。

【小思考4-1】

小思考4-1

分析提示

为什么经营模式是决定企业形态的最重要因素？

4.2 产权制度与资源配置效率

产权制度是所有制的具体化。所有制具体化为产权制度，从总体上说，并非人们的随意安排或选择，它是由特定所有制的产生、发展的内在逻辑和需要等因素决定的。因为生产资料必须在经营过程中才能实现增值，那么为了有效经营，不同主体（所有者、经营者）就必须有明确的权、责、利，做到各行其权，各负其责，各得其利。这些权、责、利等关系可以是所有者的，也可以是经营者的，还可以是所有者与经营者之间的。对这些复杂关系的界定规则就构成产权制度。正因为这些关系的复杂性，仅靠所有制性质的界定无法处理，所有制具体化为产权制度才显得十分必要。

4.2.1 产权制度

产权泛指对一切财产的权利，因而产权制度也包括关于一切产权关系的制度。但是，一方面，由于生产资料的外延广泛并且是动态的，其他财产可以转化为生产资料，消费资料的消费可以与劳动力生产等同，因此从一定意义上看，消费资料与劳动力都可以纳入生产资料或生产要素的范畴，进而产权制度也可以纳入生产资料产权制度和生产要素产权制度范畴；另一方面，由于生产资料是所有财产中最重要的财产，它的所有制性质决定了整个社会经济制度的性质，因而生产资料产权制度具有代表性意义，基本上把所有的产权制度都包括了。

简言之，**产权制度**就是制度化的产权关系或对产权关系的制度化，是划分、确定、保护和行使产权的一系列规则。“制度化”的含义是使既有的产权关系明确化、相对固定化，依靠规则使人们承认、尊重并合理行使产权，如果违背或侵犯它，就要受到相应的制约和制裁。“制度变革”就是通过改变规则，调整产权关系，改变产权格局。产权制度可以分为两类：一类是正式制度，包括法律（广义的法律）制度、社会契约、组织机构的构造和确定；另一类是非正式制度，包括人们的文化传统、习惯或约定俗成的道德规范等。以上两类制度都可以在一定范围内单独地起作用——规范产权关系。但是，事实上，它们经常综合地发生作用。例如，契约的签订和履行得到有关法律的约束、认可和保护，就是“契约化”与“法治化”两种制度的综合作用。

一般来说，一种产权关系能够存在，是因为有相应规则的支持。理论上讨论产权时，也基本可以假定产权都是获得了某种制度形式的认可。

4.2.2 适应市场经济要求的产权制度安排

在人类社会的不同发展阶段，产权制度具有不同的内容。在现代市场经济条件下，能保证资源最优配置的产权制度应具有怎样的内在规定性，这正是产权理论所要解决的问题。我们知道，市场交易的本质是在交易者平等和自愿的基础上追求效用函数最大化的产权交易。在交易费用大于零的条件下，与现代市场经济相适应的一套法律上强有力的产权制度至少应包含以下内容：

1）产权安排

为了使市场交易顺利进行，必须确定排他性的产权，即通过产权界定，确定谁有权做什么，并确立相应的产权规则。现代产权经济学认为，权利应让与那些最具有生产性地使用权利并且有激励他们这样使用动力的人，这样可以降低权利让渡的成本，提高合作的效率。具体来说：

（1）交易主体对交易对象应拥有明晰的、唯一的产权，并且产权具有可分离的特性，即产权在量上是可以度量的（通过市场价格反映出来），并且是可以分解的。

（2）只要产权的拥有者不违反法律及不损害他人的利益，产权的行使应该不受任何限制。

（3）产权具有可交换性，这是市场平等交易与资源自由流动的必要条件。

（4）产权拥有者必须对产权行使的后果承担完全的责任。

2）企业产权结构安排

为了避免企业内部各种要素所有者之间在团队生产中的偷懒和“搭便车”行为，需要形成一套能够提高企业产权结构效率的激励约束规则，以降低交易费用。具体来说：

（1）明确界定出资人、经营者与生产者之间的权利和义务关系。

（2）出资人通过设置一个最优化的激励约束机制监控经营者的行为，使经营者对个人效用的追求转化为对企业利润最大化目标的追求。

（3）确立法人财产权。企业法人对法人资产拥有完整的支配、转让和收益权，并对企业债务承担清偿责任。

（4）经营者与生产者的利益和动机不能雷同，以便提高经营者的监督动机。

3）有效的产权保护

有效的产权保护包括合约各方可通过行使退出权保护自己的权益，以及法律制度能通过强制惩罚一切破坏现有产权关系的行为和由此产生的威慑力量来实现对产权的保护。

4.2.3 产权制度在市场经济中的功能

经济课堂 4-1

产权制度在市场经济中的功能

产权制度的主要功能在于它能够降低经济活动中的交易费用，从而提高资源配置效率。根据现代产权理论，经济制度的不同导致交易费用的不同，并根据交易费用的多少来选择经济制度。制度选择的含义是广泛的，既包括契约、规则、权利安排的选择，又包括社会体制、经济组织的选择。

产权制度的选择可以在两个层面上加以比较：一个层面是不同的、可供选择的制度类型的交易费用的比较，由于不同的权利安排具有不同的交易费用，也有着不同的资源配置结果，因此由最优的资源配置结果倒推，最佳的权利安排应是本身交易费用最少的，这成为权利安排的选择原则。另一个层面是主权制度变迁、操作成本与其带来的收益的比较。产权制度结构转换的可能性条件是：转换成本小于转换收益。如果替代性产权制度安排的交易费用较原有安排高的话，这种转换就是不必要的，因为这种替代本身就是新一轮产权制度选择的过程，必须体现交易费用的节约原则。引入交易费用的比较，才能完整地说明产权制度变迁的合理性。作为对旧的产权制度的替代，新的产权制度必须满足新的权利安排的交易费用小于旧的权利安排的交易费用这一必要条件。可能性条件强调的是变迁的过程，而必要性条件侧重的是产权制度变迁所导致的结果。

小思考 4-2

分析提示

【小思考 4-2】

产权制度的作用有哪些？

一个在法律上强有力的产权制度之所以能有效地节约交易费用，关键在于产权制度具有以下功能：

1）界定交易界区的功能

交换本质上是产权的交换，如果没有对财产权利本身的界定，就会模糊交易界区，从而不可能存在真正意义上的市场交易。一个在法律上强有力的产权制度可以通过法律体系等形式界定和保护排他性的产权，使交易者既能在市场上展开公平的现货交易，又可以与其他交易者缔结具有法律保障的契约关系，形成多样化的财货交换方式和财产转让方式，如借贷、租赁、拍卖、期货交易等。由此可见，排他性产权的确定是市场机制有效协调微观决策的必要条件。

2）规范交易行为的功能

在现代市场经济中，财产的实际占有关系具有复杂性和多样性，一个在法律上强有力的产权制度一方面通过法律等形式界定财产的最终归属，保护所有者的权益，另一方面对财产实际占有主体进行定位和对其拥有的权限进行界定。明确的产权关系既有助于制定公平而有效率的交易规则，又能有效地约束和规范行为人的交易行为。因此，产权关系明晰化是市场经济有序运行的重要条件之一。

3）形成稳定预期的功能

产权是由一系列权利与义务的规范组成的。一旦排他性产权确定，产权主体就可以在法律允许的范围内和不损害他人权益的条件下自由支配和处分产权，并独立承担产权行使的后果。权利与义务的明晰化和对称性，使行为人在行使产权时具有稳定的预期，他将全面权衡成本与利益的关系，以效用最大化原则来支配和处分产权。

4）激励功能

排他性产权的确立使权利与义务对称化，这就使产权主体内有动力、外有压力，在利益动机的激励下从事市场交易活动。

5）提高资源配置效率的功能

排他性产权的确定，使公平、自由的市场交易成为可能，产权的可分离性，可使人们在拥有和行使这些可分离性的权利时实行专业化分工，获取由分工带来的增量收益。产权的可转让性，使资源能根据市场需求的变化在全社会自由流动，提高资源的配置效率。因此，一个在法律上强有力的产权制度既有利于提高资源的利用效率，又有利于提高资源的配置效率。

经济视野 4-2

一个牧场主和一个农场主是邻居，牧场主的牛经常闯入农场主的土地践踏农作物，如果这片土地的产权没有界定（比如是公共地产），那么损害农作物就是一种社会成本或称外部非经济。现在假设农场主拥有耕作土地的产权并受到法律的保护，那么通过双方的谈判，牧场主需要向农场主赔偿损失。在完全竞争的市场条件下，就可以做到资源合理配置。现在假设牧场主拥有让他的牛践踏农作物的产权，农场主愿意“贿赂”牧场主，通过支付给牧场主一定的补偿，使牧场主不要让牛损害庄稼，同样可以实现资源的最适度配置。

启智润心 4-2

三明尤溪：产权制度改革 赋能乡村振兴

三明市尤溪县作为全省农村集体产权制度改革试点县之一，近年来，围绕中央、省、市“关于稳步推进农村集体产权制度改革”有关要求，不断深化改革模式，积极探索农村集体所有制有效实现形式，“确权”“活权”“用权”，加快推进乡村振兴。2021年，全县250个行政村全部实现村级集体经营性年收入10万元以上，其中70个村达50万元以上，农村居民人均可支配收入达2.23万元，近三年年均增长9.1%。

尤溪县积极探索“村集体经济组织+”股份合作经营方式，优化股份合作经营机制，成立专门经营合作社作为经营主体，负责集体资产运营和社会服务提供等，形成村民、村集体共享收益的良性循环。

此外，尤溪县还不断优化项目带动机制，实施特色现代农业提升工程，打造3条区域发展产业带，发展茶业、食用菌、畜禽等6个特色产业群，打好建基促农、龙头带农、智慧提农等6个高质高效组合拳。2021年以来，实现茶园面积新增0.86万亩、杂交水稻制种面积新增1.3万亩、油茶产量新增0.33万吨，食用菌产业成功申报国家优势特色产业集群，特色现代农业产值超过200亿元。

“不断优化‘跨村联建’机制，推行‘联建党组织+联合社+村民’‘党建联盟+龙头企业+村民’等模式，促进各村资源共享、优势互补、抱团发展。目前，全县已成立跨村联建联盟党组织28个，覆盖116个基层党组织。”尤溪县农业农村局局长、乡村振兴局局长詹涛说，接下来进一步深化农村集体产权制度改革，推动建立共商共建共享格局，助推乡村振兴再出发。

资料来源　吴振湖．三明尤溪：产权制度改革　赋能乡村振兴［EB/OL］．［2022-04-29］．https：//baijiahao.baidu.com/s？id=1731423236064645198&wfr=spider&for=pc.

思政元素：制度优越性　规则意识

明理善行：农村集体产权制度改革是新形势下深化农村改革、探索完善农村集体经济有效实现形式和分配方式、维护农民合法权益、增加农民财产性收入的重大举措。农村产权制度改革的最终目标是建立起现代农村新型集体经济，让村民分享村集体经济发展的收益，实现资源变资产，资金变股金，农民变股东。三明市尤溪县通过进行产权制度改革，推动产业发展，盘活集体资产、开发集体资源，激发乡村振兴新活力，体现了制度的优越性。这也启示我们要树立规则意识，自觉按制度、按规则办事。

4.3　企业财产组织形式

企业是社会经济活动中最重要的组织之一，考察企业的财产组织形式是社会财产关系的重要内容。从产权关系的角度看，企业的财产组织形式是企业出资者所有权的具体存在形式，它所反映的经济关系主要是企业出资者之间的关系。

4.3.1　企业财产组织形式的类型

企业财产组织形式，是指企业资本金（它是由企业的出资者以资金、设备、技术、专利、品牌等形式对企业出资而形成的）的组成形式，它所涉及的只是企业资本金的构成问题。它所要说明的是企业的资本金究竟来自一个出资者，还是来自多个出资者的问题。依据企业出资者的构成状况，企业财产组织形式可以分为一个出资者独资、两个或两个以上出资者合资，以及众多出资者出资的股份制等不同类型。

1）独资的企业财产组织形式

由一个出资者出资的独资的企业财产组织形式，意味着企业的资本金仅有一个所有者。这个所有者既可以是一个自然人，也可以是一个法人。当一个企业采取独资的财产组织形式时，由于只有一个出资者，因此在出资者之间达成一致意见的成本在所有企业财产组织形式中是最低的。但是，根据企业出资者的不同（是自然人还是法人或政府机构），出资者之间达成一致意见的成本有所不同。当企业的出资者是自然人时，出资者之间达成一致意见的成本为零，因为形成出资者的一致意见，不需要任何协商活动；当出资者是法人（或政府机构）时，在法人（或政府机构）的组织内部，需要通过一定的协商活动才能达成一致意见，因此需要一定的协商成本。

由于独资的企业财产组织形式形成出资者的一致意见的成本较低，因此在这种企业财产组织形式下，企业出资者进行资本经营的决策，具有较高的效率。同时，其在对企业实施控制时，不存在如何对企业进行控制方面的意见分歧，因而不会发生控制力的“内耗”，这使得控制成本也较低。

但是，由于这种企业财产组织形式只有一个出资者，因此企业的财产风险及由此导致的财产损失，只能由这个出资者独自承担。同时，与由多个出资者出资的其他企业财产组织形式相比，一个出资者（除了国家作为出资者的情况）的财力总是有限的，从而影响了企业的规模。在现代经济中，具有这种财产组织形式的企业，通常是一些中小型企业。

2）合资的企业财产组织形式

由两个或两个以上出资者共同出资的企业财产组织形式，意味着企业的资本金有不止一个所有者。早期的合伙企业、现代的合资企业，其财产组织形式都是以合资为特征的。由于这种企业财产组织形式的特殊性，其合资者不能很多，通常只有几个，至多十几个。目前，《中华人民共和国公司法》（简称《公司法》）所称的“有限责任公司”，就其财产组织形式而言，应属于合资的企业财产组织形式。关于出资者的数量，《公司法》明确规定不能超过50个。这种企业财产组织形式中的资本金所有者，同样既可以是自然人，也可以是法人。不过，有些国家以出资者中是否有法人出资者为区别，将合资企业分为两类。从一般情况来看，亚洲一些国家，如我国及日本，由法人作为出资者的合资企业较多，而在欧美等国家，由自然人作为出资者的合资企业较多。

对于合资的企业财产组织形式，其特点不仅在于出资者的数量有限，并且以具体的数量来确定每个出资者的出资额，而且在于每个出资者的权益不能直接在市场上交易，必须先转让给其他合资者。只有在其他合资者都不愿购买的情况下，经合资各方同意，方可出售给原出资者各方以外的企业或个人。

采取合资的企业财产组织形式时，出资者之间达成一致意见的成本要高于独资的企业财产组织形式。但由于其出资者的数量有限，出资者之间仍有可能达成一致意见，并且达成一致意见的成本不会过高。正是基于这种情况，才使得合资的企业财产组织形式得以存在。

采用合资的企业财产组织形式时，虽然出资者在资本经营和对企业实施控制方面达成一致意见的成本要高于独资的企业财产组织形式，但合资的方式解决了独资形式的资金局限问题，并且在若干出资者之间形成了利益共享、风险和损失共担的机制。因此，从发展的角度来看，合资的企业财产组织形式具有比独资的企业财产组织形式更大的优越性。实践证明，无论在早期的市场经济中，还是在现代市场经济中，合资企业的规模通常都大于独资企业。

3）股份制的企业财产组织形式

有众多出资者的股份制的企业财产组织形式，意味着企业产权的社会化。马克思把以私人资本为基础的股份制形式称为“私人资本的社会化”形式。股份制这种企业财产组织形式的出现，最终打破了企业发展资金和企业积累规模方面的约束，为巨型企业的出现奠定了物质基础。正如马克思所指出的，如果没有股份制的出现，“恐怕直到今天世界上还没有铁路”。与此同时，股份制的企业财产组织形式也为企业所有权与经营权的分离创造了条件。

股份制的企业财产组织形式，是以等额的股份为单位，计算企业的出资者对企业的出资额。也就是说，企业出资者的资本所有权是以股权的形式存在的。作为股权凭证的股票的持有者，既可以是自然人，也可以是法人，在人数上只有最低限，而无最高限。在有些国家，允许一个人持有一个企业的全部股份（在公司法中称为“一人公司”）；在有些国家，则不允许一个人持有一个企业的全部股份，如果出现这种情况，则公司将被依法解散。

企业的股票，按其承担风险和享受收益的不同状况，可分为普通股股票和优先股股票。所谓普通股股票，是企业股票中承担风险最大、持股者所获收益与企业的经营状况直接联系的一种股票。在股份制企业设立时，大量发行的主要就是这种普通股股票。普通股股票持有者拥有参与企业经营决策和决定企业收益分配的权力，他们是股份制企业中权力最大的出资者。每个普通股股票的持有者所享有的权力与他们所持有的股票份额成正比。所谓优先股股票，是相对于普通股股票而言的，它是股份制企业发行的具有代表性的一种特种股票。优先股股票的持有者拥有通常由企业章程所规定的优先权。这些优先权主要包括：优先于普通股股东取得股息和红利，而且优先股股票的股息通常是事先规定的，不受企业经营状况的影响；在企业解散或破产时，优先于普通股股东分取企业的剩余资产等。根据优先股股票发行时的有关规定，企业可以回购其发行在外的优先股股票。在一般情况下，优先股股票的持有者无权参与企业的经营决策和收益分配。

在股份制的企业财产组织形式下，企业的股权可以自由流动而不需征得其他股东的同意。企业股权的自由流动，使得企业的出资者对企业的影响具有两种方式：一是通过直接行使表决权的方式，影响企业的重大决策；二是通过“退出机制”影响企业的经济活动。前一种方式俗称“用手投票”，后一种方式俗称“用脚投票”。随着股份制的发展，企业产权社会化的程度和股权分散化的程度日益提高，对于数量众多的股东而言，达成一致意见的成本之高，已到了难以承受的程度。在这种情况下，企业出资者影响企业经济活动的方式，逐步从“用手投票”转向“用脚投票”。

4.3.2 选择企业财产组织形式的原则

在现代经济生活中，并存着多种企业财产组织形式，各种财产组织形式的功能又有所不同。因此，对于一个企业来说，存在着企业财产组织形式的选择问题。选择企业财产组织形式，应该遵循一定的原则。这些原则可以分为两类：一类是应该遵循的一般原则；另一类是应该遵循的具体原则。

概括地说，一般原则包括两个方面：一是符合企业实际的原则；二是可能实现的原则。前者反映其必要性，后者分析其可能性。综合考虑二者，实际上是实现目标与约束条件的关系问题。

所谓具体原则，是在具体选择企业财产组织形式时，针对企业的具体情况对上述一般原则的细化。比如，一般而言，大中型企业应选择合资或股份制的企业财产组织形式，中小企业应选择独资或合资的企业财产组织形式，但具体到某一个企业究竟应该选择什么样的企业财产组织形式，还要考虑企业经营方式的特点、企业发展的要求等因素。同是大企业，当它在经营中需要大量流动资金，并且又能以较低成本获取银行贷款时，则有可能选择独资的财产组织形式，而一些中小企业在急需发展或经营风险较大时，只要有可能，还是会选择合资或股份制的企业财产组织形式。

4.3.3 企业财产组织形式与所有制性质

任何一个企业都具有一定的所有制性质，而这种所有制性质通常通过企业财产组织形式反映出来。从这个意义上说，企业财产组织形式是企业所有制性质的表现形式。但是，如果说某一种企业财产组织形式必定是某一种所有制性质的表现形式，则是没有道理的。这是因为，企业财产组织形式虽然同所有制性质一样，能说明谁是企业的出资者或者企业的所有者，但它们的着眼点不同。企业财产组织形式只着眼于企业出资者数量和出资方式上的差别，而不管这些出资者是个人、集体还是国家，是公有还是私有。而企业所有制性质则着眼于企业的出资者是什么人，是个人、集体还是国家，是公有还是私有，而不考虑企业出资者的数量和出资方式的问题。因此，某一种企业财产组织形式与某一种企业所有制性质之间，并不存在必然的联系。

就独资的企业财产组织形式而言，当企业的出资者是个人时，这个企业的所有制性质是私有制的；当企业的出资者是法人时，这个企业的所有制性质就不一定是私有制的，而是要根据法人的所有制性质来判断，当企业的出资者是国家时，这个企业的所有制性质就是国有制的，而不是私有制的。

就合资的企业财产组织形式而言，当企业的所有合资者都是个人时，这个企业的所有制性质虽然属于个人所有制，但其已经不是独立的单个人的所有制，而是有了一定程度的社会化性质。当企业的所有合资者都是法人时，判断这个企业的所有制性质就复杂多了。当企业所有的法人出资者都是或主要是私有制法人时，这个企业的所有制性质就是社会个人所有制性质；当企业的出资者都是国有单位或主要是国有单位时，这个企业的所有制性质就是国有制性质。

就股份制的企业财产组织形式而言，情况与合资的企业财产组织形式大致相同。所不同的是，在股份制的企业财产组织形式下，企业的所有制性质一方面取决于股东主体的状况，另一方面取决于企业控股者的状况。在早期经济中，主要是股东主体的状况决定企业的所有制性质，而在现代经济中，则主要是企业控股者的状况决定企业的所有制性质。这是因为，在早期经济中，控制企业所需要的股票控制额较高，企业控股者的状况与企业股东主体的状况基本上是一致的。而在现代经济中，控制企业所需要的股票控制额大幅度下降，以不足50%的股权控制企业的情况非常普遍。在这种情况下，企业控股者的状况与企业股东主体的状况可能完全不一致。比如，一个改组为股份制企业的原国有企业，国有资产所占比重不足50%，企业50%以上的股权分散在个人股东手中，但从发挥作用的角度看，国有股权的作用是举足轻重的。对于这种企业的所有制性质，不能以企业股东主体的状况来判断，而应该由其所属主导地位的所有制关系来判断。

经济学之所以强调从产权角度考察企业的财产关系，主要是因为：不管财产是什么所有制性质的，企业都追求效益的最大化，都遵循市场运行规则营运，都必须按经济规律办事，都必须按社会化大生产要求实施管理。

小思考4-3

分析提示

【小思考4-3】

既然合资的财产组织形式达成一致意见的成本高于独资形式，那么人们为什么还要选择合资方式？

本章小结

● 财产制度是一个社会经济制度的核心，是社会资源配置的主要“制度变量”，财产制度是界定人们的财产关系的。从生产关系角度考察财产关系侧重于从生产资料所有制的性质判定公有制或私有制。而经济学主要是从经济运行的角度去看待财产关系，因此侧重研究产权制度，研究产权在经济运行中的各种具体结合形式，以及对资源配置效率的影响。

● 财产制度通常表现为法律制度，它以国家的强制力为后盾，直接或间接地提出一个标准或者方向，指引人们应该有怎样的行为或不应该有怎样的行为，使人们的行为符合它预期的要求，违者将受到制裁。财产制度是调整财产关系的法律制度，因而财产制度的对象是财产关系。

● 在经济运行中，财产的运作是通过产权形式实现的。所谓产权，是指财产的所有权及其派生的对财产的占有、使用、收益和处置等权利的总称。同样的所有制关系可以体现为不同的产权制度；反之，同一形式的产权制度也可以依属于不同的所有制。

● 明确的产权之所以能够促进经济的发展，就在于排他性的产权支撑了迄今为止被证明了的最有活力、最有效率的市场经济。市场经济最怕产权不明确，在市场经济条件下，任何交易都是产权的交易，产权不明确的交易会产生各种混乱。

● 生产资料必须在经营过程中才能实现增值，为了资产的有效营运，相对分离的不同产权主体（所有者、经营者）必须有明确的权、责、利，对所有者、经营者以及所有者、经营者之间权、责、利关系的界定规则构成了产权制度，即规则化、制度化的产权关系。一种产权关系能够存在，是因为有相应规则或制度的支持。

● 在市场经济中，产权制度的主要功能在于它能够降低经济活动中的交易费用，从而提高资源配置效率。

● 企业是社会经济活动最主要的经济组织，考察企业的财产组织关系是社会财产关系的主要内容。从产权关系的角度看，企业的财产组织形式即企业出资者所有权的具体存在形式。依据企业出资者的构成状况，企业财产组织形式可以分为一个出资者独资、两个或两个以上出资者合资，以及众多出资者出资的股份制等不同类型。

● 有众多出资者的股份制的企业财产组织形式，意味着企业所有者资本金或产权的社会化。股份制这种企业财产组织形式的出现，最终打破了企业发展资金和企业积累规模方面的约束，为巨型企业的出现奠定了物质基础。同时，股份制的企业财产组织形式也为企业所有权与经营权的分离创造了条件。

主要概念和观念

□ 主要概念

财产　财产制度　产权　产权制度

□ 主要观念

财产制度是社会资源配置的主要“制度变量”。

明确的产权能够促进经济的发展。

基本训练

1）选择题（单项或多项选择）

（1）产权在经济运行过程中派生出的具体形式相对分离，（　　）。

A.这同产权的必须完整性是相矛盾的

B.这同产权的必须完整性是一致的

C.这是完整产权的具体表现形态

D.这是完整产权的个别表现形态

（2）对资产经营过程中行为主体的责、权、利关系的界定，构成了产权制度。这种关系可以是（　　）。

A.所有者的　　B.经营者的

C.所有者同经营者之间的　　D.所有者同经营者之外的

（3）某一种企业财产组织形式与某一种企业所有制性质之间（　　）。

A.存在必然联系

B.不存在必然联系

C.所有制性质决定企业财产组织形式

D.所有制性质不决定企业财产组织形式

在线测评4-1
选择题

2）简答题

（1）财产制度的内容有哪些？

（2）“两权分离”和产权社会化的动因是什么？

（3）简述企业财产组织形式及类型。

（4）为保证资产的有效运行，产权应具备哪些方面的功能？

（5）企业财产组织形式的两个原则是什么？

观念应用

产权是市场正常交易的基础

假定一个化工厂排出的污水污染了下游的5个渔场，每个渔场由此损失75万元，5个渔场共造成375万元的损失。再假定有两个解决办法：一是花150万元给化工厂安装一个污水处理设备；二是给每个渔场买一台价值50万元的小型净水器，共需250万元。

如果政府不加干预，在产权明确的前提下，到底问题该如何解决呢？如果产权被界定在化工厂一边，即化工厂拥有排放污水的权利，渔场又想拥有清洁水源，那么，它们就会进行商议，5家渔场共同出钱“贿赂”化工厂安装一个价值150万元的设备，花150万元的代价会避免375万元的损失，这对渔场是划算的。如果产权被界定在渔场一边，即渔场有不受污染的权利，那么处理污染的问题就要由化工厂来解决了。化工厂在两种方案中选择的结果是自己出150万元安装一个设备比给5个渔场安装净水器损失要小，也就是说，化工厂也必然选择第一种办法。

在上述例子中，只要产权归化工厂还是归渔场是明确的，则由它们任何一方进行选择都会选择花150万元安装一个污水处理设备来消除污染，解决外部影响问题。

科斯定理告诉人们，解决外部影响问题不一定需要政府干预，只要产权是明确的，市场会自动地进行合理解决。当然，在此过程中，政府也不是无事可做，明确产权就是它的责任。有效地运用国家权力保护产权是市场正常交易的基础，在此政府要做一个裁判员而不是一个运动员。但是，这里有一点需要指出，那就是交易成本问题，如果交易成本太高，通过市场也许无法有效地解决外部性问题，使资源达到有效的配置。这时，就需要政府调节了。

问题：如何理解“产权是市场正常交易的基础”这句话？

第5章

收入分配制度

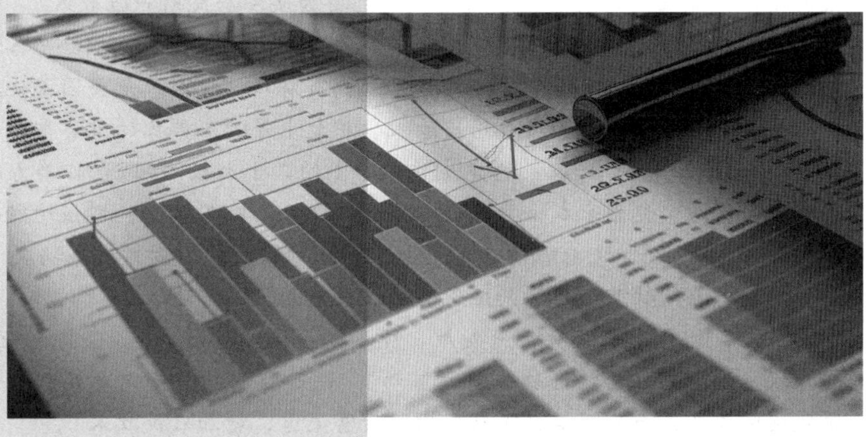

学习目标

知识目标：掌握收入分配的原则和方式，掌握基尼系数的含义，了解效率与公平是分配的两大基本目标，掌握效率优先、兼顾公平的分配原则。

技能目标：能用所学原理对企业的产权关系做出基本判断。

素养目标：积极践行社会主义核心价值观，弘扬劳模精神、劳动精神、工匠精神。

思维导图5-1

收入分配制度

引例 完善分配制度 扎实推进全体人民共同富裕

分配制度是社会主义基本经济制度的主要内容，也是促进共同富裕的基础性制度。从分配角度看，实现共同富裕不等于平均主义，在具体工作中必将面临一系列需要处理好、平衡好的关系。处理好这些关系，需要做到以下几点：

第一，完善促进机会公平的制度机制。通过完善分配制度促进机会公平，就是让每个人都有平等的机会参与竞争，通过发挥个人最大潜能去创造收入和财富，使每个人都能以有尊严的方式获得美好生活的物质基础。与促进机会公平相关的政策措施在党的二十大报告的多个部分均有论述。

第二，健全各类生产要素由市场决定报酬的机制。党的二十大报告强调“探索多种渠道增加中低收入群众要素收入，多渠道增加城乡居民财产性收入”。分配政策需要更加注重发挥市场机制的作用，拓展和创新收入分配方式，进一步健全各类生产要素由市场决定报酬的机制。创造条件让更多群众拥有财产性收入，是我国深化收入分配制度改革的重大举措，也是增加城乡居民收入、扩大中等收入群体的重要举措。

第三，发挥好财政政策的兜底作用。党的二十大报告强调，“着力解决好人民群众急难愁盼问题，健全基本公共服务体系，提高公共服务水平，增强均衡性和可及性，扎实推进共同富裕”。这意味着在促进共同富裕的过程中，财政政策将更加强调发挥好兜底作用，不应期待缩小分配差距完全通过政府手段来解决。

第四，坚持农业农村优先发展。党的二十大报告提出，“坚持农业农村优先发展，坚持城乡融合发展，畅通城乡要素流动”。促进农业农村优先发展，不仅可以巩固拓展脱贫攻坚成果，而且可以拓宽农民增收致富渠道，增加农民收入。

第五，进一步规范收入分配秩序。党的二十大报告指出，“完善个人所得税制度，规范收入分配秩序，规范财富积累机制，保护合法收入，调节过高收入，取缔非法收入”。鼓励社会成员通过勤劳致富和合法经营获得财富，这是党的一贯政策，由此产生的合法收入和财富必须受到国家法律的保护。

资料来源 马珺.完善分配制度 扎实推进全体人民共同富裕[N]. 光明日报，2023-05-26（6）.

影响市场经济运行的社会基本条件除了财产制度外，还有社会收入分配制度，下面我们继续考察社会收入分配制度对市场经济运行的影响，本章侧重研究个人消费品分配制度与市场经济运行的关系。经过企业生产和市场交换的过程之后，现代经济所创造的财富将表现为一定价值量的国民收入。关于国民收入如何分配的一整套规定，就是社会收入分配制度。

5.1 收入分配原则和分配方式

现代社会关于收入分配的规则和规定是怎样制定的？其主要依据是什么？这是研究分配问题首先需要搞清楚的。

5.1.1 两个平等原则

在现代社会，每个社会成员应当拥有平等的生存权利，应该平等享有衣、食、住等方面的基本生存资料。人与人之间的"平等生存权"就构成了现代收入分配制度的第一个原则，该原则所阐述的简明道理是：生产首先是为了生存，生存是第一位的。如果从社会再生产的过程看，收入分配不仅会影响人们的生存，而且会影响下一阶段的社会生产。人们参加生产活动，不但希望创造出社会财富，而且希望得到相应的回报。如果个人得到的回报与其在生产中的贡献不适应（特别是回报低于他的贡献时），就会挫伤其在下一生产阶段中的工作积极性，社会再生产过程就会由于分配不合理而受到冲击甚至破坏。可见，"等量贡献获得等量报酬"的平等原则是现代市场经济社会收入分配中第二个重要原则。

很明显，以上决定收入分配规则的两个基本原则或两个平等概念是存在矛盾的。如果只是按照满足基本生活需要的原则来制定分配规则，那么一方面随着社会的发展和进步，基本生活需要的标准越来越高。例如，中国在20世纪70年代以前的生活标准只是吃饱肚子和不受冻，而今天随着生活水平的提高，还要包括摄入的蛋白质、洁净的自来水和基本居住面积等各项指标。在此情况下，社会必须将其创造的收入越来越多地平均分配给每一个成员。但另一方面，现代市场经济的扩展，又使人们更注重个人的价值，尤其是个人创造的经济价值的大小，以及关心个人的经济利益，因此平均主义的收入分配会越来越严重地造成价值创造上的逆反心理，降低个人的工作积极性，从而阻碍社会经济的增长。反之，如果仅仅按照贡献回报原则来制定分配制度，那么社会成员中那些身强力壮的、比周围人聪明的和掌握着一份祖传秘方、技能或家产的人，会对生产活动的贡献较大，而那些体弱的、不太聪明的、没有技能的和没有任何遗产继承的人，对生产活动的贡献则较小。这一情况会直接导致两种不同的结果产生：一方面，贡献较大的人得到更多回报的利益刺激，从事生产活动的积极性更大；另一方面，生产能力较弱或暂时不具备生产能力的人得不到足以维持基本生存需要的收入，于是体力、智力和财产力进一步下降，收入水平也进一步恶化，社会成员中出现贫富两极分化的现象。

因此，社会主义市场经济条件下的收入分配更需要兼顾这两个平等原则。

5.1.2 按劳分配

按劳分配就是按照个人的劳动贡献来分配收入或消费品的一种分配原则或制度。它是马克思在《哥达纲领批判》一书中作为共产主义社会第一阶段的分配制度而提出来的。在社会主义市场经济条件下，按劳动贡献分配的意义更为广泛。这是因为：第一，生产资料公有制占所有制格局的主体地位。在这一条件下，处于公有制内部的任何社会成员都不能凭借对公有生产资料的占有去支配其他内部成员的劳动。第二，生产力的现实水平决定了劳动是个人谋生的基本手段。对大多数人来说，其必须通过向社会提供自己的劳动来索取需要的消费品。在这种分配中，劳动的多少构成分配的基本依据，社会只承认人们之间的劳动差别，不承认其他社会性差别。同时，作为按劳分配尺度的劳动时间，也不是个别劳动时间。按劳分配的实质就是按等量劳动相交换，通俗地说，即多劳多得，少劳少得，不劳不得。

社会主义市场经济条件下的按劳分配与马克思所设想的按劳分配有着不同的特点。马克思所设想的按劳分配是以产品经济为前提的，因此按劳分配的特点是：没有流通过程介入，社会是按劳分配的主体，个人消费品采取实物形式，是社会对个人进行统一的、一个层次的直接分配。但是，在社会主义市场经济条件下，按劳分配的实现形式具有如下特点：第一，按劳分配通过商品货币形式表现出来。第二，按劳分配不是以国家为主体在全社会范围内进行分配，而是以企业为主体在企业内部分配。第三，按劳分配的实现过程受市场机制的制约，主要是受市场供求和价格的影响。

在我国现阶段，仍应坚持按劳分配为主体、多种分配方式并存，把按劳分配和按生产要素分配结合起来。按劳分配的报酬体现为工资，工资是劳动力所提供劳务的报酬。同一般产品的价格决定一样，工资率（即单位劳动的价格）也是由劳动的需求与劳动的供给共同决定的。

5.1.3 按生产要素分配

在市场经济条件下，生产要素包括经营管理、资本、劳动力、技术、信息、土地等。这些要素都要进入市场，其所有者作为市场主体，在市场中要按照客观经济规律，优化配置并要求获得相应的收入。因此，按劳分配和按生产要素分配并存。按生产要素分配主要包括以下几种形式：

1）按经营分配的收入

按经营分配的收入，是指经营主体单位或个人由于其对经营活动的组织、管理及正确决策而得到的收入。这种收入的分配既与按劳分配相关，又与一些非劳动因素相关。它是市场经济下必然存在的一种收入分配形式。在这一收入分配中，收入的多少在一定程度上取决于劳动者投入的劳动量及复杂程度，但是在更大程度上取决于价格变动、市场供求、技术装备及自然因素等。这种分配的最大优点是适应市场的需要，而缺陷在于有可能导致收入的大涨大落，甚至诱导某些人去投机钻空子。

按经营分配的收入包括经营性劳动的报酬、风险收入，以及由于某些偶然的机会所带来的收入。对于这样一些收入，政府一般都采用高额所得税等办法予以遏制，但在客观上默认它的合法性。经营分配的收入主要体现为利润，利润是企业家才能这种生产要素的报酬。

2）按资分配的收入

按资分配的收入是指资产（含实物形式的资本和货币形式的资金）所有者凭其所有权参与分配的收入。按资分配的收入在形式上包括：个人存款所得的利息；个人投资于证券所得的股息、红利及债息；个人直接投资于房地产和其他生产经营活动时凭资金所有权获得的报酬；个人出租其各种形式的资产的租金收入等。这是居民个人的劳动积累参与社会生产必得的一种报酬。外资经济、私营经济中的资产收入，是根据个人提供的用于生产经营的货币资金、生产资料的多少分配的个人收入，是凭借资金或资产所有权参与劳动成果的分配，属于合法的非劳动收入。

在我国当前社会，随着改革的深化，按资分配的形式还会在更多的领域出现。按资分配的报酬主要体现为利息，利率是由资本的需求和供给共同决定的。

3）按技术分配的收入

技术是生产中的渗透性因素。技术收入主要是指技术人员以出售专利、诀窍或提供技术咨询、技术指导等形式获得的收入。这是复杂劳动的产物，取得高报酬是合理的。随着科学技术的发展和技术市场的不断完善，这种收入分配形式会占有越来越重要的地位。

除了上述几种分配形式以外，我国还存在着个体劳动者的自劳自得收入、创作收入、信息收入、劳务收入以及社会保障收入等分配形式。随着市场经济的深入发展，我国的个人收入分配形式将更加复杂多样。

4）土地所有者的收入

土地的所有者将土地出租获得地租，同劳动者和资本一样，地租的高低由土地的供求决定。

5.1.4 多种分配方式的并存和结合

在市场经济条件下，所有制形式的多样化及相应产权形式和经营方式的多样化决定了收入分配机制和分配方式的多样化。我国社会主义初级阶段实行按劳分配为主体、多种分配方式并存的分配制度。把按劳分配与按生产要素分配结合起来，采取多种分配形式并存的制度，是社会主义市场经济的要求。

生产方式的多样化，必然带来分配方式的多样化。改革的深化、所有制结构的调整以及相应的产权制度的调整和完善，必然会带动和促进收入分配方式的调整和完善。譬如，混合所有制经济的出现和发展，使得各种分配方式结合起来成为新的分配方式。我国推行的股份制和股份合作制，就是按劳分配和按生产要素分配相结合的分配方式。在股份制经济单位中，其财产所有者或投资主体都是多元的，不论是投资、参股或交叉持股，也不论是法人持股和个人持股，收入分配方式必然是多样化的，按劳分配和按生产要素分配是并存的。又如，在股份合作制经济单位中，劳动者既有按劳分配取得的收入，又有按生产要素分配取得的收入。特别是以劳动者的劳动联合和劳动者的资本联合为主的股份合作制经济单位，劳动者既可获得按劳分配的收入，也可以取得按资分红的收入。关于按生产要素分配方式取得的其他收入，分配方式和收入来源更是呈现多样化的趋势。

在社会主义市场经济条件下，按劳分配和其他多种分配形式并存是合理的。

首先，资产收入是合理的。由于生产资料和劳动力是再生产过程中的两大主要要素，它们在运用中不仅要保值，也要增值，而生产出的使用价值是劳动力与生产资料相结合的产物，收入是市场对使用价值承认的结果，因此生产资料和劳动力的提供者都应当从收益中取得收入。根据这个道理，不仅国有资产不能无偿使用，任何个人只要把自己拥有的资本投入生产经营中去，都应取得一定的收入。

其次，经营收入是合理的。因为经营本身就是一种劳动，并且是一种较高级的、复杂的脑力劳动，它需要专业的知识、灵敏的反应和准确的决策能力。经营者一般都应承担经营风险，因此他们获得的收入中还包含一部分风险收益。

最后，名誉收入也是合理的。因为名誉收入的取得，除了天时、地利等客观条件外，很大程度上取决于本人超常的能力和超常的努力，尽管这种收入与努力相比不一定相符，但在市场经济条件下，这有利于人们才干的充分发挥，有利于人们奋发进取，创造奇迹。

这里需要特别说明的是投机收入的合理性，不应把投机理解为一个贬义词。“投机”一词在英文中是“预测”“思考”的意思。经济学中的投机是指经营者通过预测未来市场价格和供求关系的变动、风险，做出买入或卖出的决策，谋取厚利的行为，是人们在市场经济中逐利的积极行为，在证券市场投资活动中体现得更为明显。证券投资与证券投机是一个问题的两个方面，证券投资是指购买各种证券以获取利润的经济行为，证券投机是指买卖证券以获取利润的经济行为。二者同属一种经济行为，只不过前者是证券的购买行为，后者是证券的交易行为。

现在需要着重关注的一个问题是，在我国的国民收入中，劳动报酬份额在下降，劳动报酬份额下降也导致了居民收入分配份额的下降。因此，要重视从根源上提高劳动者，尤其是一线劳动者的报酬，鼓励勤劳致富，保护劳动所得，提高劳动报酬在初次分配中的比重。

启智润心 5-1 模范骑手黎杰袁——在平凡岗位铸就闪光人生

伴随新一轮科技革命和产业变革，劳动者施展才华的舞台更加宽广。今天，劳动空间已经从工厂车间、田间地头延伸至大街小巷、网络平台；同时，以网约车司机、外卖配送员等为代表的新就业形态劳动者不断增多，他们在各自的岗位上发光发热，为社会做出积极贡献。

28岁的外卖骑手黎杰袁，在外卖配送行业已经干了4年。2021年，他被评为“重庆市第六届劳动模范”。提到这个荣誉，这个95后小伙子还有些不好意思：“无论从事哪种职业，只要踏实劳动、诚实劳动，都能干出不平凡的业绩，铸就闪光的人生。”

戴上头盔，装好外卖，跨上电瓶车……夜幕降临，在重庆街头配送外卖的黎杰袁又到了一天最忙的时候。他告诉记者，这一行干得久了，也总结出不少心得——哪家餐厅出餐快，怎么规划路线最省时间……喜欢琢磨的他，送单量长年保持在配送站的前三名。不仅如此，帮助商家核对数据、打包，送完餐后顺手把顾客的垃圾扔掉……这些小事，也成为他的日常。

在岗位上发光发热，温暖也会传递给周围的人。有一次，黎杰袁的外卖送到了派出所，他注意到派出所门口的反诈宣传展板。“现在诈骗新花样这么多，我们能做点什么呢？”黎杰袁心里琢磨，有了主意。他在网上搜集反诈的标语和案例，还去重庆高新区公安分局向民警请教。最后黎杰袁与民警共同制作了“反诈餐巾纸”，与外卖一道，送到千家万户。

如今，黎杰袁有了新的想法，“以后准备开一家专供外卖骑手吃饭的餐饮店。”现在，黎杰袁一边送餐，一边筹备着餐饮店。“认真做好眼前的工作，实实在在过好每一天。”谈及未来，黎杰袁眼神坚定。

资料来源　常碧罗．新时代劳动者之歌［N］．人民日报，2023-05-01（5）．

思政元素：劳动精神 劳模精神 责任担当

明理善行：劳动是中华民族的传统美德，习近平总书记曾饱含深情地指出，新时代的伟大成就是党和人民一道拼出来、干出来、奋斗出来的。党的二十大报告也提出："在全社会弘扬劳动精神。"作为中国特色社会主义事业建设者和接班人的大学生们，更应该弘扬"崇尚劳动、热爱劳动、辛勤劳动、诚实劳动"的劳动精神和"坚定理想、百折不挠"的奋斗精神，为全面建成社会主义现代化强国谱写青春的奋斗之歌。

【小思考5-1】

为什么说证券投资与证券投机是一个问题的两个方面？

小思考5-1

分析提示

5.2 适度差别及其实现

在市场经济中，不同个人在拥有和运用生产要素产权方面的差异，使得个人的收入水平不一样，由此形成了个人收入和财富方面的不平等。从上面提出的两个平等原则的分析中可以看到，从单纯强调平等生存权中所产生的完全平均分配不利于促进经济增长，而单纯按照贡献回报原则分配收入又会产生贫富两极分化，从而不利于社会稳定和共同富裕。因此，如何根据不同经济发展阶段的要求和社会历史条件来调整个人收入分配的差异程度，以促进经济稳定发展，就成为收入分配理论和改革面临的一个实际问题，即如何测量收入的差距或不平等程度。

5.2.1 洛伦兹曲线和基尼系数

洛伦兹曲线是用来反映社会收入分配（或财产分配）平均程度的曲线。如果把社会人口分为10个等级，各占人口的10%，按他们在国民收入中所占份额的大小可以得到表5-1。

经济课堂5-1

洛伦兹曲线和基尼系数

表5-1 人口及其在国民收入中所占的比例

级别	每级占人口的百分比	合计（%）	每级占收入的百分比	合计（%）
第1级	10	10	2.0	2.0
第2级	10	20	3.5	5.5
第3级	10	30	4.5	10.0
第4级	10	40	5.5	15.5
第5级	10	50	6.5	22.0
第6级	10	60	7.5	29.5
第7级	10	70	9.0	38.5
第8级	10	80	11.5	50.0
第9级	10	90	15.5	65.5
第10级	10	100	34.5	100.0

把表5-1的结果用图来反映就得到图5-1。在图5-1中，横轴代表人口的百分比，纵轴代表收入的百分比，OY为45°线，在这条线上，每10%的人口得到10%的收入，表明收入分配绝对平等，称为绝对平等线。OPY表示收入绝对不平等，称为绝对不平等线。根据表5-1所做的反映收入分配状况的洛伦兹曲线（如图5-1所示），即实际收入线介于这两条线之间。洛伦兹曲线与OY越接近，说明收入分配越平等；与OPY线越接近，说明收入分配差别越大，收入分配越不平等。

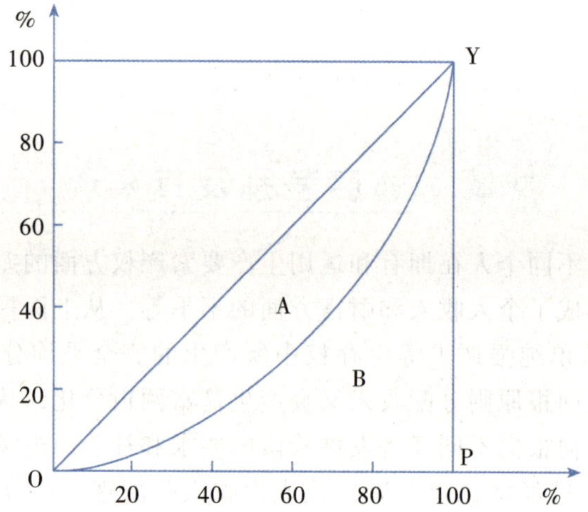

图5-1 洛伦兹曲线

根据洛伦兹曲线可以计算出反映收入分配平等程度的指标，这一指标称为**基尼系数**。如果我们把图5-1中实际收入线与绝对平均线之间的面积用A来表示，把实际收入线与绝对不平均线之间的面积用B来表示，那么计算基尼系数的方法是：

$$\text{基尼系数}=\frac{A}{A+B}$$

当A=0时，基尼系数等于0，这时收入绝对平均。

当B=0时，基尼系数等于1，这时收入绝对不平均。

实际基尼系数总是大于0，小于1。基尼系数越小，收入分配越平均；基尼系数越大，收入差别越大，就越不平均。

运用洛伦兹曲线可以对各国、各地区收入分配与各种政策的收入效应进行比较。表5-2提供了我国2017—2022年基尼系数的变化情况。

表5-2 2017—2022年我国基尼系数变化情况

	2017年	2018年	2019年	2020年	2021年	2022年
全国	0.467	0.468	0.465	0.468	0.466	0.474

5.2.2 收入差别与平均主义

不同的收入分配制度，形成不同的个人收入。

一个极端是，个人收入差别最大的国家是一些实行封建君主制的国家。在这样的国家中，收入分配的标准不是对于生产或经济增长的贡献，而是个人所拥有的政治权力——皇室成员及官吏的权力最大，因此其占有社会财富的绝大部分；僧侣阶层具有参政的第二大权力，因此其也占有社会财富的相当大一部分；平民阶层只有基本的公民生存权，因此只能分配到维持基本生存所需的收入。收入分配的渠道当然也不是通过市场，而是通过强制性征缴高额租税迫使对生产做出贡献的各界交出绝大部分财富。在这种分配制度中，个人收入差别主要是由于存在政治压迫和经济剥夺。古典资本主义（第二次世界大战前）也存在极明显的两极分化，其成因主要是经济方面的，尤其是缺乏政府对收入分配的干预，缺乏福利和社会保障，以及教育不普及与教育机会不平等。第二次世界大战后，这些情况发生了变化，分配的不平等程度有所降低。

另一个极端是，收入分配最为平均的是实行计划经济的社会主义国家。在国家计划可以包揽一切的思想指导下，国家几乎经营着生产活动的一切方面，从社会生产的布局到每一小块土地上生产什么都由国家计划指令层层下达。与此相适应，国家掌握着差不多全部生产要素的产权，土地和自然资源由国家管，资本及其积累由国家管，劳动力的支配也由国家管，因此国家自然拥有对新创造财富的所有权和分配权。由于国家难以具体区别不同生产单位的不同生产要素的不同贡献，加上传统社会主义国家占支配地位的平均主义的分配思想，国家对个人收入高低的划分是十分粗略和差别很小的。因此，整个经济中实行的是以平均主义为主的分配制度，分配的方式是国家拿走全部或大部分新创造的收入，然后以国家和集体工资的形式拨付或预留少量收入给参与生产的个人。在这种分配制度中，收入的差别主要是国家政策造成的，基尼系数接近于零。

5.2.3　适度差别

在市场经济中，由于生产要素产权的分散化和生产要素经营决策的独立化，作为生产要素所有者的个人之间的收入差别是不可避免的。面对正常的市场竞争过程给个人分配造成的差别，一个理性的社会是没有必要大惊小怪的，也不是完全无所作为的。正确的选择应该是以两个分配平等原则为基础，将收入分配保持在与一定社会的富裕程度、文化传统、发展阶段、公共选择等方面相适应的适度差别范围内，以使社会既能保证市场效率又能保证社会稳定。

为了做到适度差别，一个社会所采取的政策是有区别的。对于个人收入的初次分配过程，社会的宏观政策应该是保护“等量贡献获得等量报酬”的平等原则，让市场价格机制自动完成对生产要素贡献的定价和收入分配，并尽量防止非竞争和非市场的人为力量干扰这一分配过程的自然进行。另外，对于宏观经济范围的个人收入再分配过程，社会所实施的政策应是基于“平等生存权利”的原则，将一部分过高的个人收入通过纳税和举办公共福利的方式征收起来，再分配给收入水平低的个人。

在中国现代市场经济体制中，为了消除资产收入分配过分不平等的问题，借鉴其他市场经济国家的做法，比较有效的措施是实行分配相对均等化的宏观再分配政策，即实行具有累进性质的个人收入所得税征收制度，让善于经营的资本产权所有者获得较高收入进而鼓励其继续经营，同时让其负担相应的纳税责任以扶持社会中较贫困的人。这样做还有助于避免单方面功能性分配政策所造成的消极影响，因为除了资本无限扩大效应以外，其他生产要素如劳动力和土地产权的差异，也会造成很大的个人收入差别，这些差别与资本要素造成的收入差别都是市场经济条件下社会选择的结果，都有一定的经济合理性。但如果仅仅对资本收入征税，就会有悖于税收公平性的基本原则。对所有高收入者都征收同一累进税，不仅能有效扼制资本分配的不平等趋势，而且可以使收入相对均等化政策具有可行性。

5.2.4 再分配：税收与社会保障

一个社会的适度差别目标主要是通过宏观领域内的收入再分配过程来实现的。再分配就是社会将一部分收入集中起来再分配到其他人身上。因此再分配包括两个方面：一方面是将一部分很高水平的个人收入集中到国家手中，这个过程是通过税收体系中的个人所得税征收制度的实现来完成的；另一方面是将集中起来的收入转移支付到收入水平较低的个人，这一过程则是通过社会保障制度的实施来完成的。

由于再分配中遵循的是“平等生存权”的平等分配原则，因此，在个人所得税征收制度上，税率往往带有累进的性质，即收入水平越高的个人，其收入中必须纳税的比例越大。

社会保障作为一种制度，是指国家或社会依据一定的法律和规定，为保证社会成员获得基本的社会生存权而提供救助和补贴的制度。它主要包括社会保险、社会救济、社会福利、社会优抚等方面的内容。社会保障的对象是全体公民和特定公民。对全体公民来说，主要是在住房、环保、公共卫生和基础教育等方面，保障他们享受社会提供的帮助和服务。对离退休职工、暂时失去劳动机会和劳动能力者、工伤致残及死亡者、各类灾民、生活在贫困线以下的居民、现役军人及其家属、退伍军人及烈属等特定公民，要保障他们享受社会提供的特定的帮助和服务，如失业救济金、抚恤金等。随着社会生产力的发展，社会保障对象、项目和范围必将向多方面不断发展。总之，社会保障制度是国家为达到确保社会成员基本生存权的目的，通过参与国民收入的分配而形成的一种分配关系。

现代市场经济的主要标志之一是建立完善的社会保障制度。在当今，市场经济比较发达的国家，社会保障制度也比较完善。我国现代市场经济制度建立的过程中，也必须相应建立和完善社会保障制度，这对于保持社会稳定、调整社会利益关系等具有重要作用。

5.2.5 重视发挥“第三次分配”的作用，发展慈善等社会公益事业

思政课堂5-1

促进社会公平 实现共同富裕

过去讲收入分配调节，主要集中在初次分配和政府政策的再次分配上，而没有特别重视“三次分配”的作用，这主要是因为社会或民间的积累还不够，还没有形成“三次分配”的基础性条件。但是随着改革开放四十年来的经济快速增长，目前我国居民已经积累了相当程度的财富水平，有相当一批先富起来的社会群体，民间财富的规模完全可以成为收入分配的第三支柱。

要完善相关政策发展慈善等社会公益事业。激励、引导居民财富合理流向社会公益

事业，以更好地解决贫困和缩小收入分配差距。

经济视野5-1　　我国如何缩小城乡差距

中国完成了消除绝对贫困的艰巨任务，这是逐步实现共同富裕最大的基础。面向未来，实现共同富裕面临的最大挑战就是较大的贫富差距。基尼系数是国际上衡量贫富差距的通用指标，国际上通常把0.4作为收入分配贫富差距的“警戒线”，倘若基尼系数大于这一数值，便有出现社会问题的潜在风险。综合公开数据显示，中国近几年的基尼系数维持在0.46～0.47的水平，高于0.4的国际警戒线，同时中国的基尼系数在世界排名也较靠前，已经超过了美国的0.45、英国的0.34、加拿大的0.32和韩国的0.35。贫富差距是目前全球面临的重要问题之一。虽然全球范围内的贫困率正在下降，但是贫富差距仍在持续扩大。许多人认为，缩小贫富差距是实现社会公平的重要一步。以下是我国一些缩小贫富差距的方法：

一是提高教育水平。教育是促进社会公平的重要工具之一。提供高质量的教育可以帮助更多的人获得更好的工作机会，并提高他们的收入水平。政府和私人机构可以投资于提供普及教育和职业培训，以帮助更多的人获得高质量的教育。

二是税制改革。税收政策是政府缩小贫富差距的重要手段之一。通过对高收入群体的更高税率和对低收入群体的税收减免，政府可以降低收入差距。此外，政府可以通过税收政策来鼓励富人多做公益事业，以回馈社会。

三是加强社会保障。社会保障是缩小贫富差距的另一种方式。政府可以通过提供住房补贴、医疗保险和福利金等措施，支持低收入家庭。这些措施可以帮助缓解贫困和增加收入，并提高低收入家庭的生活质量。

四是提高最低工资标准。政府可以通过提高最低工资标准来缩小贫富差距。提高最低工资标准可以保障低收入人群的权益，并提高他们的收入水平。此外，政府还可以通过监管企业，保障工人的劳动权益，遏制低薪和超时工作等违法行为。

总之，缩小贫富差距需要政府、企业和个人的共同努力。通过教育、税制改革、社会保障和提高最低工资标准等多种手段，我们可以逐步缩小贫富差距，实现社会公平。

资料来源　佚名. 怎样缩小贫富差距？［EB/OL］.［2013-05-06］. https: //baijiahao.baidu.com/s?id=1765130907007806222&wfr=spider&for=pc.

【小思考5-2】

什么是三次分配？

小思考5-2

分析提示

5.3 效率与公平

任何一个社会经济发展的目标都是多维的，其中至少包括经济增长、充分就业、物价稳定、国际收支平衡和国民生活质量提高等项，但所有这些目标，最终似乎都可以归结为两大目标：效率与公平。效率与公平的关系是当代经济学中最为困惑的一个理论问题，也是研究个人消费品分配不可逃避的问题。

5.3.1 效率与公平的含义

1）效率的含义

效率一般是指产出与投入之间的对比关系。对于既定的产出来说，投入越少，效率越高；对于既定的投入来说，产出越多，效率越高。经济效率是指经济运行过程中产品（包括劳务）产出与资源投入的对比关系。提高经济效率也就是用尽量少的投入取得尽量多的产出。效率作为经济学上的一个概念，是指人们对经济资源的有效利用和合理配置，做到人尽其才，物尽其用。效率是衡量生产力诸因素有效配置和运行状态的重要标准。

在分配中，重视效率就是要通过贯彻正确的分配政策，鼓励和保证企业和个人充分发挥积极性、创造性，在促进整个社会经济活动的效率不断提高的基础上，使个人收入增加。个人收入的多少与劳动效率的高低成正比，个人收入的分配既要和个人提供的劳动数量和质量挂钩，又要和劳动效率挂钩。

2）公平的含义

所谓公平，是指一定社会中人们之间利益和权利分配的合理化。社会公平则是指收入与投入的对称性和一致性。但公平不是平均，公平是一个社会历史范畴，是社会历史给定的公平尺度，不同社会具有不同的公平标准。公平问题比效率问题复杂得多，它是一种价值判断，不同的社会制度，社会发展的不同阶段，对公平的价值判断也不相同。公平是相对的，绝对的公平是不存在的。在社会主义初级阶段，公平的内涵主要包括评价规则平等、机会均等和差别适度。

5.3.2 效率与公平的矛盾

效率与公平之间是存在矛盾的。美国经济学家阿瑟·奥肯说过："为了效率就要牺牲某些平等，并且为了平等就要牺牲某些效率。"公平与效率的矛盾或者说交替关系的存在不是偶然的，而是市场经济运行机制本身决定的。在市场经济中，要获得效率，就必须给生产要素所有者即供给者以相应的报酬，这些报酬构成了他们的收入。而人们占有生产要素的状况是不一样的，有人占有的资本、土地要素多些，有人则少些，甚至完全不占有；有人劳动能力强些，有人则差些。根据要素供给分配收入，则人们的收入必然有差别。如要取消或缩小这种差别以实现收入均等化，则必然损害效率。例如，在工资收入分配上如果搞平均主义，就会伤害人们的工作积极性；在税收政策上如果个人所得税税率过高，虽有助于缩小贫富差距，但也会妨碍人们工作、储蓄和投资的积极性，进而影响效率。在社会保障制度中，保障的人数越多，保障项目越全，保障待遇越高，虽然越有助于实现收入均等化，但是又会损害效率。这是因为：第一，社会保障支出所需经费归根到底来自各种税收，税负越重，人们工作和投资的积极性就越差；第二，保障待遇过高，还会直接影响人们就业的积极性，当失业救济金标准偏高时，人们会觉得就业不如失业；第三，社会保障支出增长过快会使国家财政负担过重，因而形成赤字和通货膨胀，也会影响效率。

5.3.3 效率与公平必须兼顾

由于公平和效率存在矛盾或相互交替的关系，因此对效率与公平必须兼顾。

一般说来，效率是实现公平的物质前提。由于效率来自个人的努力和勤奋，不重视效率，就是鼓励懒惰，社会经济就难以发展，平均只会导致普遍贫穷。例如，美国经济学家米尔顿·弗里德曼认为，福利计划大多是本来就不应该制订的。要是没有这些计划，现在依赖这些计划生活的人中，就会有许多人自力更生，而不是依赖国家的照顾。德国自由主义经济学家艾哈德也认为，现代福利国家使人们不必依靠自己的努力，而是依靠国家生活。这会使经济发展失去动力，久而久之，社会陷于瘫痪，社会福利也便成为无源之水。

重视效率必须兼顾公平，兼顾的原则主要有三个：

第一，应首先考虑丰富公平实现的物质前提。在历史上，只有当效率提高到剩余产品产生之后，社会才可能提出公平分配问题。在效率极低、根本没有剩余产品的情况下谈公平，显然没有任何意义。可见，效率决定公平的发生。再从公平的走向来看，公平也只有在效率提高的过程中才会增长。在农业社会，人口中1%或2%的处于最高层的人通常获得不低于国民总收入一半的财富；而在工业社会，一般说来，人口中处于最高层2%的人获得税后个人现金总收入的10%左右。显然，在收入分配上的差距，农业社会大于工业社会。当今世界的现状也表明，贫穷国家在财富和收入的分配上通常比经济发达国家更不平稳。

由此可见，在兼顾效率和公平时，应该首先考虑丰富公平实现的物质前提，只有效率提高了，蛋糕做得更大了，实现公平的物质基础才会丰富。

第二，要善于从效率和公平二者在不同时期存在的不同矛盾的主要方面或主要倾向来协调二者的关系。公平和效率这对矛盾在任何时候都存在，但有些时候公平的问题显得更重要，而另一些时候，效率问题会更加突出。在西方资本主义世界，20世纪30年代，由于遭受空前经济危机，工人大量失业，生活十分困难。于是，各国大力发展社会保障事业，既稳定了社会秩序，也刺激了有效需求，使经济摆脱了衰退。虽然这一时期西方社会突出了平等要求，然而到20世纪70年代，各国普遍感到，社会保障发展过快损害了效率的问题变得越来越严重，其突出表现是社会保障制度中的财务危机日趋严重。养老金支出和医疗保健费用扶摇直上，政府不得不用征税和通货膨胀的办法予以解决，这又引起了纳税人的不满，于是经济学家开始批评社会保障损害了效率。一些政府也开始对原有的社会保障制度进行改革，增加个人保险负担。这样平等和效率这对矛盾的主要方面就从如何实现平等开始转向如何提高效率。在我国，新中国成立后的很长时期内平均主义一直是主要倾向，今后，初次分配和再次分配都要兼顾效率和公平，再次分配更要重视公平。

第三，要寻找一些以尽可能小的不公平换取尽可能高的效率，或以尽可能小的效率损失换取尽可能大的公平的途径，以降低效率与公平替代的机会成本。例如，在劳动就业方面，必须通过深化改革，增加劳动力的流动性，打破劳动力流动中的部门限制、城乡限制和地区限制，在就业方面创造一个公平竞争的机会。招工、招考、招干必须分开，杜绝走后门、拉关系以及搞特殊化的不正之风，这样既有利于实现公平原则，又有利于提高效率。在社会保障方面，既要逐步取消一些“大锅饭式”的补贴，又要加强对退休职工、残疾人、孤儿和无依靠老人的困难补助和救济工作；既要努力扩大社会保障的覆盖面，又要根据各地实际情况因地制宜，在形式和待遇上切忌“一刀切”。在财政税收方面，当前重要的是要努力完善税制，严肃税纪，切实解决偷税漏税问题，否则，公平和效率的问题都难以解决。

5.3.4 关于收入分配的“底线平等”

固然，不牺牲效率的绝对平均是不存在的，但在一定条件下，是否可能产生一个不牺牲效率，保持收入的差别，具有“底线平等”的收入分配结构？这里，所谓的“底线平等”，其意义是：一个人或家庭能够取得与能力或付出意愿匹配的收入；当一个人或家庭能力过小，使其在有付出意愿的前提下，仍不能达到社会文明可接受的最低生活水准时，他们有权利获得无偿帮助。社会应保持足够的宽容使他们达到这个最低生活水准，使社会公共服务惠及所有人。所谓收入分配的“底线平等”，实际是“平等生存权”原则的延伸，在社会整体比较富裕的情况下，社会应努力追求收入分配的“底线平等”。

经济视野 5-2　　解码宁波收入分配制度改革行动

在打造合理、有序、活力的橄榄型社会结构，成为收入分配制度改革先行市的路上，宁波市进一步优化财富分配格局，缩小城乡、行业和各个社会群体的收入差距；同时进一步完善就业优先政策，扩大就业容量，提升就业质量；完善要素参与分配机制，拓宽居民经营性和财产性收入渠道；完善再分配调节机制，并构建更广泛和透明的社会慈善体系。

1.“甬上乐业”2.0，就业容量和质量要双提升

收到送上门的育婴师培训大礼包后，象山阿姨刘爱娣的人生道路出现了转折，曾经兜里摸不出几个钱的她，如今年收入可以达到七八万元；在创业担保贷款的支持下，走出大学校园后，毕业生刘昊和小伙伴实现了当“密室设计师”的梦想，开启自己的密室逃生游戏馆。

“充分实现就业，提高城乡居民收入水平是实现共同富裕的重要前提。”宁波市人力资源和社会保障局局长陈瑜这样表示。

据了解，在“十四五”期间，全市人社部门将通过打造“甬上乐业”2.0版，持续做好就业工作。在凝聚各方力量共同推动就业的同时，宁波市将推进政策体系的完善，拓宽就业新渠道，鼓励各类市场主体吸纳就业，支持和引导劳动者自主创业、从事新业态等灵活就业。陈瑜介绍说，到2025年，宁波市要累计实现城镇新增就业80万人以上，动态消除零就业家庭。

为了扩大就业容量，提升就业质量，对于离校未就业的高校毕业生、外来务工人员、就业困难人员和长期失业人员等就业重点群体，宁波市还将分类施策，提供各类常态化援助。同时，为了鼓励更多的先富带动后富，宁波市还将着力推动创业要素的集聚，以创业基地建设、创业扶持政策落地和创业担保贷款提质，进一步鼓励创业创新，带动更多的高质量就业。据悉，在“十四五”期间，宁波市将推动每年新增创业实体10万家以上，让这些创业者在实现自身高质量就业的同时，也带动更多人实现就业。

2.为“知识变现”打造更多场景，健全要素参与分配制度

扩大中等收入群体，走向共同富裕，需要的还有更多的“做大蛋糕”，为市民开拓更多的收入路径。其中，知识、技术、管理、数据等要素也将迎着风口，成为许多市民增收的新路径。

在中银（宁波）电池有限公司，“技术”已经成为提高收入的重要因素。这家企业的技术突出人才在被聘为资深主任中级师、首席主任中级师等后，可享受公司中层乃至高层管理干部的待遇，同时，紧缺工种的技师和高级技师在享受政府提供的岗位补贴后，企业还将提供为期3年、最高3.6万元的补贴。

接下去的几年间，类似这样的“技术高管”“产业教授”有望更多出现在宁波市的各行各业，宁波市还将从体制机制上对“知识变现”进行更多保障。

据了解，通过提升宁波知识产权综合体功能，宁波市将加强推广科技成果的转化，完善技术类无形资产的挂牌交易、公开拍卖，并探索通过天使投资、创业投资、知识产权证券化等方式，推动科技成果的资本化。到2025年，宁波市技术合同交易额要大幅提高。同时，科研机构、高校科技成果使用、处置和收益的自主权也将进一步扩大。

3.调低、扩中，用好财政税收调节器

在浙江大学公共政策研究院研究员夏学民看来，在全方位促进就业、提高劳动报酬及其在初次分配中的比重，确保低收入群体收入增长的同时，实现共同富裕，还需要通过再分配对收入进行二次调节，加强普惠性、基础性民生建设，兜住民生“网底”；紧扣社会救助的保障性职能，提高贫困群众生活保障；大力发展社会福利和慈善事业，发挥慈善“第三次分配”的作用。

夏学民表示，共同富裕不仅是社会发展概念，更是一场以缩小地区差距、城乡差距、收入差距为标志的社会变革。因此，缩小收入差距，探索稳定和扩大中等收入群体的新机制显得尤为迫切。

在宁波，正不断进行着更合理、更接地气的二次分配。据了解，在“调低”和“扩中”的路上，宁波市正尝试多项探索，财政支出的结构正不断完善，财政资金的使用将确保年度民生支出占一般公共预算支出的70%以上，新增财力用于民生类支出的比例同样要达到70%以上。对于大批中等收入群体，宁波市还将积极争取个人所得税征收改革试点，尝试通过适度扩大教育、医疗、养老、育幼、住房等方面的免税扣除，减轻中等收入群体负担。

资料来源　佚名．解码宁波收入分配制度改革行动［EB/OL］．［2021-07-13］．http：//www.ningbo.gov.cn/art/2021/7/13/art_1229099769_59035438.html.

5.3.5　共同富裕及其实现

共同富裕是指在现代市场经济社会，随着经济的高速发展，人们的收入普遍增加，且收入差异从长远来看有缩小的趋势。

共同富裕的内容十分丰富，具体可概括为以下几个方面：首先，共同富裕以生产力的发展和效率的不断提高为前提。如果经济发展水平不高，经济效率低下，则不管收入如何分配，其结果总是贫穷，蛋糕太小，怎么分也是每人一小块。只有尽力把蛋糕做

大，同时实行合理的分配方式，人们才有可能都得到较大的一块。其次，共同富裕不等于平均富裕。这一点值得特别强调。有些人把共同富裕看成传统分配原则的翻版，认为共同富裕就是平均富裕，就是平均主义，这是十分错误和有害的。共同富裕仍然是一种有差别的富裕，并且这种差别应尽可能反映人们的努力程度和资源禀赋的差别。共同富裕意味着从大家都富裕这个角度来看是共同的，但富裕程度是有差别的。再次，共同富裕不等于同步富裕，共同富裕只能是一个不平等发展的过程，因为不同地区、不同经济主体的主客观条件是有差异的。如果把不同地区、不同部门、不同企业和不同的个人都捆在一起，强求步调一致，结果必然是谁也富不起来。要以共同富裕为目标，扩大中等收入者比重，提高低收入者收入水平。

共同富裕作为一个动态过程是以一部分地区和一部分人先富起来的形式逐渐实现的。这一过程表现为贫困地区与富裕地区之间，贫困人群与富裕人群之间此消彼长的过程。贫困逐渐消亡，富裕逐渐普及。因此，为了实现共同富裕，我们要鼓励一部分地区和一部分人先富起来，只要是通过诚实劳动和合理经营而致富，只要这种致富不带来过高的社会成本（如竭泽而渔的资源开发和严重破坏生态环境等），都是应该保护和鼓励的。一部分地区先富起来后，可以带动更多的地区富起来。这是因为，首先，先富地区可以对其他地区产生积极的示范效应，使相对落后地区感受到较强的压力，也可以使它们从先富地区学习有用的经验，争取少走弯路；其次，先富地区会对其他地区产生较强的辐射作用，先富地区通过横向联合、技术转让、人才培训、资金融通等形式，可以对其他地区产生影响；最后，基于政府的适当干预和道德力量，先富地区可以向其他地区提供更为直接的帮助和扶持。先富地区之所以能先富，既是自己主观努力的结果，同时与政府的倾斜政策、优惠政策和相对优越的自然、地理和历史条件有关，因此从某种意义上说，帮助其他地区是先富地区的应尽之责。同时，扶持其他地区尽快富起来也符合先富地区的长远利益和根本利益。

小思考 5-3

分析提示

【小思考 5-3】

谈一谈平等、公平与公正的区别。

党的二十大报告指出，中国式现代化是全体人民共同富裕的现代化。共同富裕实现了中国特色社会主义先进生产关系和中国特色社会主义先进生产力的有机结合，是中国特色社会主义的本质要求。

改革开放后，我们党深刻总结正反两方面历史经验，认识到贫穷不是社会主义，打破传统体制束缚，允许一部分人、一部分地区先富起来，推动解放和发展社会生产力，开创性构建了有利于实现“富裕”的社会主义生产力，创造了经济快速发展和社会长期稳定两大奇迹。社会主义的最终目标就是实现共同富裕，而实现这一目标的基本路径就是解放生产力，发展生产力，消灭剥削，消除两极分化，初步构建起社会主义生产关系与社会主义生产力互促互进的有机结合模式，明确实现共同富裕的基本路径。

党的十八大以来，党中央把握发展阶段新变化，把逐步实现全体人民共同富裕摆在更加重要的位置上，推动区域协调发展，采取有力措施保障和改善民生，打赢脱贫攻坚战，全面建成小康社会，为促进共同富裕创造了良好条件。新阶段新征程，党中央又擘画了共同富裕的时间表和路线图：到“十四五”末，全体人民共同富裕迈出坚实步伐，居民收入和实际消费水平差距逐步缩小。到2035年，全体人民共同富裕取得更为明显的实质性进展，基本公共服务实现均等化。到本世纪中叶，全体人民共同富裕基本实现，居民收入和实际消费水平差距缩小到合理区间。同时，围绕实现共同富裕开始了“立柱架梁”的制度型安排：坚持基本经济制度，坚持“两个毫不动摇”，构建初次分配、再分配、第三次分配协调配套的制度体系，促进居民收入增长和经济增长基本同步、劳动报酬提高与劳动生产率提高基本同步等，着力通过构建新发展格局促进高质量发展，并使发展成果更多更公平地惠及全体人民。

实现共同富裕需要深入贯彻以人民为中心的发展思想，坚持把实现人民对美好生活的向往作为现代化建设的出发点和落脚点，着力维护和促进社会公平正义，着力促进全体人民共同富裕，自觉主动解决地区差距、城乡差距、收入差距等问题，坚决防止两极分化。第一，要不断缩小区域发展差距。构建多极点支撑、多层次联动的区域发展格局，不断增强区域发展的平衡性和协调性。发挥区域协调发展战略对共同富裕的基础性支撑作用，鼓励不同地区探索因地制宜的共同富裕道路，发挥区域重大战略对共同富裕的引领带动作用，重点缩小区域间人均公共财政支出差距以及居民收入和实际消费水平差距。第二，要着力促进城乡融合发展，缩小城乡差距。全面实施乡村振兴战略，强化以工补农、以城带乡，不断缩小城乡差距，加快形成工农互促、城乡互补、协调发展、共同繁荣的新型工农城乡关系，促进广大农村居民与城镇居民同步实现共同富裕。第三，完善分配制度，缩小收入差距。完善分配制度，加快形成橄榄型分配结构。鼓励勤劳致富，促进机会公平，提高低收入者收入，扩大中等收入群体。巩固拓展脱贫攻坚成果，探索多渠道增加中低收入群体要素收入，多渠道增加城乡居民财产性收入，提高低收入群体增收能力。加快完善就业保障体系，完善兜底救助体系，多措并举促进低收入群体增收。

启智润心5-2　**共同富裕路上的青年带头人**

温州武阳村，有着“刘基故里”的美名，在2013年，游客到此还限于“只看一座破房”的尴尬。在传统的小农经济下，村民人均纯收入仅6 687元。

而随着一个年轻人的到来，这里发生了翻天覆地的变化，他就是金斌坚。在他及其团队的带领下，名为“迷途”的民宿拔地而起，地处600多米海拔的村委会办公楼，成为“迷途”客栈的主体，办公楼后方的“荒山野岭”，设计出鸟巢木屋、童话蛋居等小筑。

由“迷途”带动，两年内村容村貌巨变，并先后改造出22家客栈，直接带动255位村民就业，占全村总人口的40%。如今的武阳村，一改贫瘠面貌，青山绿水环绕、青砖黛瓦错落，好似画中的“明清小镇”，2020年全村旅游营收超过3 000万元。

一直以来，金斌坚踩着乡村振兴的节拍、深耕文旅产业带动乡村致富。六年间，他投建了13个主题鲜明的民宿度假村，从山野乡村的“整村置换”到城中村的“微改造”，从点状分布的民宿度假村到成片发展的乡村旅游综合体，立足旅游全产业链立体布局的资源优势，着力打造温州的休闲旅游品牌，获得多方点赞。

他倾力打造的“未来乡村”示范项目——山根音乐艺术小村，位于瓯海区茶山街道西南面，核心用地面积174亩。通过挖掘闲置资源（土地、民房、村民）进行微改造，植入文化体验、高端商业、时尚设计等业态，短短一年，小村就新增了500个就业岗位。此外，通过闲置土地流转的方式，山根小村项目向村民支付每亩2 000元租金和25%股权。经过几年的发展，每年集体收益能够增加400万元以上，参与到未来乡村建设和运营的村民，人均收入也增长了将近3倍，实现了原乡人“股金、租金、货金、酬金、社保金”的五金收入。随着山根音乐艺术小村各类项目的成熟，部分店试营业期间年营业额累计近5 000万元，常态运营后年游客量将达到200万人次，营业额将突破5亿元，并大量带动周边消费。

资料来源　佚名. 金斌坚：练好文旅产业“点金术”，吹响乡村振兴号角［EB/OL］.［2021-06-30］. https：//mp.pdnews.cn/Pc/ArtInfoApi/article？id=21599382.

思政元素：工匠精神　创新精神

明理善行：党的二十大报告指出：“全面推进乡村振兴。”世界的未来看中国，中国的未来看乡村。在实现乡村振兴、共同富裕的道路上，广大青年大有可为、大有作为。同学们不妨从现在就开始思考，善于发现、勇于创新，找到自己的核心竞争力，像金斌坚一样为共同富裕点燃自己的“小火炬”。

经济视野5-3　加快建设全国统一大市场

党的二十大报告指出：“高质量发展是全面建设社会主义现代化国家的首要任务。”加快构建新发展格局，着力推动高质量发展，必须构建全国统一大市场，深化要素市场化改革，建设高标准市场体系。建设全国统一大市场，对于畅通要素资源流动，提高资源配置效率，释放科技创新效益，培育国际竞争合作新模式，构建高水平社会主义市场经济体制，引领推动高质量发展具有重要意义。

推动高质量发展需要建设循环畅通的全国统一大市场。土地、劳动力、资本、技术、数据、能源等生产要素，在生产、分配、流通、消费各环节的畅通循环流动，是推动高质量发展的关键。但地方保护和市场分割等阻碍了生产要素的自由流动，影响了经济活动的高效循环，使企业生产和经济增速面临着巨大的压力和风险。加快建设全国统一大市场，打破市场要素壁垒，形成稳定安全的供应链、产业链、创业链以促进要素流动，才能让更高质量的商品和服务在市场竞争中脱颖而出，以高质量供给创造和引领高水平内需，从而充分利用国内国际两个市场、两种资源，形成国内国际双循环相互促进的新发展格局，以全国统一大市场为高质量发展提供市场支撑。

推动高质量发展需要建设体系健全的全国统一大市场。市场体系健全与否关乎资源配置效率高低和发展质量优劣，但健全的市场体系是以统一完善的市场经济制度规则为基础的。改革开放以来，社会主义市场经济体制建设取得了长足发展，然而条块分割、区域壁垒等问题依然存在。数字经济发展引致的数字鸿沟，也极易形成新的市场分割和市场垄断新势力。发挥市场在资源配置中的决定性作用和更好发挥政府作用，必须深化市场改革，防止各地搞自我小循环，消除区域壁垒，以统一的产权保护制度、市场准入制度、公平竞争制度、社会信用制度等，实现要素价格市场决定、流动自主有序、配置高效公平，以全国统一大市场为高质量发展提供制度支撑。

推动高质量发展需要建设创新驱动的全国统一大市场。高质量发展需要创新，而创新需要市场驱动。随着新一轮科技革命和产业革命的兴起，我国市场经济内涵式发展支撑不足、原始创新能力薄弱的劣势逐渐显现，创新链与产业链、人才链、资金链之间的衔接仍显不足，急须激发市场主体创新活力，充分发挥超大规模市场的优势，引导创新要素和资源有序流动和合理配置，形成创新集聚，实现规模效应红利的最大化，进而推进基础研究和核心技术攻关协同创新，支撑科技创新和高技术产业发展，以全国统一大市场为高质量发展提供动力支撑。

资料来源 黄新华. 加快建设全国统一大市场［EB/OL］.［2023-07-20］. https://baijiahao.baidu.com/s?id=1771906691171793800&wfr=spider&for=pc.

本章小结

- 每个社会成员都应当拥有“平等的生存权”和“等量贡献获取等量报酬”的平等权，这是现代社会两个最基本的平等原则。所谓的底线公平，实际上是“平等生存权”的延伸。
- 按劳分配就是按照个人的劳动贡献来分配收入或消费品的一种分配原则或制度；按生产要素分配主要包括按经营分配、按资产分配和按技术分配等。在我国现阶段，仍应坚持以按劳分配为主体、多种分配方式并存，把按劳分配和按生产要素分配结合起来。
- 根据洛伦兹曲线可以计算出反映收入分配平等程度的指标，这一指标称为基尼系数。
- 基尼系数接近于零值，即表现为分配上的平均主义，或无差别的分配。平均主义的分配不利于生产者积极性的发挥。
- 一个理性社会在分配上应选择以两个平等原则为基础，将收入分配的差别保持在一个适度范围内，既反对平均主义，又避免过大的收入差距。为此，在初次分配过程中，社会的宏观政策应该是既重视保护“等量贡献（含劳动贡献和生产要素贡献）获取等量报酬”的平等原则，也要兼顾公平。而在再分配过程中，则应将过高的个人收入通过纳税和社会保障及第三次分配方式支付给收入水平过低的人。
- 效率和公平的关系是研究分配不可逃避的问题，从根本上说，两个平等原则也是以效率和公平的兼顾关系为依据的。社会要兼顾效率和公平，根据社会不同时期的二者的主要矛盾方面及主要倾向来调整二者的关系。
- 共同富裕是以效率的不断提高为前提的，共同富裕既不是平均富裕，也不是同步富裕，而是通过以一部分地区和一部分人先富起来的途径逐渐实现。
- 在多种分配方式共存的格局中，要重视提高一线劳动者报酬在初次分配中的比重。

主要概念和观念

□ 主要概念

按劳分配　按生产要素分配　洛伦兹曲线　基尼系数　共同富裕

□ 主要观念

现代社会在分配上要强调“两个平等原则”。

社会经济发展追求的目标归结为效率与公平两大目标。

基本训练

1）选择题（单项或多项选择）

在线测评 5-1

选择题

(1) 两个平等原则是（　　）。

A.资本主义社会的原则　B.发达资本主义社会的原则

C.社会主义社会的原则　D.现代所有社会的共同原则

(2) 一个社会适度差别的实现主要通过（　　）实现。

A.初次分配　B.政府的强制　C.社会保障制度

D.收入再分配　E.第三次分配

2）简答题

(1)“生存权的平等”的含义是什么？

(2) 如何正确认识适度差别分配原理及其实现？

(3) 效率与公平的关系如何？

(4) 收入分配的两个基本原则是什么？

(5) 基尼系数的经济意义是什么？

观念应用

过分强调平等也会妨碍效率

在西方，瑞典可算是最典型的“福利国家”，瑞典的福利是世界上最高的，瑞典人纳税率也是世界上最高的，产业工人纳税率为35%，收入高的资本家、商人、演员、运动员等纳税率甚至高达80%，其所得税主要用于拉平社会各集团成员的收入，通过社会再分配使全体公民都保持相对平均的生活水平。全国最高收入与最低收入的比例约为3∶1。也就是说，即使一个人终生没有为社会创造多少财富，退休后收入还能达到社会最高收入者的1/3，结果形成了人们普遍依赖国家的心理。瑞典给患病职工照发工资，医疗全部公费，结果不仅医疗费用消费惊人，泡病号现象也很严重。所有这些都表明，过分强调平等确实会妨碍效率。

问题：试用经济学原理解释这种现象。

第3编

微观经济分析

第6章

消费者选择

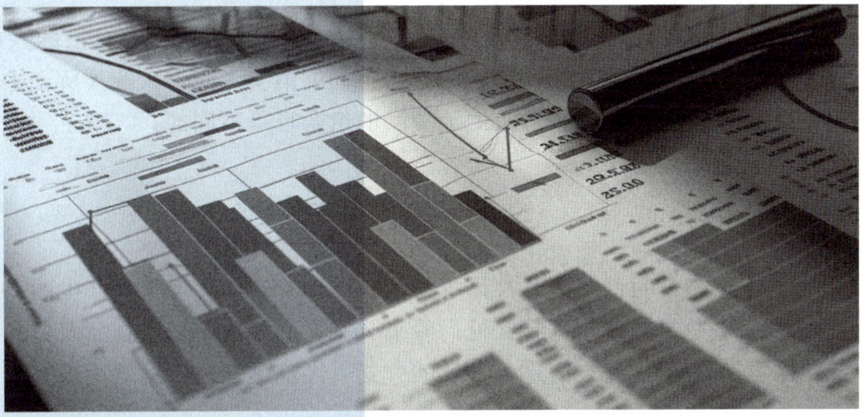

学习目标

知识目标： 掌握边际效用、收入效用、替代效用、恩格尔系数、消费者主权等基本概念，掌握边际效用递减规律。

技能目标： 能用恩格尔定律分析我国社会居民消费水平

素养目标： 树立正确的消费观，学会维护自身权益。

思维导图6-1

消费者选择

引例 利用时间的经济学

假如你只有一定的时间用于学习，而且你只想使自己的平均分数达到最高。那么，你如何分配你的时间呢？是把时间平均分配于每一门课程吗？回答是：否。你应该从历史转到化学，从外语转到经济学，一直到你用于各种课程的最后一分钟所得到的好处相等为止。

消费者是市场经济微观层次的主要行为主体，消费者主权是促进社会资源有效配置的重要原则，消费者只有成为理性的消费者，消费者主权才可能更有利于资源配置。

经济学微观部分以单个经济单位（家庭、企业及单个市场）为考察对象，研究其经济行为及相应的经济变量数值如何决定。

每一个消费者都面临着各种消费选择，但每一个人都有自己的兴趣爱好、生活习惯，形成自己的偏好。同样的物品，对不同的消费者来讲，购买所产生的满足程度是不同的。因此同样的花费，购买的消费品的组合也是不同的。

6.1 效用最大化

人们消费的目的是满足身体本身的需求和基于文化习惯而产生的需要。在日常生活中，消费者总是倾向于选择在他们看来具有最高价值的那些物品及劳务。为了描述消费者在不同消费可能性之间进行选择的方式，经济学家通常用效用来解释。

6.1.1 边际效用及边际效用递减规律

经济课堂6-1

边际效用及其递减规律

消费者在一定时间内从消费一定数量商品中获得的总的满足程度称为总效用(TU)，或称效用总量。

由于商品效用的大小是由其满足消费者欲望的程度决定的，因此商品数量的多寡也就成为决定其效用大小的一个重要因素。随着消费者对某种商品的消费越来越多，商品给消费者带来的效用越来越大，但在总效用达到一定数量以后，消费者从最后一个单位商品得到的额外满足程度就会逐步下降，这种额外的效用增加量称为边际效用（MU）。随着消费者对某种商品的消费数量的增多，消费者从中得到的额外的或边际的效用越来越少，这一规律称为**边际效用递减规律**。

边际效用递减规律存在的原因主要有两个方面：一方面，人类的欲望很多，每一种欲望虽不能绝对地完全得到满足，却可以相对地获得部分满足，当消费者在对商品的占有和使用过程中对它们的欲望已得到了部分满足之后，消费者对这种商品的欲望强度就会降低，因此这种商品的数量再增加，消费者感觉到的额外的满足程度也会降低，这种商品的边际效用递减，这时消费者可能已更迫切地要去满足其他欲望了。另一方面，每种商品都可以有若干种不同的用途，当它的数量少的时候，消费者会用它来满足最重要的欲望，因而感觉到的满足程度非常高，但当它的数量增加以后，消费者就会逐渐用来满足次要的或不重要的欲望，于是感觉到的满足程度就小了，这也导致边际效用递减。

例如，当一个人拥有的粮食不足以养家糊口时，粮食的效用是极其巨大的，但当他获得的粮食不但足以养家糊口且有剩余时，他就不把一袋米看得那么重要了，他可能把这袋米拿来喂鸟，满足养鸟这一次要欲望。

6.1.2　消费者选择的基础

消费者无法样样都选择，以实现他们最喜爱的市场商品组合，他们必须在其货币收入和商品价格限制范围内求得效用的最大化，或者说从消费品购买中所产生的满足与享受的量达到最大化。那么在这些限制条件下，什么是效用最大化的市场商品组合呢？概言之，这种组合是指消费者花费在所有商品上的最后1元钱所得到的效用相等的市场商品组合。假如消费者不遵守这项预算支配原则，便无法达到效用最大化。

为什么必须保持这一条件呢？因为如果1元钱的任何一种物品能够提供更多的边际效用，那么消费者就会把钱从其他物品的花费中转移到该物品上去——直到边际效用递减规律使得该物品的每1元钱的边际效用下降到等于其他物品的边际效用时为止；如果花费在某种物品上的每1元钱提供的边际效用少于普通水平，那么消费者就会减少购买该物品的数量，直到花费在该物品上的最后1元钱所提供的边际效用上升到普通水平为止。

思政课堂6-1
大学生理性消费

消费者经济行为的基本目标是凭借自己的财产和可支配收入，使自身的物质和精神需求得到最大限度的满足，即消费效用的最大化。这就是消费者选择的基础或基点。

经济视野6-1　　**从电影中看边际效用递减规律**

看电影《爱情呼叫转移》不由想到经济学中的边际效用递减规律，将微观经济分析的领域推广到包括非市场行为的人类行为和相互作用的广阔领域是1992年诺贝尔经济学奖获得者加里·贝克尔的贡献。电影中讲述的仅仅是爱情边际效用递减的一种情况，这种情况属于谈过多次恋爱，每一次的效用都是递减的。徐朗在呼叫了几个女友之后早就身心俱疲，当想起发妻的好时，发妻已嫁作他人妇。

谈论爱的边际效用递减，首先要假设在谈恋爱和婚姻中都存在着爱情。否则，谈论越来越远，离题越来越远。其次，把经济学的常识应用到爱情的分析中。在经济学中，效用是商品或劳务满足人们需要的能力，边际效用是每增加一单位的商品或劳务对人们需要满足的增量，随着商品或劳务的消费量增加，其满足人们需要的能力是递减的。

例如，人们在非常饥饿的时候吃馒头，吃第一个馒头一定是最香的；吃第二个馒头的时候就不如第一个香了；吃第三个馒头时基本饱了；再吃简直就是一种折磨，效用开始成为负值。这是在生活中很普通的一个边际效用递减的例子。虽然爱情无价，是不能够用金钱购买的，但爱情中边际效用递减的规律是相通的，否则就不会出现“七年之痒”现象了。

“七年之痒”属于爱情边际效用递减的另外一种情况，这种递减发生在一次婚姻内，有别于《爱情呼叫转移》中不停转换目标的情况。为什么会出现边际效用递减，既有生理作用，又有心理作用。当爱情第一次来临时，人总是无比欣喜，这个时候爱情给人带来的效用无疑是最大的。这也可以解释为什么人们总是对初恋念念不忘。而当爱情第二次来临时，一切就趋向平淡了。

在现实中，有的人会有喜新厌旧的心理，但是从边际效用的角度看，新的并不一定比旧的好。道理很简单，新的带来的效用已经递减了。有的人离婚了又结婚了，但还是郁郁寡欢并不幸福。同样，有的人分手了又谈上了还是整天快乐不起来。大概就是这个原因。难道对于谈恋爱和结婚望而却步才是正确的道路吗？当然不是。

虽然，存在着爱情边际效用递减的现象，放眼望去，人类世界仍旧运转不息。它的存在仅仅告诫人们无论是在一次婚姻中还是多次婚姻中，无论谈过几次恋爱都无关紧要。重要的是怎样在那每一次中扮演不同的角色，大概只有这样才能够保持不变的色彩，即使平凡的琐事也能演奏出美妙的乐章。

资料来源 佚名. 边际效用递减的例子看电影［EB/OL］.［2023-05-24］. https://wenku.baidu.com/view/9beeb4cf0142a8956bec0975f46527d3240ca6ab.html?_wkts_=1691540991824.

小思考6-1

分析提示

【小思考6-1】

能否说边际效用递减是一种心理反应或感觉？

6.2 消费者偏好及物品替代

经济课堂6-2

消费者偏好

消费者偏好及可替代物品的价格是决定消费者选择的两个重要因素。

消费者的需求形成购买动机，进而引起购买行为。购买动机可分为本能动机和心理动机。本能动机是生理需求所引起的购买动机，本能动机所形成的购买行为具有习惯性、经常性和相对稳定性。心理动机则是由人们的心理活动过程所引发的购买动机，这种动机有多种形式，如理智动机、感情动机等，而消费者偏好则是一个不可忽视的因素。

消费者偏好是指消费者对不同物品的喜好程度。在每一个消费者的心目中，都有一个关于各种商品需要的轻重缓急的排列顺序。人们常说，一种商品比另一种商品的用处大，实际上就是不同商品的效用在消费者心目中的排列顺序。消费者的选择，实际上就是按照自己的偏好顺序进行的，例如，一个消费者在吃饭时可选择的食品有海鱼、淡水鱼、牛肉、羊肉、鸡肉、菠菜、萝卜，他最终会选择哪一种？在价格和收入一定的条件下，其选择必然由自己的偏好决定。不同的消费者有不同的偏好，因此选择也多种多样。

一般来说，消费者有三条偏好公理：

1）有序性

消费者对两种商品（如食品和衣服）的任意两个组合，能够准确说出自己的偏好。例如，A组有食品5个单位，衣服25个单位；B组有食品10个单位，衣服15个单位。消费者对这两种商品的组合，能够准确地说出自己的偏好，即喜爱A组或者B组，从而表现出一定的顺序。

2）传递性

当出现第3组商品组合C的时候，消费者的偏好可以传递。如果消费者对A的偏好大于B，对B的偏好大于C，那么消费者对A的偏好必然大于C。如果消费者对A的偏好等于B，对B的偏好等于C，那么消费者对C的偏好也必然等同于对A的偏好。

3）不满足性

就某种商品或商品组合来说，消费者对数量较大的组合（如15个单位的食品、30个单位的衣服）的偏好，必然大于数量较少的组合（如5个单位的食品、20个单位的衣服）的偏好。

消费者的偏好程度可以用效用指数表示。在一定的效用指数下，两种商品可以有多种组合，把这些组合排列出来，就会形成无差异表（见表6-1），表6-1中列出了A、B、C三种食品与衣服数量的组合。对消费者来说，这三种组合的效用是没有差异的，即对消费者的满足程度是相同的。此时，我们又可将表6-1中三种商品组合用曲线图来表示，如图6-1所示。

表6-1　无差异表

商品组合	食品	衣服
A	5	25
B	10	12
C	15	5

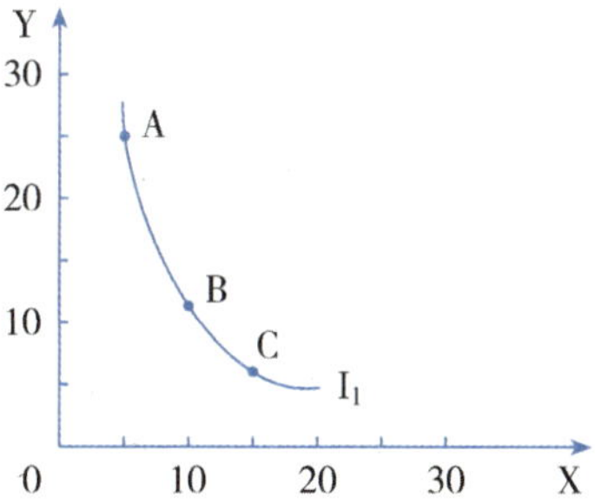

图6-1　无差异曲线

把A、B、C三点连接起来，就可以得到一条曲线，称为无差异曲线，用I_1来表示。在这条曲线上的任意商品组合，消费者具有同样的偏好，能够得到同样程度的满足。因此，我们把表6-1称为无差异表，把图6-1称为无差异曲线。消费者还可以有其他无差异表，表明对他来说满足程度不同的各种商品组合，并形成其他无差异曲线。

存在多条无差异曲线的图6-2表现了消费者对各种商品组合的偏好，又称为偏好图。

综上分析，我们可以清楚地看到无差异曲线的一些重要特征：

第一，同一条无差异曲线上的各种商品组合，对消费者具有同等的满足水平或者效用水平。在两种商品的各种组合中，消费者为了保持同等的满足水平，在增加一种商品的消费时，必须减少另一种商品的消费。两种商品不能同时增加或减少。

第二，在同一平面图上，不同的无差异曲线给消费者带来不同的满足水平或效用水平。离原点越远的无差异曲线，所代表的效用越大；离原点越近的无差异曲线，所代表的效用越小。

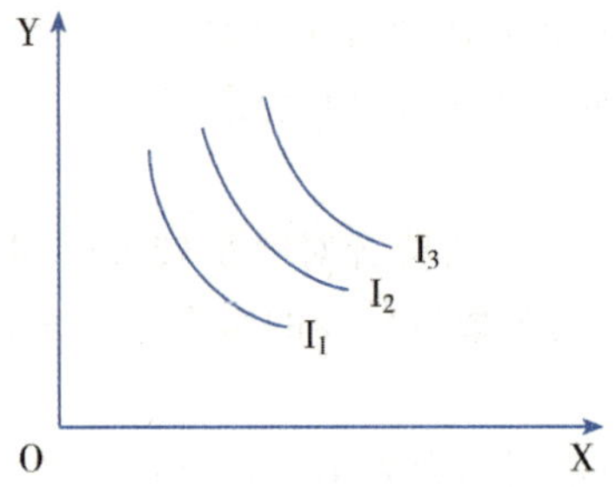

图6-2 偏好图

第三，在同一平面图上，任意两条无差异曲线不能相交。因为在交点上，两条无差异曲线代表了相同的效用，与第二个特征相矛盾。

在消费者收入一定的情况下，决定消费者选择的除了偏好这个重要因素之外，还有可替代物品的价格。

小思考6-2

分析提示

【小思考6-2】

什么是基数效用论与序数效用论？

6.3 收入、价格对消费的影响

前面所说的消费者均衡是在消费者收入和商品价格既定的条件下实现的，如果消费者的收入或者商品价格发生变动，消费者对商品的均衡购买（即消费者均衡）也会随之发生变动。

6.3.1 消费者的预算约束

无差异曲线描述了消费者同样愿意得到的各种消费品的组合，无差异曲线上任何一点的消费品组合对该消费者来讲其满足程度是相同的，但并不是任何一点的消费品组合都能实现，它受消费者收入水平的限制。

在现实生活中，大多数消费者的收入是相对稳定的，因此消费者在一段时间的花费也是相对固定的。假设某消费者每月花费600元，而且他面临着每单位食品和衣服的固定价格——每单位食品150元，每单位衣服100元。显然，在多种可供选择的食品和衣服的不同组合中，该消费者能够把收入花费于其中任何一种组合。在一个极端，该消费者可以购买4单位的食品，而不买任何衣服；在另一个极端，该消费者可以购买6单位的衣服，而不买任何食品。图6-3显示了该消费者花费600元的几种可能的组合方式。应当注意：所有点都在直线NM上。另外，任何其他可能存在的点，如$3\frac{1}{3}$单位的食品和1单位的衣服也在NM线上。预算直线NM总括了消费者正好花费完收入的两种物品的各种可能组合。

NM的斜率（不计正负号）为3/2，必定为食品价格和衣服价格之比，而且直线NM的一般意义也是显而易见的。在既定的价格之下，每当消费者放弃3单位的衣服（即在图形中垂直下降3个单位），他可以得到2单位的食品（即以水平方向向右移动2个单位）。

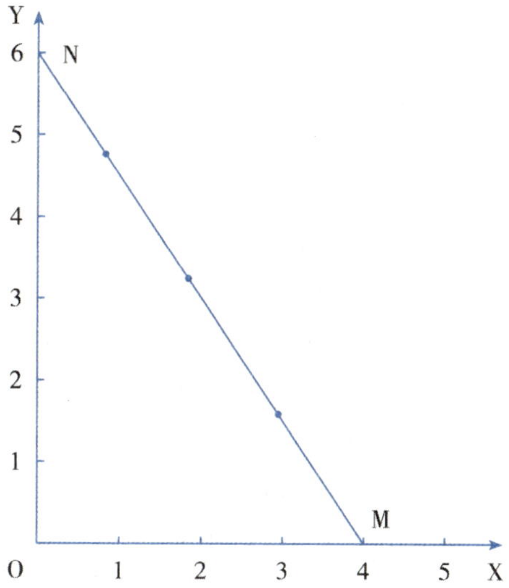

图6-3 收入制约消费的支出

我们把NM称为消费者的预算线或预算约束。所谓预算约束，就消费者而言，是指可支配收入的约束，消费者对效用的获取完全取决于可支配收入的大小。

6.3.2 消费者均衡与收入-消费曲线

如果消费者的收入水平或者商品的价格发生变动，消费者对商品的均衡购买（即消费者均衡）也会随之发生变动。我们首先分析消费者的货币收入发生变动，而消费者的偏好和商品价格不变时，会对消费者均衡产生什么影响。

当消费者的偏好和商品价格不变而收入发生变动时，意味着消费者购买商品的预算支出发生变动，预算线移动。由于商品价格不变，预算线的斜率也不变，因此收入变动导致预算线平行移动。收入增加，预算线向右平行移动，表示消费者的购买力增加；收入减少，预算线向左平行移动，表示消费者的购买力下降。收入变动，预算线平行移动，导致消费者均衡变动。收入-消费曲线表明了在其他条件不变时，收入变动引起的消费者均衡变动的轨迹（如图6-4所示）。

现在我们分析当收入变动时，消费者对X商品的均衡购买会发生什么变化。在图6-4中，原来的预算线NM和无差异曲线U_1相切于B点，实现了消费者均衡，消费者对X商品的均衡购买量为OQ。假定消费者偏好和商品价格不变，消费者的货币收入增加，使预算线平行移动至N′M′，新的预算线N′M′和无差异曲线U_2相切于B′点，实现了新的消费者均衡，消费者对X商品的均衡购买量增加到OQ′。如果把收入水平变动后所形成的新的消费者均衡点连接成一条曲线，这条曲线就叫作收入-消费曲线，或称收入扩展线，如图6-4中B、B′点连接起来形成的ICC。同样，收入变动对Y商品均衡购买的影响可以通过均衡点在纵轴上表示出来。

当消费者的收入水平变动时，消费者对某一商品的需求发生同方向的变动，即该商品的需求收入弹性为正值，则这种商品为正常商品。图6-4中的X和Y商品都为正常商品。根据收入-消费曲线的变动轨迹，可以判断商品的属性。如果X商品为低档商品，也

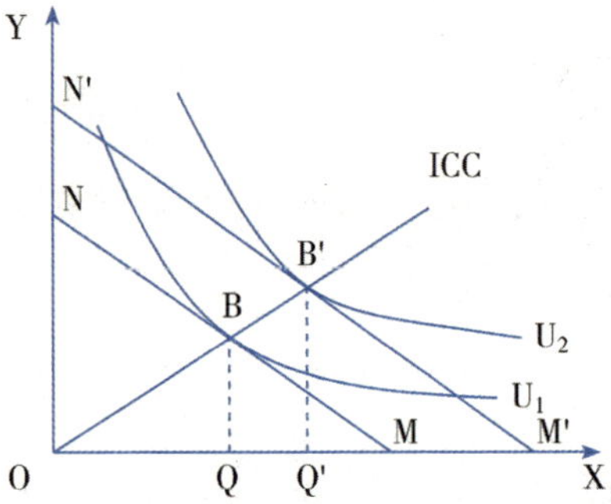

图 6-4　消费者的收入-消费曲线（正常商品）

就是说，消费者对X商品的购买与消费者收入变动的方向相反，那么，收入-消费曲线将向左上方移动（如图6-5所示）。在图6-5中，当收入增加时，预算线由NM移到N′M′，消费者的均衡购买由B移到B′，收入-消费曲线（ICC）向左上方移动，表明收入增加，消费者对X商品的均衡购买反而减少，X商品为低档商品。

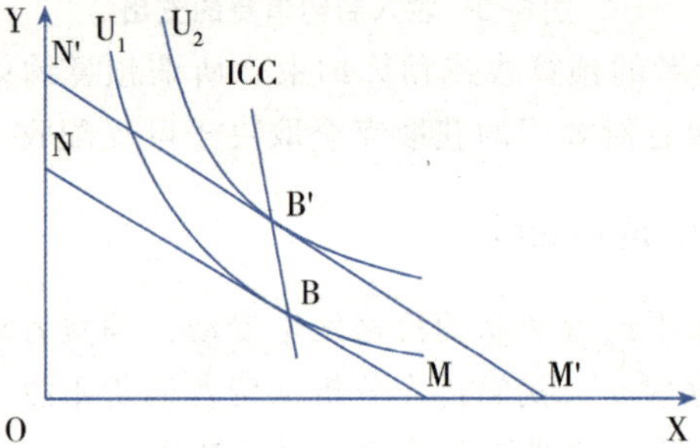

图 6-5　消费者的收入-消费曲线（低档商品）

6.3.3　价格-消费曲线和收入效应、替代效应

下面我们来分析商品的相对价格变动而消费者偏好和货币收入不变时，对消费者均衡会产生什么影响。

当消费者偏好和货币收入不变而商品的相对价格发生变动时，预算线的斜率变动，预算线发生倾斜移动。预算线的倾斜导致消费者均衡变动。价格-消费曲线表明了在其他条件不变时，商品价格变动引起的消费者均衡变动的轨迹（如图6-6所示）。

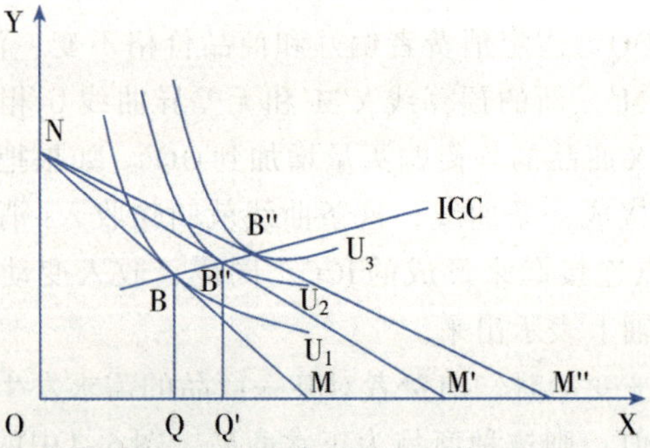

图 6-6　价格-消费曲线

在图6-6中，原来的预算线NM和无差异曲线U_1相切于B点，实现了消费者均衡，消费者对X商品的均衡购买量为OQ。假定消费者偏好和货币收入不变，Y商品价格不变，X商品价格下降。这时，如果消费者将收入全部购买Y商品，数量仍为N；而将收入全部购买X商品，由于X商品价格下降，全部购买X商品的数量由M增至M′，预算线由NM移至NM′，新的预算线斜率比原预算线斜率要小。新的预算线NM′和无差异曲线U_2相切于B′点，实现了新的消费者均衡，消费者对X商品的均衡购买量增加到OQ′。如果把X商品价格变动后所形成的新的消费者均衡点连接成一条曲线，这条曲线就叫作价格-消费曲线，或称为价格扩展线，如图6-6中B、B′和B″连接起来形成的ICC。

对无差异曲线的分析可知，商品价格变动对消费者均衡购买的影响为总效应，这种影响可以分成两部分：一部分影响称为收入效应；另一部分影响称为替代效应。所谓收入效应，是指某商品价格的变化意味着消费者收入的变化。价格上涨意味着消费者收入的下降，价格下跌意味着消费者收入的提高，从而使消费者对该商品的需求量减少或者增加。所谓替代效应，是指某商品的价格变动使该商品对其他商品的相对贵贱程度发生变动。某商品价格上涨使该商品相对其他商品价格变得昂贵，某商品价格下降使该商品相对其他商品价格变得便宜，从而促使消费者对该商品的需求量减少或者增加。

启智润心6-1 中国消除绝对贫困是世界亮丽风景线

根据国际标准，从1981年到2015年，中国贫困人口减少了8.68亿人，而全球贫困人口减少了近11.7亿人，中国脱贫人口数量占世界脱贫人口数量的74%。到2016年，中国生活在贫困线以下的人口减少了99.1%。到2020年底，中国消除了绝对贫困现象。中国的脱贫成就已成为当今世界最值得关注的一道经济社会发展亮丽风景线。

多年来，西方各界对中国特色社会主义发展的认知存在分歧；但如今，西方对新时代中国脱贫攻坚的成就罕见地达成了共识。2021年10月，联合国秘书长安东尼奥·古特雷斯盛赞中国在消除贫困方面取得的成就，并呼吁国际社会携手应对当今时代面临的各种问题。古特雷斯感谢中国在制定和实施可持续发展目标方面发挥的作用，并指出这个亚洲国家在致力于使人类摆脱一切形式的贫困方面表现突出，其意义重大。

这种说法是非常有道理的，我们可以将其与近几十年来西方劳动者遭遇的权利弱化进行对比。20世纪60到70年代，为对抗高通胀和利润率的停滞，西方资本力量对劳动力成本进行干预，实施降低工资、打击工会等措施。第二次世界大战后劳资双方一度达成的协定被资方撕毁，这成为发达资本主义国家的不平等和贫困人口急剧增加的转折点。从此新自由主义大行其道，变本加厉地损害西方劳动者在第二次世界大战后30年间所获得的改善工作生活条件的各种权利。

中国在20世纪70年代末开始实施改革开放。在农村，中国实施“包产到户”的改革，实现了农业增产、农民增收。中国还探索社会主义市场经济，鼓励民营企业发展，并引入外国先进技术和投资。中国乡镇企业的发展尤为引人注目，乡镇企业在合理利用资源、吸收农村剩余劳动力方面做出了重要贡献。广大农民在进城务工、参与共享改革开放带来的经济发展成果的同时，原有的农村土地集体所有制也得到了保留，并无后顾之忧。

推动农村、农业、农民发展的战略，是中国赢得脱贫斗争胜利的关键。中国充分利用市场经济，推动内陆更为落后的农村地区对外开放，“看得见的手”合理监督“看不见的手”发挥积极作用。就此而言，获得诺贝尔奖的美国经济学家约瑟夫·斯蒂格利茨的话，或许更能说明问题的本质：中国政府从来没有混淆目的——人民的福祉和实现目的的手段。这里所说的手段，应是发展社会主义市场经济。换言之，中国没有采取华盛顿在世界多国推行的“休克疗法”，而是根据本国国情制定并实施了改革，发展社会主义市场经济在多个领域取得了令人瞩目的成绩，改善了十几亿人民的生活。这些发展成就不应该被忽视和否定。

资料来源 恰蒂尼．中国消除绝对贫困是世界亮丽风景线［N］．李凯旋，译．光明日报，2022-09-23（12）．

思政元素：爱国意识　人民至上　担当精神

明理善行：在庆祝中国共产党成立100周年大会上，习近平总书记庄严宣告：“经过全党全国各族人民持续奋斗，我们实现了第一个百年奋斗目标，在中华大地上全面建成了小康社会，历史性地解决了绝对贫困问题，正在意气风发向着全面建成社会主义现代化强国的第二个百年奋斗目标迈进。”党的十八大以来，以习近平同志为核心的党中央把脱贫攻坚摆在治国理政的突出位置，多措并举、精准发力，不断推动区域性整体贫困得到解决，最终取得脱贫攻坚战的全面胜利，历史性地解决了绝对贫困问题。

小思考6-3

分析提示

【小思考6-3】

依据收入效应，消费者应怎样应对市场？

经济视野6-2　　搬家的经济学分析

几年前，我成家后从父母家中搬出，组成了自己的小家庭——一套一室一厅的房子，虽然不大，但对于一个两口之家来说也够了，这算是我的第一次搬家。两个月以后我被一家大公司录用，公司为我租了一套三室一厅的房子，住起来相当宽敞，甚至有点浪费，但由于房子是公司提供的，也就心安理得地住着了，这是我的第二次搬家。又过了几个月，我又搬家了，这次是一套两室一厅的房子。原来，我的公司改变了政策，以前是公司统一为员工租房，现在改为把住房租金发给个人，由个人来决定如何租房。在这种背景下，我结合自己的需要，用公司给的钱换租了一套两室一厅的房子，还省下了一部分钱补贴家用，这就是我第三次搬家的理由。

我虽然在一年之内连续搬了三次家，但按照经济学中的收入效应和替代效应的解释，倒也在情理之中。收入效应是指当人们的实际收入增加时，对某种商品的消费量就会增加；而替代效应是指在相互有替代关系的商品中，如果其中一种商品的价格下降，人们就会用这种商品去替代其他商品，从而增加这种商品的消费。如果说我第一次搬家是独立生活的开始，那么我第二次搬家则是由于公司做出的统一消费，也是一种强制消费，对我而言，也就不存在选择的余地。当公司取消了租房政策而将原来租房的这笔钱直接发给员工以后，我在完全有能力继续租住公司提供的三室一厅的房子的情况下，却换了一套两室一厅的房子。假设其他方面相同，两室一厅的房子总是比三室一厅的房子便宜，对于我的需要来说，两室一厅的房子就足够住了，所以在第三次搬家中，我必然会用两室一厅的房子去代替三室一厅的房子，这就是替代效应的作用。那么我为什么在第三次搬家中没有回到第一次搬家中的一室一厅的房子去住呢？因为公司给我发放一笔租房款时，现在的实际收入比进入公司以前的实际收入大大增加了。在原来的收入水平下，我只能租用一室一厅的房子，现在我既然收入增加了，就有能力租用两室一厅的房子，当然我也愿意住两室一厅的房子，这是因为收入效应发挥了作用。

6.4 消费结构及方式

人们为了生活，需要有衣、食、住、行等各种消费品。由于人们的生活有不同的需要，因此会消耗各种各样的消费资料，从而产生了各种消费资料在全部消费中的不同比重或结构问题。随着社会生产的发展，人们的生活需要日益复杂和多样化，消费结构也不断变化。

6.4.1 消费结构及恩格尔系数

所谓消费结构，就是人们在消费过程中所消费的不同类型的消费资料（包括劳务资料）的比例关系。消费结构有微观消费结构和宏观消费结构之分。后者是从整体（比如一个国家）考察的居民消费结构，前者则是从单个家庭或单个消费单位着眼考察的消费结构。微观消费结构是宏观消费结构的基础。这里主要研究微观消费结构。

消费结构可以从不同的角度分类：

按满足消费需要的不同层次来分，消费结构可以分为生存资料、享受资料和发展资料。一般来说，生存资料是维持劳动力简单再生产所必需的生活资料，如果生存资料得不到满足，劳动者就不能恢复体力和智力，就无法正常生活。劳动者的收入通常先是满足生存的需要。享受资料是满足人们享受需要的生活资料，如某些高级食品、娱乐用品和某些精神文化用品等。发展资料则是发展人们体力和智力所需要的生活资料，比如体育用品、健身器械，以及接受教育、从事文艺、进行社交等所需要的设备和交易。生存资料是人们最基本的消费资料，人们在较好地满足了生存需要后，会逐步满足享受和发展的需要。

按消费者实际支出的不同方面，可以划分为吃、穿、住、用、行这样一种消费结构。这种划分比较具体，在实际工作中一般采用这种分类。

食物是维持人的生存所必不可少的，是必需品中的必需品。在现实生活中，一个消费者收入再少，用在食物上的支出也是不可少的。因此，一个家庭收入越少，总支出中用于购买食物的费用所占比重越大；一个国家越穷，在消费者平均支出中用于购买食物的费用所占比重也越大。随着消费者收入的增加，尽管食物费用开支的绝对量也会有所增加，但它在消费者总支出中所占的比重会下降。德国经济学家恩格尔据此事实，第一个提出了这样的结论，并被称为恩格尔定律。表明食物开支与消费支出之间比例关系的指标，被称为恩格尔系数。

一般说来，恩格尔系数越小，食物支出在总消费支出中所占比重越小，说明收入水平及与之相适应的消费结构的发展程度越高；恩格尔系数越大，食物支出在总消费支出中所占比重越大，说明收入水平及与之相适应的消费结构的发展程度越低。中华人民共和国成立初期，城镇居民用于吃穿的开支占全部生活费开支的比率，即恩格尔系数为80%，农村居民甚至高达90%。2022年，我国居民恩格尔系数为30.5%，其中城镇居民为29.5%，农村居民为33.0%。

非食物的必需品在总消费支出中所占的比重同样存在恩格尔系数现象。例如，消费者衣服支出与总消费支出的差异，就有类似食品支出与总消费支出关系的变动趋向，即随着消费者收入水平的上升，衣服支出在全部消费支出中的比重也会下降。总之，随着消费者收入水平的提高，吃、穿等生活必需品开支所占的比重会逐渐下降，而像休闲、劳务消费等消费支出所占的比重将会逐步上升。

经济视野6-3　　2022年中国居民消费收入和支出情况

1.居民收入情况

2022年，全国居民人均可支配收入36 883元，比上年名义增长5.0%，扣除价格因素，实际增长2.9%。分城乡看，城镇居民人均可支配收入49 283元，增长（以下如无特别说明，均为同比名义增长）3.9%，扣除价格因素，实际增长1.9%；农村居民人均可支配收入20 133元，增长6.3%，扣除价格因素，实际增长4.2%。

按收入来源分，2022年，全国居民人均工资性收入20 590元，增长4.9%，占可支配收入的比重为55.8%；人均经营净收入6 175元，增长4.8%，占可支配收入的比重为16.7%；人均财产净收入3 227元，增长4.9%，占可支配收入的比重为8.7%；人均转移净收入6 892元，增长5.5%，占可支配收入的比重为18.7%。

2.居民消费支出情况

2022年，全国居民人均消费支出24 538元，比上年名义增长1.8%，扣除价格因素影响，实际下降0.2%。分城乡看，城镇居民人均消费支出30 391元，名义增长0.3%，扣除价格因素，实际下降1.7%；农村居民人均消费支出16 632元，名义增长4.5%，扣除价格因素，实际增长2.5%。

2022年，全国居民人均食品烟酒消费支出7 481元，增长4.2%，占人均消费支出的比重为30.5%；人均衣着消费支出1 365元，下降3.8%，占人均消费支出的比重为5.6%；人均居住消费支出5 882元，增长4.3%，占人均消费支出的比重为24.0%；人均生活用品及服务消费支出1 432元，增长0.6%，占人均消费支出的比重为5.8%；人均交通通信消费支出3 195元，增长1.2%，占人均消费支出的比重为13.0%；人均教育文化娱乐消费支出2 469元，下降5.0%，占人均消费支出的比重为10.1%；人均医疗保健消费支出2 120元，增长0.2%，占人均消费支出的比重为8.6%；人均其他用品及服务消费支出595元，增长4.6%，占人均消费支出的比重为2.4%。

资料来源　国家统计局. 2022年居民收入和消费支出情况［EB/OL］.［2023-01-17］. https://baijiahao.baidu.com/s? id=1755234992667124968&wfr=spider&for=pc.

6.4.2 消费方式

在市场经济条件下，消费方式最显著的特点是：首先，商品性消费比率占绝对地位，市场经济越发达，非商品化、非货币化的消费将越来越少；其次，劳务消费将逐步增加，随着市场经济的发展和人们收入水平的提高，劳动者消费需要的满足，不仅依靠增加食物消费，而且依靠增加劳务消费。劳务消费不断发展，劳务消费在消费结构中所占比重不断提高，是生产力水平不断提高、消费社会化，特别是家务劳动社会化的客观要求和必然结果。

目前，我国社会生产力水平还不高，劳动还存在重大差别，国家不可能把劳动者所需要的一切都包下来，因而个人消费应该是主要方式。而个人消费一般是以家庭消费方式进行的，家庭作为社会的基本消费单位，作为人们消费的主要场所和基本方式，其主要内容是，依据社会经济的发展和家庭收入，合理安排好家庭成员的物质生活和文化生活，合理安排家务劳动等以促进家庭成员的全面发展。

家庭消费作为人们生活消费的基本方式，具有如下主要特征：

（1）消费需求多样性。在一个家庭里，人数虽不多，但每个成员的消费需求是各不相同的，老年人、青壮年、儿童的需求不同造成了消费需求的多样性。

（2）家庭消费的分散性和灵活性。家庭消费方式是建立在消费资料个人所有制基础之上的，家庭可用消费的支出来源于家庭成员的劳动收入，家庭成员根据自己的劳动收入在市场上购买消费品，个人对收入有自由支配权，对消费品的购买具有自由选择权，只要不违背政策法令，其他人无权干涉。

（3）家庭预算的约束性。家庭消费是建立在家庭成员的各种收入基础上独立地进行各种消费活动的，因此必须合理安排，量入为出，把家庭有限的经济收入用在最需要的方面，恰当选择适合自己家庭收入水平和家庭具体条件的合理消费结构。

6.4.3 消费者主权

在市场经济条件下，生产者生产什么，生产多少，最终取决于消费者的意愿和偏好。其具体过程是：消费者根据自己的意愿和偏好，到市场上选购所需的商品，于是他便把这种意愿和偏好通过市场传递给了生产者，而生产者按照市场反馈来的信息安排生产，提供消费者需要的商品和服务，这种关系被称为消费者主权。消费者主权被看成是促进社会资源有效配置的一个重要原则，也是消费者和生产者双方都能借以得到最大满足的一个重要原则。

尊重和保护消费者主权具有极其重要的意义：

首先，尊重和保护消费者主权是市场经济发展的必然要求。市场经济要求实行等价交换，正确处理各方面的物质利益关系，如果不尊重消费者主权，搞不等价交换，搞不正当竞争，就会使商品生产者信誉扫地，这不但会损害消费者的利益，而且会大大影响生产者、经营者的利益，进而影响社会经济效益。因此，保护消费者主权，维护消费者权益，合理解决消费者与生产者、经营者之间的矛盾，有利于解决生产与流通之间、流通与消费之间及生产与消费之间的矛盾，有利于社会主义市场经济的发展。

其次，尊重和保护消费者主权是实现消费者主人翁地位的客观要求。在社会主义社会，劳动者的权益应该受到保护和尊重。消费是人们物质利益的最终体现，消费者权益反映这些物质利益的实现程度，如果消费者主权不能得到尊重，消费者权益便不能得到保护，也就无法维护其主人翁地位。

最后，尊重消费者主权、维护消费者权益是实现社会主义市场经济生产目的的客观要求。社会主义市场经济的生产目的是满足广大劳动者日益增长的物质和文化方面的需要。可以说，人们的需要是否能得到较好满足，决定了社会主义市场经济生产目的能否得到较好实现。

消费者权益在不同的社会发展阶段、价值观念和文化氛围下具有不同的内容。1960年成立的国际消费者组织联盟确定的消费者基本权利有如下几点：

（1）要求安全的权利。

（2）提供信息的权利。

（3）自由选择的权利。

（4）听取意见的权利。

（5）要求赔偿的权利。

（6）受教育的权利。

（7）要求保障有益于健康的环境的权利。

中国消费者协会根据我国有关法规和政策，提出我国消费者应具有以下基本权利：

（1）了解商品和服务的权利。

（2）选择商品和服务的权利。

（3）求得商品和服务安全、卫生的权利。

（4）监督价格、质量的权利。

（5）对商品和服务提出意见的权利。

（6）受损害后索取赔偿的权利。

在传统的计划经济体制下，企业是国家行政机构的附属物，它的眼睛盯着上级领导机关，保证完成上级下达的生产任务，根本不必根据消费者的意愿和偏好、市场价格和供求信息去组织生产，从事经营，消费者主权无从谈起。改革开放以来，随着市场的发展，市场机制作用的扩大，企业开始变为一只眼睛盯着上级计划，另一只眼睛盯着市场，按市场和消费者需求组织生产，但市场体系仍需要完善，企业往往在市场疲软时想到消费者，市场兴旺时又忘了消费者。因此，要真正实现消费者主权，还有一段相当长的路要走。

启智润心 6-2　　**与时俱进筑牢消费者权益“防火墙”**

主播售假问题暴露出了直播带货的侵权乱象，网络游戏停服删档引发虚拟财产侵权争议，“价格刺客”有违明码标价诚信原则，预制菜产品品质及应用场景存在侵权隐患……中国消费者协会联合人民网舆情数据中心，根据事件涉及人群、波及范围、安全危害三个维度，发布了2022年十大消费维权舆情热点报告，引起关注。

一段时间以来，各地有关部门、消协组织采取畅通投诉渠道、倡导经营者压实主体责任、增强消费者维权意识与能力等举措，不断织密消费者权益保护网，消费者满意度稳步提升。数据显示，2022年，有近七成受访者对国内总体消费环境表示放心。但也要看到，当前市场上仍存在一些损害消费者权益的行为，既包括医美机构误导消费、不规范标价等老问题，也有直播售假、网游虚拟财产侵权等新问题。这对消费者权益保护工作提出了更高要求。

消费是畅通国内大循环的关键环节和重要引擎。在食品安全、产品质量等领域，一个消费侵权案例的发生，可能影响许多人的消费意愿。营造良好消费环境，维护好消费者权益，是提振消费信心、促进消费持续恢复的重要一环。《扩大内需战略规划纲要（2022—2035年）》着眼当前消费领域存在的新老问题，提出“建立健全适应消费新业态新模式发展特点的新型监管机制”“建立假冒伪劣产品惩罚性巨额赔偿制度”“完善多元化消费维权机制和纠纷解决机制”等具体举措，为进一步做好消费者权益保障明确了方向。

营造安全放心诚信的消费环境，需要加强全链条监管。一方面，要加强事前监管，对产品、服务质量和广告宣传等问题常抓不懈，压缩实施侵权行为的空间。另一方面，要强化社会监督，畅通维权渠道。《关于进一步释放消费潜力促进消费持续恢复的意见》提出，持续优化完善全国12315平台，充分发挥地方12345政务服务便民热线作用，进一步畅通消费者投诉举报渠道。多措并举降低消费者维权的门槛，在更大范围开展消费投诉信息公开试点工作，强化信用约束机制，形成遏制侵权行为的合力，才能持续改善消费环境。

资料来源 尹双红. 与时俱进筑牢消费者权益“防火墙”[N]. 人民日报，2023-02-13（5）.

思政元素：制度自信 权利意识 诚实守信

明理善行：市场经济是信用经济，在市场竞争日益激烈的今天，市场监管日益加强，消费者安全意识和辨别能力不断提高，种种漠视消费者权益行为的“消费陷阱”，最终会让侵权者自身陷入困境。我国正在多措并举降低消费者维权的门槛，进一步强化信用约束机制，持续改善消费环境，以更好满足消费者高层次、多样化的需求，释放消费活力、促进经济持续健康发展。

【小思考6-4】

恩格尔系数能表明一个社会的经济发展水平吗？

小思考6-4

分析提示

经济视野6-4 关于“节约悖论”

有这样一个有趣的故事：一群蜜蜂为了追求豪华的生活，大肆挥霍，结果这个蜂群很快兴旺发达起来。后来，由于这群蜜蜂改变了习惯，放弃了奢侈的生活，崇尚节俭，却导致整个蜜蜂社会的衰败。

蜜蜂的故事说的是“节俭的逻辑”，在经济学上叫“节俭悖论”。众所周知，节俭是一种美德，既然是美德，为什么还会产生这个悖论呢？

宏观经济学的创始人凯恩斯对此给出了让人们信服的经济学解释。他认为从微观上分析，某个家庭勤俭持家，减少浪费，增加储蓄，往往可以致富；但从宏观上分析，节俭对于经济增长并没有什么好处：公众节俭→社会总消费支出下降→社会商品总销量下降→厂商生产规模缩小、失业人口上升→国民收入下降、居民个人可支配收入下降→社会总消费支出下降……1931年1月，他在广播中断言，节俭将促成贫困的“恶性循环”，他还说“如果你们储蓄五先令，将会使一个人失业一天”。凯恩斯的解释后来发展成为凯恩斯定理，即需求会创造自己的供给。一个国家在一定条件下，可以通过刺激消费、拉动总需求来达到促进经济发展和提高国民收入的目的。

由于东南亚金融危机等因素的影响，我国经济发展从1997年开始步入困难时期，而与此同时，全国商业信息中心对我国市场主要商品供求情况的分析结果显示，1997年下半年供过于求的商品占31.8%，2001年下半年则升至83%，2002年下半年达到88%，几乎没有供不应求的商品。在这种情况下，我国政府依据凯恩斯理论，通过各种途径来拉动和刺激内需，如增发国债以大兴基础设施建设，实施“黄金周”的节假日政策以刺激旅游业的发展等。事实证明，这些政策对于帮助我国走出困境和提高收入水平起到了很大的推动作用。

当然，我们必须要科学地看待“节俭悖论”。“节俭悖论”的产生是有其特定的时空条件的，只有在大量资源闲置、商品供过于求、社会有效需求不足或存在严重失业时，才有可能出现这种悖论所呈现的矛盾现象。

经济学中有一个基本规律叫“合成谬误”，即当所有的局部都是正确的时候，全局往往会陷入错误。“节俭悖论”即是一个证明，当社会上每个人都节俭的时候，国民收入往往会下降，最终导致每个人生活水平都会下降。明白“节俭悖论”的内涵对于我国这样一个崇尚节俭的社会具有积极的意义，我们应该根据自身的收入水平适当消费，而不是一味地去节俭，这样对自身、对社会都具有积极作用。但是，“节俭悖论”并不是要求我们要选择一种奢侈的生活方式，我国是一个人口众多的国家，自然资源尤其是能源非常紧缺，非常有可能成为制约我国未来经济发展的主要因素，所以理性的选择是“有选择的节俭”，而不是一味的、不分场合的节俭。

本章小结

- 效用是消费者在购买或使用某商品时所感觉到的满足程度。满足的程度大，效用就大；满足的程度小，效用就小。在总效用达到一定的数量以后，从消费添增一个单位的某种物品中所得到的满足程度的增加就是边际效用。随着所消费的某一商品的量的增加，人们从中得到的额外的或边际的效用量越来越少，这一规律称为边际效用递减规律。

- 个人消费总是追求效用最大化的。效用最大化是指在消费者的收入固定及其面临着各种物品的既定市场价格的条件下，消费者必须使其用于每种物品的最后1元钱的边际效用相等。效用最大化是消费者选择的基础。

- 消费者偏好是一个很重要的影响购买动机的心理因素。在收入和价格一定的情况下，消费者的选择实际上就是按照自己的偏好顺序进行的。消费者的偏好程度可以用效用指数来表示，在一定值的效用指数下，可以有两种商品数量的多种组合，把这些组合排列出来就形成了无差异表，把这些组合用曲线图来表示就形成了无差异曲线。

- 收入、价格发生变动，消费者对商品的均衡购买（即消费者均衡）也随之发生变动。收入的下降会使预算线平行地向内移动，通常会引起物品购买量的下降。其他条件不变，一种物品价格的单独变动会引起预算线发生旋转，改变它的斜率。在一种物品的价格或收入发生变动之后，消费者均将得到一个新的最大满足的相切点，即新的均衡点，实现了消费者消费的效用最大化。

- 由于人们的生活有不同的需要，就要消耗各种各样的消费资料，因而产生了各种消费资料在全部消费中的不同比重或结构问题。随着社会生产的发展，人们的生活需要日益复杂和多样化，消费结构也就不断变化。一个家庭收入越少，总支出中用于购买食物的费用所占比重越大。随着消费者收入的增加，食物消费在总支出中所占的比重会下降，这一结论被称为恩格尔定律。

● 消费者选购商品的意愿和偏好通过市场传递给生产者，生产者按照市场反馈来的信息安排生产，提供消费者需要的商品和服务，这种关系被称为消费者主权。消费者主权被看作是促进社会资源有效配置的重要原则。

主要概念和观念

□ 主要概念

边际效用　边际效用递减规律　收入效应　替代效应　恩格尔系数　消费者主权

□ 主要观念

边际效用呈现递减规律。

消费者主权原则是促进社会资源有效配置的重要原则。

基本训练

1）选择题（单项或多项选择）

（1）消费者在使用某商品时，消费数量同效用的关系是（　　）。

A.消费愈多总效用愈大

B.消费愈少个别效用愈大

C.总效用达到一定数量后，添增的消费个别效用开始减少

D.总效用达到一定数量后，添增的消费个别效用开始增加

（2）在消费者收入一定的情况下，消费物品的价格变化会（　　）。

A.引发消费者偏好的改变　　B.出现消费物品的替代

C.消费不发生变化　　D.使消费物品的量增加或减少

（3）某商品消费量的减少是因为（　　）。

A.消费物品价格上涨　　B.消费者偏好发生变化

C.消费者消费了替代物品　　D.消费物品价格下跌

（4）人们接受教育所需要的生活资料属于（　　）。

A.发展资料　　B.享受资料　　C.生存资料

在线测评6-1

选择题

2）简答题

（1）何谓价格变动的收入效应和替代效应？

（2）何谓消费者偏好？三条偏好公理是什么？

（3）何谓消费者的预算约束？

（4）何谓消费结构？

（5）消费者效用最大化的条件是什么？

（6）无差异曲线的特点是什么？

（7）恩格尔系数的经济意义是什么？

3）分析题

（1）根据表6-2计算：

表6-2　　面包的消费量及其总效用和边际效用

面包的消费量	总效用	边际效用
1	20	20
2	30	
3		5

①消费第二个面包时的边际效用是多少？

②消费三个面包的总效用是多少？

（2）某消费者收入为120元，用于购买X和Y两种商品，X商品的价格P_X=20元，Y商品的价格P_Y=10元。

①计算出该消费者所购买的X和Y有多少种数量组合，各种组合的X商品和Y商品各是多少？

②做出一条消费可能线。

③所购买的X商品为4、Y商品为6时，应该是哪一点？它在不在消费可能线上？它说明了什么？

④所购买的X商品为3、Y商品为3时，应该是哪一点？它在不在消费可能线上？它说明了什么？

观念应用

有趣的消费者行为

刘大妈是位很会过日子的人，买东西从来都是精打细算，有一天，她带了27元钱去菜市场。她先买了菠菜、黄瓜和西红柿，花了15元钱，又买了黄豆和木耳，花了8元钱。一看钱包里只剩下4元钱了，刘大妈这时才觉得菠菜、黄瓜和西红柿买多了，于是找卖菜的想退掉一些。买了菜还能退货？好在卖菜的见刘大妈是老顾客，就退了她8元钱的菜。刘大妈于是花了12元钱买了一斤肉，心满意足地回家了。

我们分析一下刘大妈的消费活动。刘大妈带的钱是有限的，一共只有27元钱，她必须用27元钱满足她对各种菜的需要。菠菜、黄瓜、西红柿花了她15元钱，随着购买量的增加，边际效用减少了。想买肉而钱不够了，这时肉的边际效用就增加了。由于每元钱用于购买菜和肉的边际效用并不相等，刘大妈心理产生了不平衡，因此她想到去退货，以便重新将货币分配在菜和肉的购买上，后来她用退回来的8元钱，再加上剩下的4元钱，购买了12元钱的肉，这样每元钱用于购买菜和肉的边际效用就相等了，实现了消费者均衡。

问题：用经济学原理分析刘大妈的消费行为。

第7章 家庭经济行为

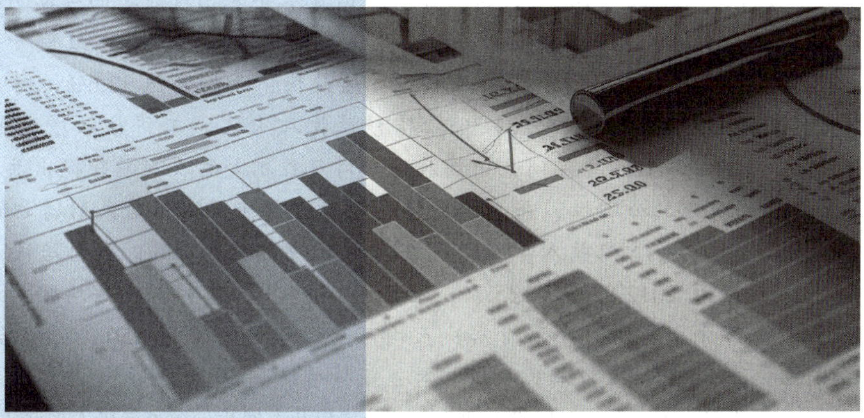

学习目标

知识目标： 掌握风险、人力资源投资、教育收益率等概念，了解影响家庭收入的因素，掌握家庭投资的基本方法。

技能目标： 能用所学理论分析我国当前教育投资热的现状。

素养目标： 树立正确的世界观、人生观、价值观，增强民族自豪感。

思维导图7-1

家庭经济行为

引例 经济发展与中国城镇居民收入变动

在中国城镇居民收入格局中，1990—2021年期间中国城镇居民家庭各项收入都有了很大提高。由于社会主义市场经济建立和完善极大地推动了经济快速增长，同时也促进了中国城镇居民家庭收入增长。但相比较而言，按照名义价格计算，家庭经营性收入和财产性收入增速最快，名义年均增长率分别高达21.2%和22.3%，远高于总收入增长率12.5%，转移性收入增长相对较慢，年均增长率分别为11.7%，略低于总收入增长水平，而工薪收入增长最慢，为11.6%。从细分阶段看，1990—2002年期间，伴随社会主义市场经济体制初步建立，生产积极性得到极大释放，特别是个体经济相对活跃，城镇居民经营性收入增速最快，年均高达25.1%，财产性收入和转移性收入次之，工薪收入增速最慢，增速仅为14.3%，这可能与中国资本要素相对缺乏而劳动力要素相对充沛的现状有关。2002—2012年期间，社会主义市场经济较为完善，政府开始注重收入分配的公平性，城镇居民经营性收入依然增速最快，年均高达22.6%，财产性收入异军突起，增长也很快且增速达21.3%，转移性收入次之，工薪收入增速最慢，增速仅为11.7%。2012—2021年期间，中国政府针对日益扩大的收入差距提出共享发展理念，注重居民收入分配公平性，并且长期持续高速增长使得城镇居民财富积累丰富。2021年城镇居民人均可支配收入47 412元，比2012年增长96.5%；农村居民人均可支配收入18 931元，比2012年增长125.7%。2013—2021年，农村居民年均收入增速比城镇居民快1.7个百分点。2021年城乡居民人均可支配收入之比为2.50（农村居民收入=1），比2012年下降0.38，城乡居民收入相对差距持续缩小。

资料来源　宁吉喆. 居民收入增长与经济增长基本同步，城乡居民人均收入比缩小［EB/OL］.［2022-01-17］. http: //www.gov.cn/xinwen/2022-01/17/content_5668913.htm.

家庭和企业是微观经济活动中的两个最基本的经济单位，企业通常被当作生产者看待。它虽然也是生产资料的消费实体，但其最基本、最本质的活动是生产。家庭则是微观经济活动的一个综合体，既有消费的职能，又有投资获取收入的职能。本章主要从投资角度考察家庭的经济行为。

作为消费者，家庭行为的基本目的是效用最大化。作为劳动者和投资者，家庭又追求收入最大化。随着我国市场化取向改革的深入发展，家庭收入水平快速提高，已经基本上改变了以往传统社会主义经济制度下只是纯消费单位的状况，投资愈来愈成为家庭经济活动中不可忽视的行为。

7.1 收入最大化

家庭，它首先是一个生活单位，是消费者。作为消费者，家庭行为的目的是效用最大化，这里的效用既有质的规定性，又有量的规定性。为了获取效用最大化，家庭的主要成员必然追求家庭收入最大化。

7.1.1　家庭收入最大化

一个家庭，要实现收入最大化，首先要力争劳动报酬最大化。为此，要争取具有劳动能力的家庭成员在社会上谋得一份薪水比较高的工作或选择工作。譬如当前，在不同行业之间，不同所有制部门和企业之间，其劳动报酬差异很大。同样工作一年，收入大不一样。因此，进行劳动岗位收入比较和选择对于家庭收入的多少具有十分重要的意义。另外，某些劳动者个人和家庭在取得了一项比较稳定的工作后，为了谋求收入最大化，又去寻找第二职业。我国实行改革开放政策之前，国有企事业职工不得不将第一职业的剩余时间都用在闲暇上，而现在职工则倾向于将第一职业的剩余时间用于第二职业。选择一份工作不容易，人们都喜欢更高的薪水，然而工作的很多特征差别很大。一些工作每周工作时数较长，另一些较短；一些工作的强度较大，而另一些则较轻松。除了薪水，不同工作还提供一些不同的福利。一些工作有旅行的机会，而其他一些工作则枯燥乏味。人们常常关心工作的刺激性，工作环境的优劣，以及在时间安排上有多大的自主性。

在选择工作时人们会注意到，一些大致类似技能的工作常常支付不同的工资。这是因为，一份工作还有着重要的非金钱或非货币的特征。在一些情况下，吸引一个人的东西对另一个人可能并无吸引力；一些人喜欢别人告诉他们去做什么，另一些人喜欢自己做决定；一些人看重工作环境，而另一些人则要求自由宽松。对吸引力较小的工作通常必须支付补偿性差额。一般说来，更看重收入的人们才选择那些脏、累、苦、险的岗位，以谋求补偿性差额。

影响家庭收入最大化的另一个重要来源是资产收入。它包括房屋的租金、银行存款利息、购买证券所得到的分红等。资产收入的多少又取决于资产规模。

除了劳动报酬、资产收入外，家庭总收入的形成还有一个来源，这就是转移收入。它包括亲友的赠金、父母留下的遗产。随着人们生活水平的提高，这一部分收入占家庭总收入的份额在逐渐提高。

综上所述，为使家庭收入最大化，需要在两个方面做出努力：一是充分利用家庭劳动的时间资源，用劳动换取收入，同时注意劳动岗位的选择和比较；二是注意将消费后的收入剩余进行投资，实现家庭资产增值。这实际上指的是工薪家庭。如果家庭同时又是生产单位，如城镇个体户和农村农户，那么家庭收入还有一个重要来源——利润。我国的农村家庭是一种典型的生产和消费相统一的单位。从生产者角度考察，农户作为一个相对独立的经济实体承包经营集体的土地和其他大型生产资料，按照合同规定自主地进行生产和经营。建立在家庭联产承包责任制基础上的农户，作为我国农业基本的生产经营单位，是独立的商品生产者和经营者，具有商品生产者和经营者应有的权利、义务和责任。任何行政单位无权干涉他们的合法经营，更不能损害他们的经济利益。在遵守国家有关政策和法令的前提下，农户有权从自身利益出发，根据市场情况，自主地选择经营方向和经营方式，从而实现自身收入最大化。从我国目前的状况来看，不承认或不维护农户是自主经营的商品生产者和经营者的现象是存在的，如随意向农户搞不合理摊派，随意提高农业生产资料价格，硬性确定农户种植方向甚至品种等行为，都严重地损害了农民利益。以上这些行为，在改革中必须加以纠正。

7.1.2 家庭就业规模与收入总量

不同家庭之间收入差别形成的重要原因之一是家庭就业规模不同，因为家庭收入最大化，既取决于家庭劳动成员个人收入最大化，又取决于家庭劳动成员数量或家庭就业规模。

根据国家统计局对1992年36 290户城镇居民家庭的调查，我们按5个收入等级分组，得到表7-1。

表7-1 1992年城镇居民家庭的就业与收入比较

项目	a.总平均	b.最低收入户	c.低收入户	d.中等收入户	e.高收入户	f.最高收入户
(1)户均人口数(人)	3.37	3.90	3.71	3.36	3.09	2.80
(2)户均就业人数(人)	1.95	1.74	1.90	2.01	2.01	1.90
(3)户均就业面(%)	57.86	44.62	51.21	59.82	65.05	67.86
(4)每户人均年收入(元)	2 032	1 127	1 409	1 977	2 767	3 663
(5)每户年总收入(元)	6 848	4 395	5 227	6 642	8 550	10 256
(6)家庭人均收入差别(b=1.00)	1.80	1.00	1.25	1.75	2.46	3.25
(7)家庭总收入差别(b=1.00)	1.56	1.00	1.19	1.51	1.95	2.33

资料来源 国家统计局. 中国统计年鉴（1993）[M]. 北京：中国统计出版社，1993：287.

由表7-1可见，1992年城镇居民家庭人口规模的大小、户人均收入、总收入的高低排序正好相反：人口规模越大，家庭的人均收入、总收入水平越低；人口规模越小，家庭的人均收入、总收入水平越高。这种反向变化即是就业规模的差别所致。表7-1中第（1）项从b到f，数量渐次变小，第（2）项从b到d渐次变大，第（3）项从b到f渐次变大，以下第（4）、(5)、(6)、(7）项从b到f均是渐次变大。可见，城镇居民家庭人均收入、总收入的差别产生于就业规模的差别，一个家庭，有工作的越多，挣钱的人越多，家庭人均收入、总收入也就越多。这是家庭收入差别形成的一般规律。

这个规律的适应性在中等收入户、高收入户和最高收入户之间稍有出入。首先，中等收入户和高收入户的就业人数都是2.01人，没有差别，但它们之间的人均收入、总收入有差别，这种收入差别不能单纯用就业规模差别来解释；其次，最高收入户的就业人数为1.9人，比高收入户少0.11人，但它的人均收入、总收入均高于高收入户，而且高出的幅度很大，这也说明单纯的就业规模差别不能完全解释家庭人均收入、总收入的差别。由此可以推论，城镇居民家庭收入差别的形成还有其他非就业因素，而在社会主义制度下，差别的形成主要是就业因素。

7.1.3 家庭规模与收入总量

假定一对新婚夫妇都懂得计划生育的道理，并且想就家庭规模做出理性决策，他们就要算经济账。

每要一个孩子，妻子要离开工作10个月——生孩子前4个月，生孩子后6个月。她的工资是每月1 000元，这样为一个孩子就花费了10 000元。接着是以后18年的衣食费用，以及要支付的从小学到大学的教育费用等。在仔细权衡了每多要一个孩子的收益和成本之后，他们决定要一个孩子。

一般家庭并不是这样做出关于要孩子的决策的，但经济学家认为，虽然大多数家庭可能只是很模糊地意识到这些，但经济的考虑确实进入了这些最具私人性的决策。经济学家不能解释为什么一个家庭有一个孩子而另一个家庭有三个孩子，然而经济学家观察到，平均而论，具有更高实际收入的妇女有更小的家庭。对于年龄相同的妇女，孩子多的妇女的收入要低得多。

对上述关系有几种解释。

一种解释是，当要孩子的机会成本（机会成本是指人们放弃一种机会而由此放弃的收入或放弃一种机会而由此可能遇到的损失）较高时，家庭会决定少要一些孩子，显然，生育妇女的工资愈高，生一个孩子的机会成本愈高。根据这种观点，高工资收益“导致”小家庭规模。

另一种解释是有大家庭之累。即子女多的妇女会把更多的精力用在家务上，因此用在工作上的精力就更少。当小孩生病时，她们可能更经常地缺勤。根据这种观点，大家庭导致了低工资。

由于我国曾经实行了比较严格的计划生育政策，似乎没有多少人算要孩子的经济账，但孩子的多少或家庭规模的大小的确同家庭的经济收入有着密切的关系。有人分析我国农村家庭，特别是贫困落后地区农村家庭之所以愿意多要孩子，就是因为不仅要一个孩子的机会成本低，而且把孩子抚养成人的总成本也很低。这种经济学分析不无道理。

7.1.4　纳税与家庭可支配收入

一个家庭，在获得所有的收入，包括工薪、资产收益和其他形式的收入后，还必须拿出一部分向政府缴税。因为，个人和家庭之所以能够安居乐业，能够安享自己购买的东西外还消费公共物品，与国家为你提供国防、安全、道路和其他公共服务有关，而生产和再生产国防、安全、道路和其他公共服务需要开支，为了满足这些开支，国家必须向个人和家庭征税，因而每一个个人和家庭都有向国家缴纳税款的义务。纳税是对家庭总收入的必要扣除，我们把扣除了纳税项目的家庭收入叫作家庭可支配收入。所谓家庭收入最大化，严格来说应该是家庭可支配收入最大化。

纳税是每一个家庭责无旁贷的大事，是一项应该具有法律强制效力的义务。社会应建立个人-家庭申报税制度，谁不向国家申报收入并根据规定纳税就是非法的。到目前为止，我国的个人-家庭所得税法还不健全，纳税还未成为中国人及其家庭的自觉行动。随着社会进步和人们收入水平的提高，一个强制性的个人-家庭收入纳税制度必然要建立。

由于个人-家庭收入纳税制度是一个十分复杂的体系，同样人口规模和收入的家庭会因是双职工还是单职工而有所不同，一笔跨年度的收入项目是计入总收入高的年份还是计入总收入低的年份，其纳税金额是不同的。还有，如何安排收入抵付债务的项目，在从事家庭经营活动时什么类型的消费资产可以计入生产成本以减少应纳税收入规模，以及父母遗产怎样在子女中分配等，都可能影响家庭收入中用于纳税的份额。从家庭的角度看，理性的行为是使纳税份额缩小，家庭可支配收入扩大，但必须是在税法许可的范围下进行。任何完备的税法都有一个“边缘”的问题，有的项目，从一个角度理解需要纳税，从另一个角度理解则可以不纳税或少纳税，这就给家庭可支配收入最大化留下了一个可以活动的空间。这个行为与偷税、漏税的违法行为是不同的，它以守法为出发点，并且只是在税法的“边缘”寻找既与法律条文一致又有利于家庭收入最大化原理实现的合理解释。关键在于，社会如何使所有个人和家庭追求可支配收入最大化的行为在一套完备的、有约束的法律规范下行使。

启智润心 7-1　　依法纳税是每个公民应尽的义务

《中华人民共和国宪法》第56条规定：“中华人民共和国公民有依照法律纳税的义务。”这是宪法规定的我国公民必须履行的一项基本义务。国家对违反税法，不履行依法纳税义务的，就要按税法规定进行行政、经济处罚；情节严重的还要按照《中华人民共和国刑法》的规定，追究其刑事责任。

我们身处于社会主义国家，社会主义国家是人民当家作主的国家，代表着最广大人民的利益；社会主义税收是“取之于民，用之于民”。

在我国，国家利益、集体利益、个人利益在根本上是一致的。国家的兴旺发达、繁荣富强与每个公民息息相关；而国家职能的实现，必须以社会各界缴纳的税收为物质基础。

根据权利与义务相统一的原理，公民在享有国家提供服务的同时，必须承担义务，自觉诚信纳税。人民是国家的主人，税收的征管和使用关系到国家的发展和纳税人的利益。

作为马上步入社会的大学生，我们更应该自觉树立纳税意识，做到自觉依法诚信纳税，积极行使纳税人权利。同时要增强对国家公职人员及公共权力的监督意识，以主人翁的态度积极关注国家对税收的征管和使用，对贪污和浪费国家资财的行为进行批评和检举，以维护人民和国家的利益。

资料来源　佚名. 依法纳税是每个公民应尽的义务［EB/OL］.［2022-03-19］. https://mp.weixin.qq.com/s? __biz=MzIwMTAyMjExMA== &mid=2658887519&idx=1&sn=3048c707ca3410a04cff3b4f4363030f&chksm=8d7b88aeba0c01b8b89450e7057628b6ac93b4e51f8997e4d5ee4de630f9da08e08d0d8478fd&scene=27.

思政元素：法律意识　法治观念　责任意识　诚实守信

明理善行：大学生，特别是有创业梦想的大学生，一方面要积极了解国家创新创业税收优惠政策，另一方面则要增强纳税意识、树立诚信纳税观念。只有在心中种下依法诚信纳税的“金种子”，才能助力实现个人梦想，为国家经济稳健发展汇入个人正能量。

小思考7-1

分析提示

【小思考 7-1】

脏、累、苦、险的岗位为什么要给予补偿性差额报酬？

7.2 家庭投资决策

家庭除具有生活消费的职能外，又从事一些投资活动，即具有一定的生产职能。除了人口的生产以及为此而付出的费用是由家庭承担以外，家庭还从事一些营利性生产活动。目前的农业生产基本上是以家庭为单位展开的，城镇私人业主和个体户家庭与农民家庭相似，他们都从事直接生产和贸易活动，都通过直接生产投资活动来达到营利目的。在城镇，还有一类家庭，其成员不从事直接生产和贸易活动，除了消费活动外，也进行营利性投资，但是这种投资不是与直接生产过程相结合，而是以金融业为对象的货币资本，本节我们研究家庭的投资行为，主要对象不是具有企业性质的那一类家庭，而是只在金融领域从事货币资本经营活动的家庭。

7.2.1 家庭投资的一般形式

第二类家庭获得的可支配收入首先是用来购买家庭成员所需要的消费品。在消费之后，可能会有一定收入剩余。如何处理这个剩余？即采取用钱生钱的行为，也就是所谓的家庭投资行为。

用钱生钱，这是一个资本行为，而不是一般的货币行为。资本是带来利润（剩余价值）的价值。如果一笔钱只是在不同的经济当事人之间简单地转手，所有者未从转手行为中得到利润，即钱没有生出更多的钱，那么它就只是货币而已，不是资本。如果这笔钱在转手行为中带来了利润，那么它就成为了资本。

在第8章中我们提出，与购买、生产、出售三个阶段相适应，资本依次采取货币资本、生产资本、商品资本三种形式，就家庭投资而言，资本运动形式更为简单，其一般公式是：

G-G′

它不但比产业资本运动要简单得多，而且比简单化了的商业资本运动还要简单，因为它没有商品作为中间环节，直接用钱生钱。式中的G表示投入货币，G′表示含有利润的货币收入。因此，家庭投资的资本是一种货币资本。

7.2.2 保险性投资与风险性投资

家庭如何使货币变成资本，即如何投资？首先要在保险和风险之间做出抉择。

将钱存入银行是最保险的，因为你无论选择哪一种存款形式，都可以得到一个在一定时期内固定不变的利息。因此，向银行投资是一种保险性投资。但是这种保险性投资并不等于是保值的，也可能出现因高通货膨胀率形成的实际本金损失情况。

为了避免因高通货膨胀造成的损失，可以考虑的选择是将钱投入回报率高于通货膨胀率的投资领域，包括投资股票市场、国债市场、期货市场，也可以以入股形式参与企业投资，或购置可以出租的物业性资产。就股市、债市和期货而言，回报一般是比较高的，但股票等证券投资是有风险的，因为这些项目的投资具有投机的性质，就像赌博一样，输和赢对于你个人而言概率各占50%，如果操作不熟练，就有可能100%输，以致造成血本无归的后果。但是，风险大的投资回报也高。

7.2.3 投资及风险分散决策

经济课堂7-1

投资及风险分散决策

个人和家庭投资，从根本上说资产选择的目标是在把风险约束在最低程度的条件下使利润（或收益）达到最大化。

所谓风险，在经济学意义上，是与资产投资相联系的，它是指投入一定的货币本金在未来一个时期内发生亏损的可能性以及可能获得的收益大小的概率分布状况。在市场经济条件下，投资风险是不可避免的。但一般来说，风险越大的投资，可能得到的收益或可能蒙受的损失越大。这种风险与回报或损失之间的关系就构成了风险机制。

在现实中，由于风险投资结果的不确定性，人们对于风险的态度也是不一样的。有些人属于风险爱好者，他们对于风险的态度是，不怕风险，大胆决策，但又不盲目决策。另一些人则属于风险厌恶者，他们要么观望，不敢作任何投资选择，要么在对一项风险投资进行决策时，同时进行投资保险。

然而不管怎样，要完全避免风险总是不现实的。因此，一般的投资决策者在决策时，首先要有风险观念或意识，也就是在投资时不要只盯住有无风险或风险大小，而应研究如何防范风险、控制风险，以求实现最大的收益。现代经济学给我们提供了这样的方法，即资产分散化决策。

所谓资产分散化，打个简单的比方，就是人们常说的“不要把所有鸡蛋都放在一个篮子里”。由于资产的形式是多样的，而且在每一种资产形式中，可选择性也是很大的。对于任何资产来说，都是存在风险的，投资者要求获得有保证的收益最大化，他会发现分散资产是分散风险或避免风险的最佳选择。下面的例子可以帮助我们理解资产分散这一概念。

例如，某货币持有者正在考虑把1 000元人民币投向下述两个公司，其中A公司专门生产西装，B公司专门生产外穿的羊毛衫。假定两个公司现在都正在出售每股100元的股票，而且各有50%的专家对明年流行的外装是西装还是羊毛衫做出预测，那么，该货币持有者怎样投资才是明智的呢？

不妨先来看他只投资于其中一个公司的情况。假如明年确实流行的是西装，那么A公司的股票每股就会值200元，而B公司的股票每股只值50元；如果明年流行的是羊毛衫，上述两公司的股票价值的情况就会正好反过来。现在假定货币持有者把全部投资都用于A公司或者B公司的股票，按照概率分布原则，他都有50%的机会得到2 000元人民币，从而其预期收入均为1 250元。

再来看另一种选择方案：货币持有者各拿500元人民币购买A、B两公司的股票。其结果怎样呢？如果明年流行西装，他将从A公司获得1 000元，同时也可以从B公司获得250元；如果明年流行羊毛衫，总收入也是一样的，即1 250元。显而易见，在按上述第一种方案投资时，其2 000元报酬的可能性虽然存在，但500元的蚀本风险也同样存在（1 250元只是一个按概率计算的预期收入）；然而，在按第二种方案投资时，不管明年流行西装还是羊毛衫，1 250元是他确定可以得到的收入。这表明，分散投资使风险也分散化了，同时，预期收入不仅不变，且确定无疑地可以获得。

从上述例子可以看出，资产分散化不过是投资者为了尽可能地避免风险，获得最大的有保证的收益而采取的一种资产有效组合方式。

从投资组合的角度来讲，下述几种方法是分散化投资决策所常用的：

1）三分法

三分法，即根据可投资的总资金，各以1/3投在银行存款及有确定收益的证券、股票和不动产三个方面。这是一种最简易的分散投资法，但是，在不动产上的投资，不仅资金需要量较大，而且要求投资者必须具备一定的知识。由于许多投资者并不一定具备这些条件，因此他们宁愿选择二分法。

2）二分法

二分法是资金有限的投资者常用的方法，即只把投资投在存款及具有确定收益的债券与股票两种资产之上，前者称为"守势部分"，后者称为"攻势部分"。至于具体的投资划分，一般是规定其中一部分的投资最高不超过总投资的75%，最低则不低于25%。这样划分的目的在于避免过分集中于某一种投资，以便分散风险。

3）"金字塔"式投资

前边讲的鸡蛋和篮子的观念很简单，但在期货市场上就有千变万化的可能。有人认为分散投资就是简单地将资金分别投在不同的期货合约上，其实这并不一定是正确的。可行的操作方式是把投资分为三份：最前沿的1/3用于最有把握的期货合约上，且最好不要一次投资在三种以上的不同合约；第二层用作加码的砝码，亦即根据第一层的投资收益趋势拟将追加的部分；第三层则是作为"救火队"，即预防万一蚀本时的补偿性投资。这种方法强调的是"不要一次把所有的资本都砸进去"。

4）风险报酬法

这种方法是以风险报酬率为标准，评价和选择投资项目。所谓风险报酬率是指某项风险投资预期盈利率与无风险投资的预期盈利率之差。对一般投资者来说，大家都具有厌恶风险的倾向。所以，除非风险投资比无风险的投资可以获得更高的盈利率，否则投资者是不愿去冒险的。但是，对于风险报酬率的计算，许多人认为带有较大的主观性，它主要是由投资者根据各自的经验自行确定的。因此，这种分散投资法虽然在理论上是成立的，但在操作上是困难的。

投资的方法还有许多，这里不再一一详述。总而言之，在有风险存在的条件下，作为个人和家庭的投资者不仅仅是要追求最大收入，更要追求有保证或能实现的最大收入。而要达到这一目标，资产分散化被认为是一种明智的决策。

7.2.4　长期投资的选择及人力资本投资

家庭投资经常会面临短期和长期的抉择，不管是参与现行的储蓄还是将钱投向证券市场，都需要考虑是做短期打算还是做长期打算。以银行储蓄为例，有活期和定期之分，也有年数多少之分。为了生息，应尽量减少活期，活期数量只要能满足一年之内的经常性开支即可，增加定期存款比活期存款更有利，因为定期利率高于活期，定期越长利率也越高。但是，由于未来的不确定性，尤其是汇率和通货膨胀率的变化而导致币值的不稳定性，又使得货币化长期投资也存在风险。如果你在银行有一笔存期为五年的款项，这期间人民币对美元汇率贬值一倍，即由1美元兑8元人民币变成1美元兑16元人民币，即使五年期存款年利率为10%，到期取款时，你所取得的人民币与美元相比实际上损失了50%。如果汇率不变，但五年后物价涨了一倍，到时你所取出的货币的实际价值也要减少一半。这里的问题不是长期投资本身不合理，而是投资选择失当。在上述汇率和通货膨胀率变化的情况下，如果你将人民币兑成美元后进行长期储蓄，其损失就可以避免。

问题是，美元也不是永远稳定的。1994年美元兑日元急剧贬值就证明美元也并非最好的可以保值的长期投资手段。作为可以保值的长期投资形式通常认为主要有两种：一是黄金；二是物业，特别是房地产。但是这两个领域的投资需要一定的规模，本金要求比较大，尤其是房地产投资，对于一般家庭而言基本上没有能力问津。在我国，房地产投资多数是一种企业行为，除了少数富裕家庭有能力在市郊和旅游胜地购买别墅。随着住宅商品化改革的不断深入和居民收入水平的提高，住宅投资成为了一般城镇居民家庭的行为。应该说，房地产投资是一项有保值和增值潜力的投资。

在家庭投资项目中，还有一项十分重要的长期投资，即人力资本投资或教育投资。

马克思早在《资本论》中就指出：要改变一般人的本性，使他获得一定的劳动技能或技巧，成为专门的劳动力，就要有一定的教育或训练，而这就得花费或多或少的商品等价物。劳动力的教育经费随着劳动力的性质的复杂程度而不同。1960年美国经济学家舒尔茨在出任美国经济学会会长时，发表了《人力资本投资》的就职演说，提出：人力，包括人的知识和人的技能的形成是投资的结果，对人力投资带来的收益率远远超过一切其他形态投资的收益率。

所谓**教育收益率**，是指教育的收益的现期价值与个人获得教育的成本的现期价值之比。因此，要了解教育收益率先要弄清什么是教育的成本和教育的收益。教育的成本主要有两类：一是教育费用，由政府拨出的费用和个人家庭负担的学费；二是学生放弃的收入，是指学生由于上学而可能放弃的收入，即上文提到的机会成本。例如，初中毕业生面临着两种机会：一是上学；二是就业。如果学生选择上学，那么他会放弃选择就业所得的收益。这里的教育的收益主要是指受教育者个人在经济上的收益。这种收益包括：

（1）个人未来的较高收入。这就是说，个人多受一年教育，个人未来的收入就比不受这一年教育的收入有所提高。

（2）个人未来较合理的支出。此即假定受过教育的人与未受教育的人相比，由于学识提高，在安排个人和家庭的支出时能够比较合理，从而使每1元支出更有效，这也等于增加了收入。

（3）个人未来较大的职业机动性。此即假定受过教育的人与未受教育的人相比有较多的机会更换职业，以取得较多的收入，或者有较大的工作适应能力。

在上述三个方面的个人经济收益中，比较易于计算的是第（1）项，因此在计算教育收益率时，通常只考虑第（1）项。

教育收益率是个人和家庭判断受教育在经济上是否有利的标准。这是因为，既然教育被作为一项投资（人力资本投资），投资者就会根据教育收益率的大小，以及教育收益率与其他投资的收益率的对比，做出是否上学的决定。

学生中学阶段以后，教育成本明显增大，进入大学后，个人用于教育的费用提高，因年龄增大，上学所放弃的收入也越来越大，所以学生年龄越大，面临的升学与就业的选择上的矛盾就越尖锐。既然如此，为何还有成千上万的人想读大学，攻读硕士、博士学位呢？主要原因是人们对未来教育投资报酬率有着高的预期，认为今后中国劳动者之间的收入差别将首先取决于受教育程度的差别，今后受教育水平高的人将成为薪水高的人。因而，从个人和家庭来看，教育投资是一项有利可图的人力资本投资。

思政课堂7-1

教育公平是社会公平的重要基础

个人和家庭除了以营利为目的货币资本投资外，还要进行某些非营利性的投资活动，如购买人寿保险和健康医疗保险等。

【小思考7-2】

教育被视为人力资本投资的实质是什么？

小思考7-2

分析提示

经济视野7-1　　社会经济补偿与帕累托改进

经济学家们认为，社会应当寻求那些至少不损害其他人的利益而能改善某些人境况的改变。如果满足这一条件的改变得以实现，这种状态就被称作帕累托最优状态，或帕累托改进。因此，“如果具体的改革措施会带来社会总财富的增加，但同时会导致社会中的一部分人利益受损，此时，受益者或社会有责任适当补偿（赎买）受损者”。

借助帕累托改进这个分析视角，对妥善处理改革中涉及例如家庭和个人主体等方面利益受损情况，很有指导意义。

本章小结

- 家庭是微观经济活动的一个综合体，既有消费的职能，又有投资获取收入的功能。随着我国市场化取向改革的深入进展，投资获取收入愈来愈成为家庭经济活动中不可忽视的行为。
- 为使家庭收入最大化：一是要充分利用劳动换取收入，同时注意劳动岗位的选择和比较；二是注意将消费后的收入剩余进行投资，实现家庭资产增值。
- 家庭就业规模是影响家庭收入总量的重要因素。家庭收入最大化既取决于家庭成员个人收入最大化，又取决于家庭劳动成员的数量，即家庭就业的规模。家庭规模的大小同家庭的经济收入也有着密切的联系。家庭规模大并不一定就业规模大，现实中的大家庭低工资现象就是证明。因此，家庭要孩子应算经济账。
- 纳税是对家庭总收入的必要扣除，也是家庭对社会的义务。扣除了纳税项目后的家庭收入叫作家庭可支配收入。所谓家庭收入最大化，严格说来应该是家庭可支配收入最大化。
- 家庭投资的基本行为是用钱生钱，即采取货币资本形态，一般公式是：$G-G'$。
- 个人和家庭投资，从根本上说其选择的投资目标是在把风险约束在最低程度的条件下使利润（或收益）达到最大化。现代经济学给我们提供了这样的方法，即资产分散化决策。

● 在营利性投资方面，既要对风险和保险做出选择，又要对时间和空间、短期和长期做出选择。在长期投资中，教育投资是家庭的一个重要经济行为。

主要概念和观念

□ 主要概念

风险　教育收益率

□ 主要观念

人力资本投资带来的收益率远远超过其他一切形态投资的收益率。

基本训练

1）选择题（单项或多项选择）

（1）一般说来，家庭收入差别形成的原因有（　　）。

A. 家庭规模，即家庭规模大，收入就高

B. 家庭成员受教育程度

C. 家庭就业规模

D. 家庭就业的劳动成员个人收入最大化程度

（2）市场经济条件下投资的风险（　　）。

A. 可以完全避免　　B. 不可避免

C. 可以分散　　D. 可进行投资保险

在线测评 7-1

选择题

2）简答题

（1）简述投资风险分散化决策及其方法。

（2）家庭收入最大化的主要行为有哪些？

（3）什么是家庭投资的一般形式？什么是保险性投资与风险性投资？

3）分析题

结合原理分析当代教育投资热现象。

观念应用

家庭应怎样做到合理理财？

任何人都有可能面对失业、生病、丧偶，以及经济下滑、股市下跌和生意破产等生活困境。为了使自己面对任何困境都能心安，你有必要建立一项应急基金来帮助家庭渡过难关。

建立一项应急基金只要按照下面4个步骤，你就能平稳度过生活中的突发情况了。(1) 弄清你的开支。列一张清单，把你的租金/抵押贷款、水电费、信用卡支付、日常用品开销、汽油费和娱乐开支都算进去。把这些费用加起来，乘以3，这就是你3个月所必需的生活费。你的应急账户里的钱应该不少于这个数字。(2) 自动为应急基金账户存钱。这笔钱不用很多，高于200元就行。(3) 把应急基金和日常开销分开来。大多数人没有应急基金的主要原因是他们每个月都有所谓的“紧急情况”要应付。把你的应急基金和日常账户分开来，那将有助于你在使用应急基金之前三思。(4) 为你的应急基金找到最高的利率。你的应急基金不挣利息就像把它们埋到你家后院一样糟糕。

每个月你从薪水中取出最少200元存入应急基金账户，你就不会在遇到意外的紧急情况下措手不及，这是一笔合理的投资。

问题：结合自己的实际，分析怎样做到合理理财？

第8章
企业生产行为分析

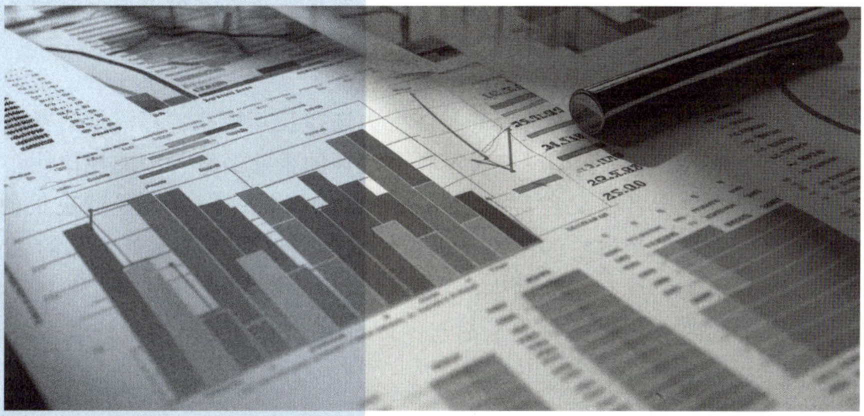

学习目标

知识目标： 掌握生产函数、企业生产成本、企业家精神及成功的制度环境，掌握收益递减规律，了解各种成本在企业决策中的作用，了解企业在投资决策中应注意的问题。

技能目标： 能用所学理论对企业的投资行为做出可行性论证。

素养目标： 树立法治观念，提高诚信意识。

思维导图8-1

企业生产
行为分析

引例 会议的机会成本

企业经常忽略考虑它们的一个最重要的机会成本，这就是它们的高级雇员的时间。根据一家私营机构对美国最大的1 000家企业的200名老总所做的调查，老总们估计在他们每天的工作时间中，平均15分钟用于打电话，32分钟用于阅读或抄写不必要的备忘录，72分钟用于不必要的会议。假设这些老总们每年的平均工作时间是48周（休假4周），每周工作5天，那么他们用于打电话的时间就是60小时，读写备忘录用128小时，而不必要的会议就占288小时！

无可否认，每个会议都具有一定目的，通常我们只能在会后对会议的必要性下结论。要命的是，企业在安排会议的时候，常常因为不必为参加会议的人额外付钱，便相信会议的成本为零。它们忘了，如果不开会，这些薪水很高的老总们会去做别的有用的事情。

上一章我们研究了消费者的经济行为选择及其规律，搞清了消费者主权对企业行为的决定性作用，本章我们继续考察具有理性的企业经济行为的规律性。

企业即生产者，又称厂商，是指能够做出统一的生产经营决策的单个经济单位，是作为消费品生产供给的主要行为主体。厂商既可以是生产产品的企业，也可以是提供服务的企业。具有理性的生产者的行为目的是实现利润最大化。经济利润是总收益与总成本的差额，收益与成本都与生产有关，企业生产决策涉及生产的投入、产出及成本。

8.1 企业追求利润最大化

在社会主义市场经济条件下，企业是从事商品生产、经营或服务活动，创造商品使用价值和价值的独立核算、自负盈亏的法人单位。它不仅要生产效用，提供有用的物品和服务，而且必须创造价值，实现价值增值。企业是一个营利单位。

8.1.1 企业生存的基本条件

企业的生产经营必须具备土地、劳动力、资本、技术和信息等基本要素。企业通过对这些生产要素的组织、管理和经营而形成收益的同时，不仅要补偿所消耗的原材料的价值，还要支付占有和使用这些基本要素的费用，即使用土地需付租金，雇用劳动力需支付工资，占用资本需支付利息，使用技术和信息或技术创新需支付开发费用等。上述支出统称为生产经营成本。如果企业生产经营的收入支付上述生产成本后有剩余，即创造了新的价值，其中一部分转化为利润，企业就可以以此扩大生产经营规模或增加新的投资项目，实现扩大再生产，如果生产经营的收益不能支付上述生产成本，即出现亏损，当亏损到资不抵债时，企业就不得不宣布破产。

综上所述，企业不仅是营利单位，还必须最大限度地创造更多的利润，才能实现企业的生存和发展，企业生产经营的动机是要追求利润最大化，力争用尽可能少的投入换取尽可能多的产出，以尽可能低的成本换取尽可能高的收益。企业的生产经营行为，从根本上说，就是追求利润最大化行为。

8.1.2　产品、产量与投入

利润是产出总收益与总支出（或总成本）的差额，**利润最大化**首先表现为总收益的最大化，总收益表现为产品产量、产值及收入。

企业生产活动的直接有效成果称为产品。表明产品的效用、使用价值大小，用实物单位表示的产品数量称为产量。表明产品的价值，用货币单位表示的产品数量称为产值。产量与产值，是分别用实物单位和货币单位对产品数量的衡量，是经济核算的不同需要，二者没有实质性的差别。

作为生产者的企业，为了达到利润最大化目标，它必须首先实现产量最大化。企业的投资计划，首先应当是一个最优产量计划，尽管由于种种原因的限制，实际的选择往往不是最优，而更多是次优，但是这个次优又可以理解为在一定条件约束下的相对最优，制订一个相对最优的产量计划并将这一计划付诸实践，对于企业来说是至关重要的。

利润来源于产量或产出，利润最大化要求产量或产出最大化，而一定的产量或产出又是一定投入的结果，离开了投入，企业就无法展开经济活动。

投入是指企业用于经济活动中的物品和劳务，我们把所有这些物品和劳务叫作总投入。总投入可分成不变投入和可变投入两类：不变投入是指一定时期内其数量不发生变化的投入，如厂房、机械设备等；可变投入是指一定时期内其数量发生变化的投入，如燃料、原材料和雇用工人数量等。

小思考 8-1
分析提示

【小思考 8-1】

谈一谈现代企业如何实现利润最大化。

8.2　生产理论与技术创新

实现利润最大化要涉及生产问题的两个方面：一个是生产技术方面，指投入的生产要素与产量之间的物质技术关系；另一个是生产的经济方面，指成本与收益之间的经济关系。经济学在研究实现利润最大化中更侧重成本与收益的经济关系分析。

8.2.1　生产函数

经济课堂 8-1
生产函数

企业生产离不开投入。一定投入究竟能得到多少产出呢？如农场拥有一定数量的土地和劳动，能够得到多少产出呢？实际上，其答案取决于技术状况和管理水平。在任何时点上，给定可使用的技术知识和可使用的劳动、机器和肥料，从一定数量的土地上仅仅能够得到一定数量的产品。

我们把生产所需要的投入量和能够得到的产出量之间的关系称为“生产函数”，**生产函数**是指能够生产出来的最大产出量与生产这一产出所需要的投入之间的关系。经济学将这种直接相关关系用数学方式表达，即所谓生产函数。生产函数是对一定的技术知识状况和管理水平的界定。生产技术水平和管理水平越高，一定投入所得到的产出越高；生产技术水平和管理水平越低，一定投入所得到的产出越低。生产函数可描述企业在一定的生产技术水平和管理水平下生产不同数量的产品同有关生产要素的各种组合。生产函数可用表格、图形和方程来表示。

如果用Q代表总产量，用L代表劳动，K代表资本，N代表土地，E代表企业家才能，则生产函数的公式为：

Q=f（L、K、N、E）

在其他投入不变的情况下，如果产量的变化决定于一个可变投入，比如劳动，我们得到的是一元生产函数；如果产量的变化决定于两个可变投入，比如劳动和资本，我们得到的是二元生产函数；如果产量的变化决定于多个可变投入，我们得到的就是多元生产函数。

从企业的生产函数出发，我们需要计算总产量、平均产量和边际产量等指标。总产量是指生产出来的，用实物单位衡量的产出总量；平均产量是指总产量除以全部投入所得到的结果；边际产量是指在其他投入不变的情况下增加一个单位的投入所增加的额外产量或产出。

例如，某农场在其他生产条件不变的条件下，投入的劳动量与其产品总产量见表8-1。

表8-1 劳动量与总产量关系

投入劳动量（工时）(1)	总产量（千克）(2)	边际产量（千克）(3)	平均产量（千克）(4)
0	0		
1	2 000	2 000	2 000
2	3 000	1 000	1 500
3	3 500	500	1 167
4	3 800	300	950
5	3 900	100	780

依据表8-1中数据可分别绘制劳动量与总产量关系曲线即总产量曲线（如图8-1所示）及劳动量与边际产量关系曲线即边际产量曲线（如图8-2所示）。

8.2.2 收益递减规律

上例可比较每增加一个单位的劳动投入所得到的边际产品数量的多少，不难看出，劳动投入的每单位增加所带来的产量（边际产品）越来越少；又如边际产量曲线（如图8-2所示），在其他条件不变的情况下，随着某一投入量的增加，每一单位该种投入的边际产品会下降，通常我们把这一现象称作收益递减规律或边际产品递减规律。

之所以将这一现象称为规律是因为该现象带有一定的普遍性，不仅农产品生产的投入与边际产品之间的关系如此，其他产品的生产投入与边际产品也大都如此，不仅劳动

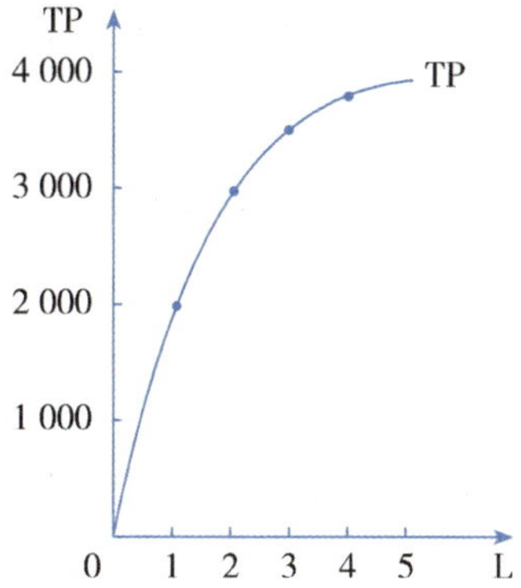

图8-1 劳动量与总产量关系曲线

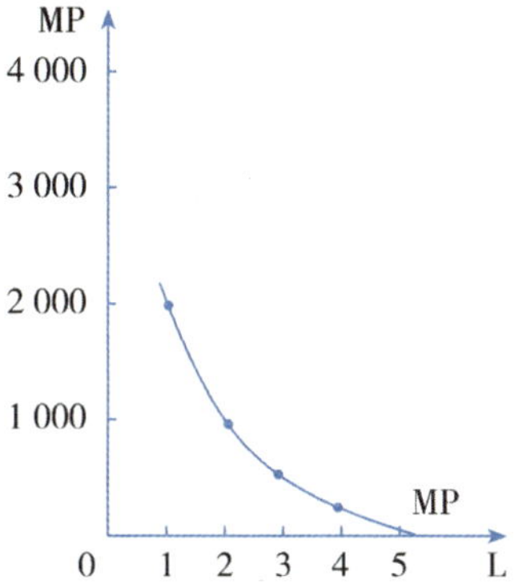

图8-2 劳动量与边际产量关系曲线

量投入与边际产品的关系如此，其他投入也显示收益递减规律，我们可以计算出每一种投入（劳动、土地、机器、水和肥料等）的边际产品，而且，边际产品适合任何一种产品（小麦、玉米、大豆等），我们还会发现，其他投入也趋向于显示边际产品递减规律。

在把边际产品递减规律运用到生产上时，我们必须强调，该规律只是一条广泛观察到的经验性规律，而不是像地球引力规律那样的普遍真理。在许多经验研究中都发现了这一规律。但是，也发现了不符合这一规律的例外。另外，边际产品递减规律可能并不适合所有的产量水平。最初的劳动投入可能实际上表现出边际产品的递增，这是因为，需要几分钟时间使机器运转起来，也需要把工人运送到工作场地上去。同时，最后一批劳动投入可能实际上表现为负的边际产品，如太多的水会使作物窒息。因此，我们应当记住，边际产品递减规律是存在例外情况的经验性规律，而不是一条普遍的自然规律。

与此相关联的还有一个规模报酬递减问题，这主要是规模过大造成管理效率下降，产品平均成本上升，也称规模不经济。

经济视野 8-1　　为什么生产要素不是越多越好呢？

大家可能都很熟悉“三个和尚没水喝”的故事。这个故事的大意是：一个和尚的时候自己挑水喝，两个和尚的时候两人抬水喝，而到了三个和尚时，就开始相互扯皮，谁也不挑水，结果没水喝。这个家喻户晓的古老故事在很多年以前就被拍成了动画片，如今更以歌曲等形式令人耳熟能详。人们感受三个和尚的故事不只是其情节的趣味横生，更在于其中蕴涵的哲理。从经济学的角度看三个和尚的故事印证了一个规律：资源配置过量，边际收益递减。

在农业中，如果在固定的土地面积上递增化肥施用量，开始时，每增加1千克化肥所能增加的农作物数量是递增的，但当所施的化肥超过一定量时，每增加1千克化肥所能增加的农作物的数量就会递减，此时，如继续增加化肥，就有可能不仅不增加农作物的产量，反而会导致农作物产量的减少。

参与生产过程的各种生产要素之间，存在着一个最优组合比例。如果符合这个比例，所有的生产要素就都能发挥出它们之间的最大效率。而且越是接近这个比例，生产要素的效率就越高。越是偏离这个比例，生产要素的效率就越低。

8.2.3 技术创新

我们通过阐述生产函数及边际产品递减规律，分析了在一定技术水平条件下的生产情况。生产函数代表了在一定的管理技术水平条件下投入与产出之间的关系。但是，技术在不断变化，即使最漫不经心的历史观察也会发现，今天的物品和劳务种类远远不同于一个世纪以前的情况。今天，我们使用数字式手表、合成纤维、电子计算机、宇宙火箭、激光等产品，而这些产品在一个世纪前是不可能得到的。与此同时，物品的种类、质量以及生产方式也都发生了极大的变化，这些都是生产技术创新的结果。

技术创新是指产品革新和生产过程的革新，包括新产品的发明、旧产品的革新，或称生产物品的过程与劳务方式的改变。当某企业采用新的工艺和技术知识，在相同投入的情况下能够生产出更多的产出，或者能够用更少的投入生产出相同数量的产出时，我们就说该企业实现了技术创新。

近年来比较大的技术创新有：微电子技术的发展，使得便携式立体声的电视成为可能；光学纤维降低了成本，改进了远距离通信的可信度；计算机技术的改进，在30年里，把计算速度每年提高了15%等。技术创新的实现使生产函数发生变化，图8-3显示了在给定的1985年的技术条件下，每一投入水平可生产的最大产量或生产函数，以及1995年在广泛使用计算机、新的生产方式、更好的质量控制等先进技术条件下，每一投入水平可生产的最大产量或生产函数。不难发现，先进的技术知识使得每一投入水平生产出来的产量增加了50%，技术创新能大大提高企业的利润，技术创新是企业生存发展的重要源泉。

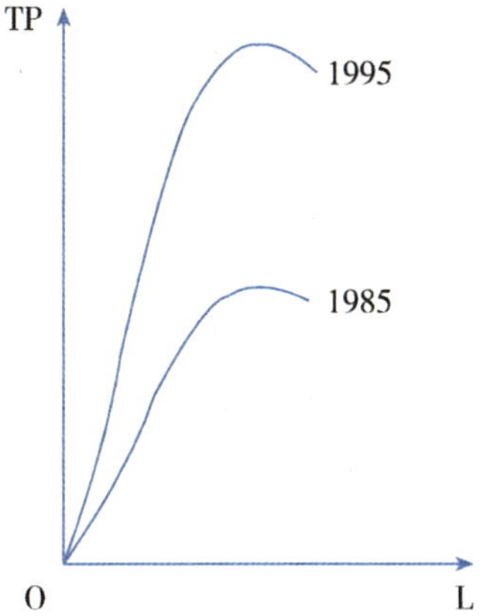

图8-3　技术进步使得生产函数向上移动

经济视野8-2　　**崛起的中国新能源汽车**

中国汽车工业协会数据显示，中国新能源汽车正在经历持续性的爆发式增长，截至目前，中国新能源汽车销量已经连续八年位居全球第一。2022年，中国新能源汽车的产量达到700万辆左右，销售量达到了大约688万辆，同比增长了96.9%和93.4%，与上一年相比增长12.1个百分点。即使受到疫情影响，销量最为低迷的4月份，同比增速仍然达到了四成，但随后迅速恢复至销售高位。

同时，我国各大车企在新能源市场中表现长期保持稳定。2022年一年，新能源汽车销量最高的前十家企业的销售量达到了大约570万辆，占到了新能源汽车总销售额的83%左右，与2021年相比上升了5.9个百分点。数据显示，比亚迪汽车在2022年累计销售量达到180万辆，同比增长212.8%，位于销量第一。

即使是在2023年1月份，多数新能源汽车销售同比下降的情况下，比亚迪依旧保持势头，当月新能源汽车的销售量达到15.13万辆，同比增长62.4%。可以看出，在以比亚迪为首的新能源车企的努力下，中国的新能源汽车正强劲发展并迅速占领国际市场。

资料来源　佚名. 中国新能源汽车行业的现状如何？分析其未来的机遇与挑战［EB/OL］.［2023-02-21］. https：//www.yoojia.com/article/10215468907720759259.html.

启智润心8-1　　**培育创新文化　营造创新氛围**

临近年底，已连续举办3年的北京市科学跨年系列活动又在紧锣密鼓地筹备，将为社会奉献一份科技大餐，助力培育创新文化。

长征五号B运载火箭首飞成功、成功再测珠穆朗玛峰、嫦娥五号携带月壤成功返回……近年来，北京市科协紧扣科技热点，策划了多次科学跨年活动，邀请参与重大科学工程的科研人员参加，弘扬科学家精神、传播科学文化，产生较好社会影响。

实现科技自立自强，除了需要科学家冲锋陷阵，实现一批原创突破、攻克一批“卡脖子”难题，还需要在全社会培育创新文化，提升全社会的创新素养。以中国航天事业为例，这些年全社会大力弘扬“两弹一星”精神、载人航天精神、探月精神、新时代北斗精神，航天事业不断刷新纪录，成绩背后离不开航天工作者的奉献，以及全社会对航天创新的支持。与一个个科技创新项目相比，培育创新文化看不见摸不着，一些地方往往忽视创新文化的培育，比如，科学知识普及、科学精神传播的相对单一，创新文化培育跟不上科技创新事业的发展。

党的二十大报告提出：“培育创新文化，弘扬科学家精神，涵养优良学风，营造创新氛围。”创新文化犹如肥沃的土壤，是整个科技创新事业的根基，培育、巩固好这个根基，就能够进一步强化“科技第一生产力、人才第一资源、创新第一动力”，推动我国科技创新事业攀登新高点，不断提高核心竞争力。

培育创新文化是一项基础性工作，不可能一蹴而就，需要付出长期艰苦的努力。各地方各部门要把创新文化建设与科技创新一道纳入考核体系，尽快形成“两手抓、两手都很硬”的局面。鼓励引导社会力量创新方式，开展更多群众喜闻乐见的科普活动。搭建平台，让更多科学家走上“大讲堂”，讲述科学故事，将科学品格、科学文化导入全社会。

新时代新征程，深入实施科教兴国战略、人才强国战略、创新驱动发展战略，助力科技强国和创新型社会建设，创新文化培育的紧迫性和必要性前所未有，扎实推进创新文化建设，将不断夯实激发创造活力的良好创新氛围。

资料来源　白玉芹. 培育创新文化　营造创新氛围［N］. 人民日报，2022-12-19（17）.

思政元素：创新意识　爱国精神　责任担当

明理善行：创新是一个民族进步的灵魂，是国家兴旺发达的不竭动力。党的二十大报告指出，“坚持创新在我国现代化建设全局中的核心地位”“增强自主创新能力”“强化企业科技创新主体地位”。大学生作为先进知识的掌握者、作为改革创新的主力军，更要以提高民族创新能力为己任，培养创新意识、提高研究能力，致力于解决具有时代性、基础性的重大经济社会问题，保持我国经济增长活力，增强国家整体实力。

【小思考 8-2】

小思考 8-2

分析提示

假定李老板是某烧烤店的所有者，并且亲自管理该烧烤店。此外，如果李老板为其他商店当经理，则每年可得收入 80 万元；如果李老板把自己拥有的资金借贷给他人的话，则每年可得 40 万元的利息收入；如果李老板把自己的店铺租让给别人的话，则每年可得 30 万元的租金收入。现在，通过计算得到的今年的会计收入为 120 万元，你认为“李老板今年盈利 120 万元”这句话是对的，还是错的呢？

8.3 生产成本分析

成本是企业决策的核心。企业之所以密切注意成本，不仅是因为每 1 元的成本都会减少企业的利润，更主要的是企业要基于物品的成本和价格来制定该物品的生产和销售决策。成本分析要从不同的侧面分析其构成，以便于企业做出科学正确的决策。

8.3.1 企业成本的描述

成本是为了获取收益所付出的一种代价、一种放弃或一种牺牲。经济学中，计算经济利润时的成本包括显性成本和隐性成本。显性成本是指生产者在生产中购买各种所需要素的实际支出，也就是通常所说的会计成本。隐性成本是指生产者在生产中使用的自己所拥有的要素的价值，生产者不需要对这些要素做出实际支付。隐性成本之所以包含在经济学的成本概念中，是因为隐性成本也是生产者生产产品的一种代价，它意味着生产者由于在生产中使用了自己所拥有的要素，从而放弃了这些要素用于其他用途时而带来的收益，例如，生产者出售或出租这些要素而得到的报酬。

在经济学中，生产要素主要包括劳动、资本、土地和企业家的管理才能，因此，成本主要是指对这些要素购买或使用的支付，如工资、利息、地租和正常利润（正常利润不同于经济利润，它是指对企业家管理才能使用的支付，包括在成本中）。

从成本分析的需要出发，应了解固定成本、可变成本、总成本、边际成本、平均成本等概念。

1）固定成本

固定成本也称为“经济开支”或“沉没成本”。它由许多项目构成，如契约规定的建筑物和设备的税金、债务的利息支出、长期工作人员的工资等。即使企业的生产量为零，它也必须支付这些开支。而且，即使产量发生变化，这些开支也不会改变。

2）可变成本

可变成本是指随着产出水平的变化而变化的那些成本。它包括：生产所需要的原材料（如生产机器所需要的钢材）；为生产线配置的生产工人工资；工厂进行生产所需要的电力等。

3）总成本

总成本是指生产一定量产品的总开支。它由总固定成本和总可变成本构成。若总成本用TC表示，固定成本用FC表示，可变成本用VC表示，则：

TC=FC+VC

4）边际成本

边际成本是指生产增添一单位产出的额外的或增加的成本。譬如说，一个企业生产1 000张硬盘的总成本为10 000美元，如果生产1 001张硬盘的总成本为10 015美元，那么，生产第1 001张硬盘的边际成本为15美元。

在所有经济学的领域中，边际成本是最重要的概念之一。边际成本与总成本的关系类似于边际产量与总产量之间的关系或者类似于边际效用与总效用之间的关系。下边举例说明：

表8-2展示了某企业某时期产品产量与总成本和边际成本的关系。

表8-2　产量与总成本和边际成本的关系

产量q（1）	总成本TC（元）（2）	边际成本MC（元）（3）
0	55	
1	85	30
2	110	25
3	130	20
4	160	30
5	210	50

在各种产量q的情况下，边际成本MC如表8-2第（3）栏所示。

将产量与总成本、产量与边际成本的关系分别绘制成曲线图，如图8-4、图8-5所示。

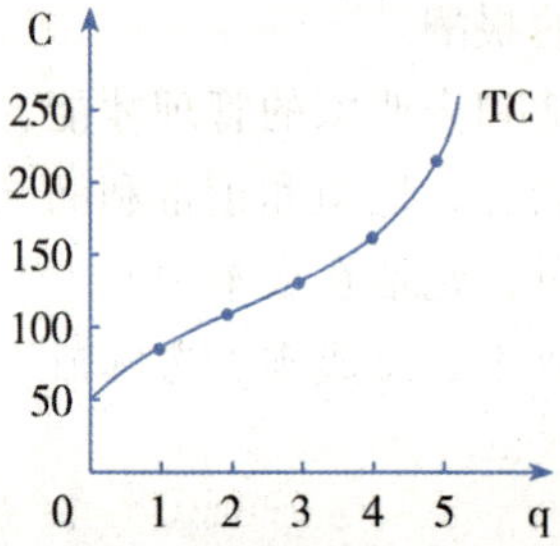

图8-4 产量与总成本之间的关系

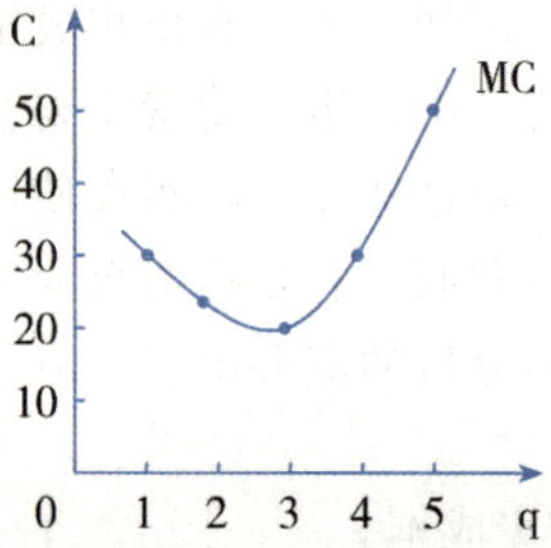

图8-5 产量与边际成本之间的关系

当各种生产要素的组合达到最佳比例之后，如果再继续增加这种生产要素，就会打破最佳比例，造成生产要素组合的不合理，边际产量会递减，也就是说，这时生产要素投入量增加幅度会大于产量提高幅度。因此，总成本增加幅度也会大于产量增加幅度。这就造成边际成本随产量增加而上升，从而平均成本和平均可变成本也随产量增加而上升。

5）平均成本

平均成本是指每生产一单位产品所需要支付的成本总额，即总成本与产品数量的比值，用公式表示为：

$$平均成本(AC)=\frac{总成本(TC)}{产量(q)}=\frac{TC}{q}$$

我们把固定成本和可变成本分别除以产量可得到平均固定成本和平均可变成本，用公式表示为：

$$平均固定成本(AFC)=\frac{固定成本(FC)}{产量(q)}=\frac{FC}{q}$$

$$平均可变成本(AVC)=\frac{可变成本(VC)}{产量(q)}=\frac{VC}{q}$$

平均成本与边际成本之间的关系是：当平均成本高于边际成本时，平均成本随产量的增加而上升。就如同在一个足球队里，如果新队员的身高低于原来的平均身高，新队员的加入就会降低全队平均身高，反之，就会提高全队平均身高。

6）企业利润最大或亏损最小的基本条件或基本原理

经济学上所说的利润是指经济利润，即总收益与经济成本差额。企业从事经济活动的目的在于求得经济利润最大。因此，企业决定产量时，一方面要考虑增加产量能增加多少收益，即边际收益（MR）；另一方面要考虑增加产量会增加多少成本，即边际成本（MC）。如果增加1单位产品生产和销售能给企业带来10元收益，同时产生8元成本，则二者相抵还有2元利润；如果产生12元成本，则有2元的亏损。一般说来，只要边际收益大于边际成本，企业就会增加生产，相反则会减少生产，直到边际收益和边际成本相等为止。此时，企业处于利润最大或者亏损最小的基本状态，于是企业产量会确定在

“MR=MC”的产量水平上，达到企业均衡状态。因此，“MR=MC”是企业利润最大化的（也是亏损最小化的）基本条件（注意，这里是讲利润最大化的基本条件），适用于任何类型企业的行为。在任何市场结构中求企业获得利润最大化时的均衡产量和均衡价格，就是求“MR=MC”时的产量与价格。围绕利润最大化的目标，企业试图谋求收益，从而使产量最大或者成本最低。如果企业能以最有效的方式进行生产，那么企业的利润最大化又可以归结为既定成本下的产量最大化或既定产量下的成本最小化。

经济视野8-3　　沉没成本的无关性对个人决策的影响

设想你对看一场新放映的电影的评价是10元钱。你用7元钱买了一张票，但在进电影院之前，你丢了票。你应该再买一张吗?或者你拒绝花14元看电影？回答是你应该再买一张票。你为丢的那张票付的7元钱是沉没成本，覆水难收，不要为此而懊恼。

8.3.2 企业的投入选择

每一个企业都必须决定如何生产它的产品，例如，应该用油还是用煤来发电？应该多投入劳力还是提高机械化、自动化程度？究竟企业该如何选择呢？任何企业生产经营的主要目标都是追求利润最大化，利润最大化必然要求生产成本最低，因此企业投入选择的目标是追求生产成本的最低。这一目标，不仅对于完全竞争的企业有意义，而且对于垄断者，甚至像大学或医院这些非营利性组织也同样有意义。这一目标表明，企业应该力求在最低可能的成本上进行生产，从而使利润或其他性质的剩余收益量达到最大化。

当存在着劳动力、设备、燃料、材料等许多可能的投入组合时，如何得到最低成本的投入组合呢？为了以最小成本生产出最大数量的产品，企业应该购买各种投入，直到花费在每一种投入上的每1元钱的边际产品相等时为止。当每1元投入的边际产品对于每一种生产要素都相等时，企业的生产总成本达到了最低。这一结论称为最低成本规则。

怎样理解最低成本规则？企业投入的最低成本规则完全相似于追求效用最大化的消费者所遵循的原则，在分析消费者选择时，我们看到，为了效用最大化，消费者购买物品时要使花费在每一消费品上的每1元钱的边际效用都相等。

经济视野8-4　　王永庆与台塑的成功

厂商平均成本最低时的产量就是生产商的适度规模。台湾厂商王永庆经营台塑的成功经验证明了这一点。

台塑是王永庆成功经营的第一个大厂商，这个厂商生产聚氯乙烯（PVC）塑胶粉。开始时，规模仅为月产量100吨，尽管产量低，仍供大于求，台湾的需求仅为每月20吨。产量低，平均成本无法实现最低，价格降不下来。台湾仅有的20吨市场需求也被日本产品挤占。扩大产量，产品销路又成问题，王永庆处于两难境地。这时台塑的股东纷纷要求退股，王永庆毅然卖掉自己的大部分产业，买断了台塑的产权，独自经营。

王永庆知道，台塑的困难关键在于产量上不去，平均成本降不下来。如果只考虑需求，减少产量，平均成本更高，更缺乏市场竞争力。因此，扩大产量使平均成本降到最低是转败为胜的关键。于是，他决定把月产量扩大到1 200吨，这时平均成本达到最低，而且，由于台湾是当时世界烧碱的主要生产基地之一，生产烧碱过程中被弃之不用的氯气可用于生产PVC。这样，在实现最低生产成本时，其货币成本还低于世界其他国家。有了这种优势就可以打入国际市场，结果王永庆成功了。

王永庆的成功说明，在确定厂商规模时一定要达到平均成本最低的产量，即实现规模经济。其实我国汽车等行业的产品之所以价格高就在于生产商规模小，没有实现平均成本最低的产量。世界汽车公司的最低规模在400万辆以上，说明在这个规模时，平均成本才能最低。但我国最大的上海大众汽车厂产量也不过20多万辆，这就难以实现规模经济。

8.3.3 生产可能性曲线

以上我们研究的是企业使用多种资源生产一种产品的情况。资源一般有多种用途，在既定的资源下，企业如何选择两种或两种以上产品的生产比例，使各产品产量的组合达到最大，从而使企业获得的收益最大，这就要用生产可能性曲线、机会成本等概念来说明了。

生产可能性是指在一定的资源条件下利用现有资源可能生产的最大产量。如果利用现有资源生产两种或两种以上的产品，那么可能有各种不同的这些产品产量的组合。生产可能性曲线就是表示在一定的技术条件下所能达到的各种产品最大数量的组合。生产可能性曲线又称为生产可能性边界或转换线。

假定，现在用既定的资源生产X和Y两种产品，这时的生产可能性曲线表示在既定的资源下所能达到的X和Y两种产品最大产量的组合，如图8-6所示。在图8-6中，横轴代表X产品的产量，纵轴代表Y产品的产量。如果资源全用来生产X产品，可以生产X_0单位；如果资源全用来生产Y产品，可以生产Y_0单位；如果资源用来生产X和Y两种产品，可以用生产曲线X_0Y_0上各点表示两种产品最大产量的各种组合。曲线X_0Y_0就是生产可能性曲线。

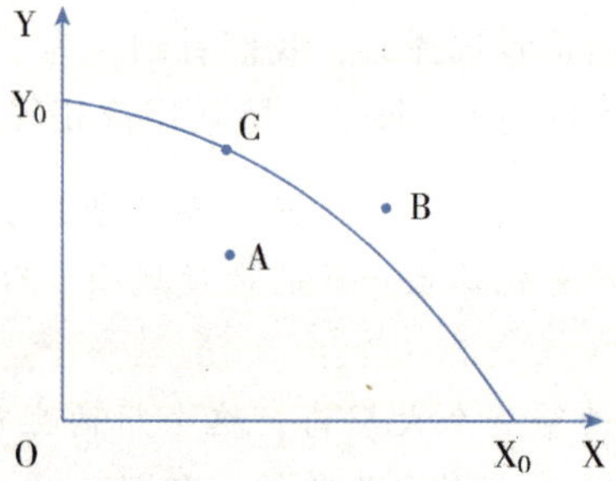

图8-6 生产可能性曲线

生产可能性曲线实际上说明了潜力与过度的问题，因为生产可能性曲线内的任何一点，如A点，说明还有资源未得到充分使用，所以生产还有潜力；而生产可能性曲线外的任何一点，如B点，则是在现有技术水平和资源条件下达不到的；只有生产可能性曲线上的任何一点，如C点，才是能在现有技术水平和资源条件下实现的两种产品最大产量的组合。

如果资源或技术水平变动，生产可能性曲线也将移动，如图8-7所示。在图8-7中，X_0Y_0是在原有的资源条件和技术水平下的生产可能性曲线。如果资源增加或技术水平提高，生产可能性曲线就会向右移动，移至X_1Y_1，新的生产可能性曲线X_1Y_1代表一个更高的产量水平的组合。相反，如果资源减少或技术水平下降，生产可能性曲线就会向左移动，移至X_2Y_2，新的生产可能性曲线X_2Y_2表示一个较低的产量水平的组合。

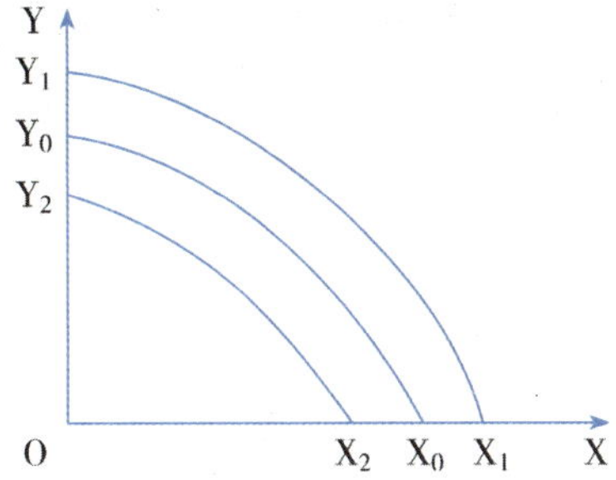

图8-7　资源或技术水平变动时的生产可能性曲线

8.3.4　机会成本

从生产可能性曲线中可以引出一个重要的概念，即机会成本。从生产可能性曲线中可以看出，当用一定的资源既可以生产某一种产品又可以生产另一种产品时，如果增加生产一种产品的数量就必须放弃一定的另一种产品的数量。当把一定资源用于生产某种产品时所放弃的另一种产品数量就是生产这种产品的机会成本。机会成本也可以指用一定的资源获得某种收入时所放弃的另一种收入。前面谈到的隐性成本就是一种机会成本。

经济课堂8-2

机会成本

机会成本的变动趋势也可以根据不同的边际转换率来说明：如果边际转换率是递增的，则增加生产这种产品的机会成本也是递增的；如果边际转换率递减，则机会成本也递减；如果边际转换率不变，则机会成本也不变。因为边际转换率通常是递增的，所以增加生产一种产品的机会成本也是递增的。

运用机会成本概念，可以对一定资源的不同使用效果进行比较，以便在利用这一资源时达到最大的收益。可行性研究正是根据机会成本这一概念进行的。当然，在运用机会成本这一概念时，要具备三个条件：第一，资源本身要有多种用途；第二，资源可以自由流动而不受限制；第三，资源要能够得到充分利用。

经济视野8-5　　一个人是否应该上大学

考虑是否上大学的决策，收益是使知识丰富和一生拥有更好的工作机会。但成本是什么呢？要回答这个问题，你会想到把你用于学费、书籍、住房和伙食的钱加总起来。但这种总和并不能真正代表你上大学所放弃的东西。

这个答案的第一个问题是，它包括的某些东西并不是上大学的真正成本。即使你离开学校，你也需要有睡觉的地方，要吃东西。只有在大学的住宿和伙食比其他地方贵时，贵的这一部分才是上大学的成本。实际上，大学的住宿与伙食费可能还低于你自己生活时所支付的房租与食物费用。在这种情况下，住宿与伙食费的节省是上大学的收益。

这种成本计算的第二个问题是，它忽略了上大学最大的成本——时间。当你把时间用于听课、读书和写文章时，你就不能把这段时间用于工作。对大多数学生而言，为上学而放弃的工资是他们受教育的最大单项成本。

一种活动的机会成本是为了这种活动所放弃的东西。当做出是否上大学的决策时，决策者应该认识到伴随每一种可能的行动而来的机会成本。实际上，决策者通常是知道这一点的。他们之所以决定上学，就是因为他们认为上大学的收益大于机会成本。那些运动员放弃上学而从事职业运动，因为他们深深地认识到，他们上大学的机会成本太高。他们往往如此决定：不值得花费这种成本来获得上大学的收益。

小思考 8–3

分析提示

【小思考 8–3】

边际成本对规模效益的意义是什么？

8.4 企业家与市场过程

讲企业生产行为不能不讲企业家这个关键市场要素，有一个公式：市场经济=价格+企业家。如果说价格是市场经济的非人格化机制，企业家则是市场经济的人格化主体。企业家在市场运行过程中的作用至关重要，但主流经济学一直忽略企业家，这是因为主流经济学通常以“完全理性”“完全信息”作为推理的前提假设，故市场呈均衡状态。这样，企业家是没有必要存在的。但要理解真实的企业生产行为，必须在分析中引入企业家。

8.4.1 企业家的两种核心职能

市场供求均衡的不断变换以及供求不断向新的均衡趋近，构成了市场的全过程，而企业家的逐利行为正是推动市场过程的根本动力。

当企业家发现供给和需求不一致导致的盈利机会时，就会利用这种不均衡来进行套利。而无数企业家的套利行为则会逐步修整市场的偏差，让市场中的资源配置变得更加有效，所谓企业家会创造不均衡逐利，是指通过创新活动改变需求和供给曲线，打破原来的市场供求均衡，并创造出新的潜在均衡，在这个过程中，企业家将通过创造新的产品或新的技术使得资源的生产率得到提高，从而获得超额利润。

企业家的职能可能有很多，但核心的职能是发现供求的不均衡套利和创造供求的不均衡套利。

8.4.2 利润的信号功能

企业家无论是利用不均衡套利还是通过创新创造不均衡套利都需要以利润作为风向标。例如，直到19世纪末期，西方国家照明用的都是鲸鱼油，但当鲸鱼数量大量减少后，鲸鱼油的价格就暴涨了。这让企业家认识到，如果找到鲸鱼油的替代品，即创新用品就可以获得超额利润，石油就是企业家寻找鲸鱼油替代品的最终结果。从鲸鱼油到石油的转变，就是价格利润功能的一个好例子。

利润是衡量企业家活动成功与否的关键。企业家不同于发明家，一个发明家可以胡思乱想，但企业家不同，如果没有利润，也就没有商业意义上的创新。

8.4.3　企业家成功的内在素质

企业家需要的素质至少包括以下几个方面：

首先是对成功的渴望。一个优秀的企业家可能会为自己每一次成功感到自豪，但决不会陶醉在自己的成功里，他们总是渴望下一次的成功。在事业伊始，他们或许是只想要办一个工厂或成为一个有钱人，但一旦旗开得胜，他们就会开创新的事业。对于他们来讲，对于利润的追求是永无止境的。

其次是对盈利机会的敏锐触觉。发现市场的不均衡，并用它来进行套利，是企业家的一项核心职能，只有那些擅长发现并满足他人渴望和需求的企业家才能在瞬息万变的市场环境中准确找到机会，成功套利。

再次是要有愿景和判断未来的能力。优秀的企业家，必须是能够洞察未来的人，他们需要判断未来的产业会怎样，未来的消费者会有怎样的需求。只有成功地预料到了这些，企业家才能成功投机套利，成功实现满足消费者需求的创新。

最后是要有承担风险的勇气。风险和失败对于企业家来说是很常见的，包括福特、马云在内，诸多优秀的企业家在其创业初期都曾经历过很多挫折，甚至惨痛的失败。如果这个时候他们选择了放弃，那么他们就只能是一个平庸者。正是坚定的信心和百折不挠的勇气，造就了他们最终的成功。

上述企业家成功的内在素质也可视为企业家精神。

如同产品市场和要素市场一样，企业家市场也总是处于不均衡状态和调整过程中。当企业家供给小于均衡水平时，企业家就赚得更高的利润，会吸引更多的人加入企业家行列；反之，当企业家的数量大于均衡水平时，一些企业家的预期收益就小于机会成本，从而就会选择退出。

8.4.4　企业家精神的制度环境

经济战略大师迈克尔·波特曾把经济发展分为三个阶段：要素驱动、效率驱动和创新驱动。波特认为：在这三个阶段中，企业家精神的重要性是依次递增的。特别在后面的阶段，企业家成为经济增长的核心。熊彼特则在其经济增长模型中明示，一个国家是富有还是贫穷，其经济是增长还是停滞，主要取决于这个国家的企业家精神是否得到有效发挥。而企业家精神能否得到有效发挥，关键取决于这个国家的制度环境。

西方国家之所以富有，是因为它们较早建立了有利于企业家创业和创新的制度环境，在所有制度中，最根本的制度是产权制度和商业自由。只有对私人产权予以充分保护，人们有从事商业活动的自由，企业家才会被激励去投资、去创业、去创新，经济才可能发展起来。创新率决定经济的增长率，创新是企业家的基本功能，技术进步率取决于能干的企业家的能力。而要维护产权制度和商业自由，就必须有良好的法制环境。一些发展中国家之所以至今仍停滞不前，是因为它们缺少这样的制度环境，中国经济过去近四十年之所以能高速发展，是因为邓小平发起的市场化改革释放了中国的企业家精神。可见，企业家的成功除了内在本质，还依赖于外部的制度环境。制度之所以重要，归根结底，这是一个激励问题。从经济学意义上讲，制度其实是一种游戏规则，在人的偏好给定时，游戏规则的变化就会促使追求效用最大化的个人调整自己的行为。例如，在一个政治开明、产权保护良好的制度下，具有企业家精神的人就会争当企业家，而在一个政治腐败、产权保护缺失的环境下，人们更热衷于到权力部门工作。从这个意义上讲，各国在制度上的差别会带来包括企业家资源在内的各种资源的配置差别，进而造成经济增长状况的根本不同。

经济学家十分重视制度在经济增长中所起的作用。例如，亚当·斯密曾有过这样的论述："使国家从最低野蛮状态到最高程度的富足，除了和平、易税和可接受的司法管理外，没有其他什么因素是必要的，其他的所有一切都是经自然的过程产生而来的。"有人总结发展中国家的发展状况时曾指出："社会没有能力形成一套有效的、低成本的契约执行体系，是发展中国家过去经济停滞的最主要根源。"在这些国家，会存在政府对经济的过度管制，一些行业被国有企业垄断，权力腐败虚增了交易成本，私有产权得不到有效的法律保证等现象。

思政课堂8-1

新时代企业家的责任与担当

经济视野8-6　　企业家的竹子精神——任正非

任正非是中国企业家的传奇。军人出身的任正非，一直在军中行伍，年过不惑才开始创业，而就是这样一个门外汉，创立了如今举世瞩目的企业——华为。

20世纪80年代初，任正非在妻子的支持下去了深圳南油集团旗下的一个电子公司当经理，由于任正非到了新公司想表现自己，在一次商务谈判中谈了一个大单，价值200万元，但朴实的任正非不知道对方是一个诈骗公司，给对方发货后却没收到对方的钱，这个事给集团造成了200万元的损失，要知道当时中上水平员工的工资一个月才100元。

事后，他被公司开除，已经43岁的他坠入了人生的谷底，但他上有老爹老娘要赡养，还要照顾六个弟弟妹妹的生活，无奈之下带上一大家子人搬到一个小棚屋里住，为了节省空间，甚至把阳台改成了厨房，为了节省开支，他和母亲经常在菜市场收摊后去捡地上的黄菜叶吃，以维持最低的生活成本。

穷则思变，1987年任正非为了生存，走上了创业的道路，东拼西凑了21 000元，在困境中注册了华为公司，寓意"中华有为"，并愿意为中华之崛起而为之。

任正非从衣食无忧、锦绣前程，到背负200万元债务，一饥两饱，但仍能不屈不挠，重整旗鼓，燃起奋斗之心，正如竹子的奋进精神，竹虽有节，却不止步，一节一节向上生长，经得起打磨，扛得住风雨，突破最难生长的竹节部分，终有一天会节节高升，势不可挡。

华为创立以后，任正非以长远的眼光，坚持自己研发产品，掌握核心技术，他认为只有把技术掌握在自己手中，才能在未来的竞争中站稳脚跟。

最初，华为在国内通过"人海战术"迅速占领了交换机设备的广大县乡市场，并通过及时的服务和改革弥补了创始初期质量不稳定和品牌知名度不高的不足，赢得了消费者的信任，成功进军中国电信的城市市场，并在国内市场稳定发展。之后，华为开始向海外打拼。进入俄罗斯市场，进军非洲和拉丁美洲，与英国电信联手，开拓荷兰和德国市场，最终驻足美国，以5G技术在全球电信领域站稳脚跟。

资料来源 佚名. 企业家的竹子精神——任正非［EB/OL］.［2022-01-20］. https://baijiahao.baidu.com/s?id=1722457527234969001&wfr=spider&for=pc.

启智润心8-2 **弘扬企业家精神 推动高质量发展**

习近平总书记强调："改革开放以来，党和国家为民营企业发展和企业家成长创造了良好条件。民营企业家富起来以后，要见贤思齐，增强家国情怀、担当社会责任，发挥先富帮后富的作用，积极参与和兴办社会公益事业。"

为国担当，企业家有祖国

2020年，面对突如其来的新冠肺炎疫情，中国建筑、山河集团、三一集团等多家企业四万名建设者和几千台设备昼夜不歇，仅用十多天时间就火速建成火神山医院和雷神山医院。中国邮政、顺丰航空等企业调配779架次航班为武汉运输物资。

爱国情怀，百年传承。从清末民初的张謇，到抗战时期的卢作孚、陈嘉庚，再到新中国成立后的荣毅仁、王光英等，一大批企业家把企业发展同国家繁荣、民族兴盛、人民幸福紧密结合在一起，主动为国担当、为国分忧。

诚实守信，企业无信不立

"诚者，天之道也；思诚者，人之道也。"20世纪80年代，万向的鲁冠球把40万元的次品当作废品卖掉，海尔的张瑞敏把76台存在缺陷的冰箱挥锤砸掉，惊醒了企业员工的质量意识。如今，诚实守信的观念更加深入人心。

2020年年初，口罩成为最紧俏的商品之一。原材料熔喷布的价格每日更新，从每吨2万元上涨到60万元，口罩机也从每台20万元上涨到100多万元。"我们承诺，所有的防护产品不涨价！"在市场供应最紧张的时候，稳健医疗咬紧牙关、完成承诺，不降低生产标准，不随意涨价，董事长李建全说，企业家要做诚信守法的表率。

履行责任，真诚回报社会

电商平台辟专区、开直播促对接，消费扶贫如火如荼；扶贫车间创机会、纳就业，一人就业带动全家脱贫；东部企业进山区、兴产业，"山海"合作共谋发展……

在脱贫攻坚、乡村振兴中，一大批企业家致富思源、积极行动，做出重要贡献。

资料来源 王桂林. 弘扬企业家精神 推动高质量发展［N］. 人民日报，2021-12-06（7）.

思政元素：爱国奉献 责任担当 诚实守信

明理善行：市场活力来自人，特别是来自企业家，来自企业家精神。面对世界百年未有之大变局，更要大力弘扬企业家精神，发挥企业家作用，加快形成更多具有全球竞争力的世界一流企业，推动高质量发展不断取得新成效，为我国经济发展积蓄基本力量，为实现第二个百年奋斗目标、实现中华民族伟大复兴的中国梦做出新的更大贡献。

本章小结

- 企业（生产者）行为的目的是追求利润最大化，即力争用尽可能少的投入，换取尽可能多的产出，以尽可能低的成本，换取尽可能高的收益。

- 企业生产活动的直接有效成果称为产品，根据不同的需要可用产量、产值表明产品的数量多少。企业生产离不开投入，即用于经济活动中的物品和劳务。

- 生产函数反映生产所需要的投入量和能够得到的产出量之间的关系，生产函数是对企业一定的技术知识状况和管理水平的鉴定，生产函数可用表格、图形和方程来表示。

- 总成本（TC）可分解成固定成本（FC）和变动成本（VC）。固定成本不受任何产量决策的影响，而发生在如劳动或原料等项目上的可变成本随着产量水平的上升而增加。边际成本（MC）是增添一单位产量而导致的总成本的增加。平均总成本（AC）是持续下降的平均固定成本（AFC）与平均可变成本（AVC）之和。各成本之间的关系可表述为：

$$TC=FC+VC$$

$$AC=\frac{TC}{q}$$

- 我们可以把生产和成本的概念运用于分析企业的最佳生产要素组合的选择上。追求利润最大化的企业要使生产一定产量水平的成本达到最低。在这种情况下，企业遵循最低成本原则：选择不同的生产要素，使得每1元投入的边际产品对于所有投入相等。

- 经济成本不仅包括企业实际支付的会计成本，而且还包括比较隐蔽的机会成本。当把一定资源用于生产某种产品时所放弃的另一种产品数量就是生产这种产品的机会成本。运用机会成本的概念，可以对一定资源的不同使用效果进行比较，以便在利用这一资源时达到最大的收益。

- 企业家的主要职能有两个：一是发现不均衡，二是创造不均衡。

- 企业家的成功是内在素质和外部环境共同作用的结果。

主要概念和观念

□ 主要概念

利润最大化　投入　生产函数　成本　边际成本　机会成本　企业家精神

□ 主要观念

企业的目标是追求利润最大化。

边际收益呈现递减规律。

无限增加生产要素投入会导致边际成本递增，生产效率递减。

基本训练

1）选择题（单项或多项选择）

（1）企业实现利润最大化的必要条件是（　　）。

A.保证投入最大化　　B.保证产量最大化

C.保证技术创新　　D.保证科学的管理

（2）企业投资选择的目标有（　　）。

A.生产成本的最小化

B.投入生产要素组合的合理化

C.花费在消费上的每1元钱的边际效用都相等

D.机会成本的最低化

在线测评8-1

选择题

（3）企业家的核心职能是（　　）。

A.管理者　　B.发明家　　C.投资

D.发现不均衡　　E.创造不均衡

2）简答题

（1）生产函数对企业生产有何意义？

（2）企业实现利润最大化，应遵循什么原则？处理成本与收益之间的关系是什么？

（3）企业家的两个核心职能是什么？

（4）制度环境对企业家的成功有何作用？

3）分析题

（1）总产量、边际产量与平均产量之间的关系是什么？如何根据这种关系确定一种要素的合理投入？

（2）你的朋友正考虑开一家五金店。他计算租仓库和买库存货物每年要花费50万元。此外，他要辞去年薪5万元的会计师工作。问：他经营一年五金店的机会成本是多少？如果你朋友认为他一年可以卖出51万元的营业额，他应该开这个店吗？请解释。

观念应用

航空公司为何亏损还要继续经营

20世纪80年代初，美国许多大航空公司有大量亏损。美洲航空公司1992年报告的亏损为4.75亿美元，三角航空公司亏损5.65亿美元，而美国航空公司亏损6.01亿美元。但是，尽管有亏损，这些航空公司仍继续出售机票并运送乘客。乍一看，这种决策似乎让人惊讶：如果航空公司飞机飞行要亏损，为什么航空公司的老板不干脆停止他们的经营呢？

为了理解这种行为，我们必须认识到，航空公司的许多成本在短期中是沉没成本。飞行的可变成本只包括燃料的成本和机务人员的工资，只要飞行的总收益大于这些可变成本，航空公司就应该继续经营。而且，事实上它们也是这样做的。

问题：试用经济学原理解释这一现象。

第9章

不同市场结构中企业生产行为分析

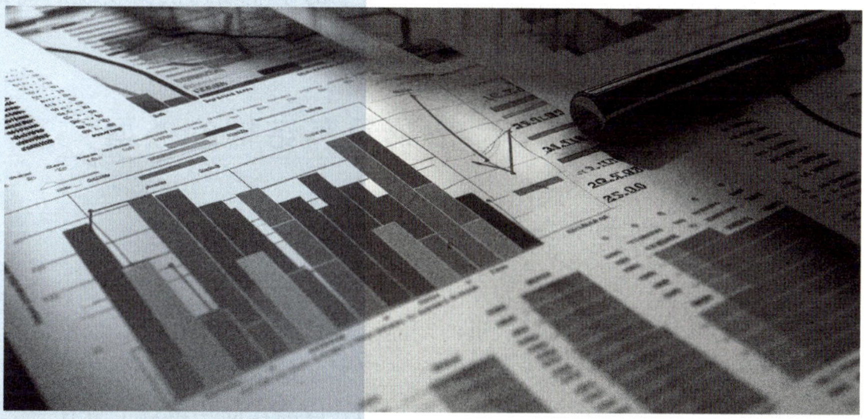

学习目标

知识目标： 了解企业在不同市场结构中进行产量或价格决策的基本原则，掌握在垄断与竞争市场结构条件下企业价格及产量的决策技巧。

技能目标： 能用所学理论分析企业在四种市场结构形式下的生产行为决策。

素养目标： 理解平等、公正的思想，提高法治意识。

思维导图9-1

不同市场结构中企业生产行为分析

引例

在集市上，每天同一时间的菜价基本一致，假如有人提高菜价，他的菜立刻无人问津，假如有人降低菜价，他的菜立刻销售一空。但是降价者的菜数量有限，并不能使市场上的菜价都下降，市场仍然维持原价，降价的结果是只有降价者自己受损。为什么菜市上个别菜贩无力改变价格？这正是本章要探讨的主要问题。

企业经营要实现利润最大化，必须选择一个适当的产量使边际成本等于边际收益。然而，在市场经济中，企业的生存环境不同，即市场结构不同，有的企业产品差不多在一个完全竞争的市场中出售，而另外许多企业的产品则是在不完全竞争的市场中出售，本章要讨论的是在不同的市场结构环境中的企业如何决策实现利润最大化的产量和价格。

9.1 市场及其结构的类型

经济课堂9-1

市场结构类型

9.1.1 市场和行业的概念

市场一般指一种产品或劳务买卖的场所，买卖双方在市场上决定成交价格。市场也泛指商品交换关系的总和。这里的产品既包括各种实物产品，也包括各种金融产品，如有价证券及外汇等。同样，劳务的种类很多，包括文化娱乐服务、医疗卫生服务、交通运输服务等。通常一种商品只有一个市场，商品在同一市场上只有一个价格。一个市场不一定是甚至通常不是一个单一的地点，而是一个区域。它可能有固定场所，也可能通过网络等形式买卖成交。例如，黄金、宝石及金边证券具有世界范围的市场，而一些价值低、重量及体积大的商品如沙、石、砖，其市场往往缩小到地区或地方范围。买卖成交的商品可以立即交割，也可以以后交割，这把市场区分为现货市场与期货市场。

和市场有关的一个概念是行业。行业是制造或提供同一的或类似的产品或劳务的企业的集合，如纺织业、机器制造业、食品加工业、房地产业、金融业、交通运输业、出版业、医疗卫生业等。每一个大行业又包括许多小行业，如纺织业可分为棉织业、针织业、丝织业等。行业是生产或供给方面的概念，市场则包括供求两个方面。可见，这两个概念是有区别的。

9.1.2 市场结构的类型

市场可以按不同标准分类。经济学家通常按照竞争程度这一标准，从企业数目、产品差别程度、企业对产量和价格的控制程度及企业进入行业的难易程度这些特点，把市场和市场中的企业分为四类：完全竞争、完全垄断、垄断竞争和寡头垄断。这四种类型的市场和企业特点可见表9-1。

根据市场主、客体的不同属性及交换活动的特点，还可以将市场区分为商品市场（即消费品市场和生产资料市场）和经济要素市场，即金融市场、劳动市场、技术市场、信息市场和房地产市场等。本书主要研究按竞争程度标准进行划分的市场结构。

表 9-1　　　　四种市场和企业的基本特征比较

市场结构类型	企业数目	产品差别程度	企业控制价格程度	企业进入难易	现实中接近的行业
完全竞争	很多	无差别	不能	完全自由	农业
垄断竞争	很多	有些差别	一定程度上能做到	比较自由	零售业
寡头垄断	几个	有或没有差别	相当能控制价格	有限	汽车制造业
完全垄断	一个	唯一产品，无替代品	很强，但受政府管制	不能	公用事业

9.2　完全竞争市场中企业的产量决策

完全竞争市场是指没有任何阻碍和干扰的市场结构。

9.2.1　完全竞争市场的假设或特点

完全竞争市场的假设或特点主要是：

（1）该产品在市场上有大量买主和卖主，每个买卖者都是既定价格的接受者。

（2）产品同质。所有企业都提供标准化产品，完全可以相互替代。

（3）投入要素，如资本、劳动等可以自由流动，企业进入或退出完全自由。

（4）信息充分。这主要指买卖方对市场价格及走势明确，不能够通过欺瞒、提高或压低价格获取利益。

在现实生活中，完全符合上述四个条件的市场是不存在的。只有农产品市场比较接近。这只是一种理论上的假设，但是分析这种市场，无论在理论上或实践上都是必要的、有用的。人们可以对要素的假定条件不断修正，使之更接近于现实。

9.2.2　完全竞争企业的收益

完全竞争市场上，对整个行业来说，产品的需求曲线是一条向右下方倾斜的曲线，供给曲线则是一条向右上方倾斜的曲线。整个行业产品的价格就由这种需求和供给决定。所有个别企业无论其增加或减少产量都不会影响市场价格，无论其提高或降低价格也都不可能站得住脚。这样，在全行业既定的同一价格下，市场对个别企业产品的需求曲线就成为一条由既定市场价格出发的平行线。这可用图 9-1 说明。

这样，在完全竞争市场上，个别企业无论有多少产品，都是由整个行业的供求及均衡价格决定的，它出售一个单位产品的平均收益就是出售价格。所以个别厂商的平均收益等于市场价格。同样，企业增加一单位产品的出售所增加的收益，即边际收益，也等于市场价格。因此，在完全竞争市场上MR（边际收益）=MC（边际成本）=P_0（平均价格）。

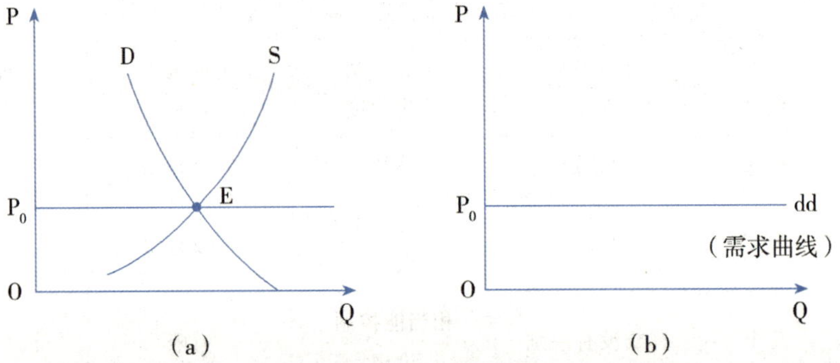

图9-1 完全竞争企业的需求曲线

9.2.3 完全竞争企业的产量决策

在完全竞争行业中，单个企业虽然只能被动地接受市场均衡价格，但它完全可以在既定的价格条件下来决策使自己利润最大化的最优产量。决策的基本原则是使边际收益（MR）=边际成本（MC）。从长期看，这是因为：

（1）如果边际收益大于边际成本，则意味着每增加一单位产量的收益会大于所增加的投入，即成本。总利润增加，说明需求大于供给，这将激励企业增加生产以扩大总利润，使总供需趋向均衡。

（2）如果边际收益小于边际成本，则意味着每增加一单位产量的收益会小于所增加的投入，即成本。说明需求小于供给，这将促使企业减少产量，减少损失，使总供需趋向均衡。

（3）只有当边际收益等于边际成本时，即增加的收益等于增加的成本时，或收支相抵时，企业生产才会相对稳定下来，市场总供需才会保持相对均衡状态。

在完全竞争市场条件下，企业利润最大化的原理“边际收益=边际成本”，会演变为“市场价格=平均收益=边际收益=边际成本”，这是因为：在完全竞争市场上，有很多很多的企业，它们出售的产品没有任何差别，单个企业只是其中微不足道的一分子，它多售出一点或少售出一点都不会对市场价格产生任何影响，它仅仅是个被动的价格接受者。从这个意义上说，整个市场对单个企业产品的需求量是无限大的。单个企业所面临的产品需求曲线是一条从市场价格水平出发的水平线。这意味着，单个企业能够按照市场价格售出它想售出的全部产品。

因此，企业利润最大化的基本条件在完全竞争市场上就会演变为“市场价格=平均价格=平均收益=边际收益=长期边际成本”。可见，在完全竞争市场上，从长期均衡看，企业按照市场价格出售自己的产品，能够收支相抵，就算达到了利润最大化目标。在短期的企业利润最大化决策中，“边际成本=边际收益”仍是企业要遵循的，但从整个行业的短期来看，有可能出现阶段性的总供给小于或大于总需求的波动：

（1）如果总供给小于总需求，则行业市场价格水平高，企业为了追求利润最大化，仍然遵循边际收益等于边际成本的原理来决定自己的产量，但这时就会出现企业的总收益大于总成本的情况，因而存在超额利润的发生。

（2）如果总供给大于总需求，则价格水平降低。单个企业处于亏损状态，此时，企业面临三种选择：

①如果平均收益小于平均成本，但仍大于平均可变成本（如原材料、劳动力）企业虽亏损，但仍会生产。

②如果平均收益等于平均可变成本，企业亏损，则面临停业点，可以生产，也可以不生产，但如考虑工人就业问题，则可以继续生产。

③如果平均收益小于平均可变成本，企业只能停止生产。

9.3　完全垄断市场中企业的价格和产量决策

9.3.1　完全垄断市场的假设及特点

完全垄断市场是指单个生产者面对众多购买者（消费者）的市场。

（1）某种产品只由一家企业供应，一家企业等于一个行业，不存在其他企业竞争的威胁。

（2）垄断企业可自行决定自己的产量和价格，以实现利润最大化。

（3）垄断企业可根据不同的销售条件实行不同的价格，即实行差别价格获取利润。

在现实生活中这样的完全垄断很少存在。除了文物、古董等少数物品，大多数产品在某种程度上都可以找到替代品。

完全垄断形成的原因主要有：①政府特许权，如铁路、邮政等公用事业。②专利权。③生产者对原材料的控制。④自然垄断。某些行业只需一家企业经营即可满足需求，两家以上将产生较高的平均成本，如城市公用事业。

9.3.2　完全垄断企业的需求和收益曲线

在完全垄断市场上，一家企业就是整个行业，因此整个行业产品的需求曲线也就是一家企业产品的需求曲线。企业供给增加，价格下降，需求也会增加；供给减少，价格上升，需求也会减少。因而需求曲线是一条向右下方倾斜的曲线。

在完全竞争市场上，企业按既定的市场价格出售商品，所以每一单位商品的卖价就是它的平均收益，从而平均收益等于价格，平均收益曲线与需求曲线重合。

但在完全垄断市场上，销售量增加，商品的价格会下降，从而边际收益减少。这样，平均收益是下降的，其边际收益也是下降的。当平均收益减少时，边际收益会小于平均收益，因而边际收益曲线MR一定在平均收益曲线AR的下方，如图9-2所示。

在图9-2中dd（AR）是需求曲线与平均收益曲线，MR是边际收益曲线，价格随销售量的增加而下降，价格与平均收益相等，但平均收益并不等于边际收益。平均收益是下降的，因此，边际收益小于平均收益。在图9-2中还可以看到，需求曲线与平均收益曲线仍然是重合的，向右下方倾斜，而边际收益曲线则是在平均收益曲线之下向右下方倾斜。

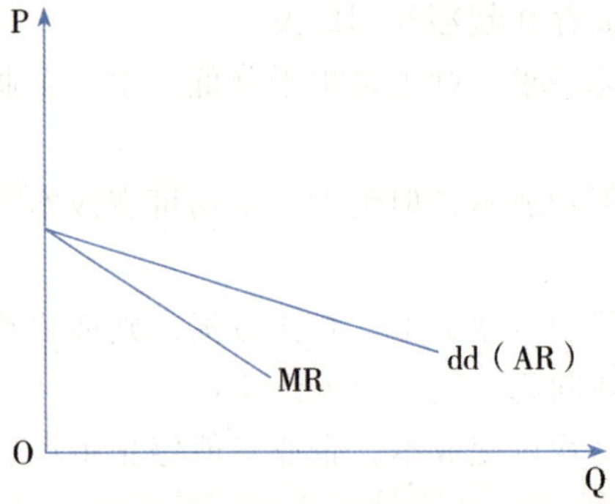

图 9-2 完全垄断市场上的平均收益和边际收益曲线

9.3.3 完全垄断企业的价格和产量决策

在完全垄断市场上，企业就是行业，提供商品全部的供应量。垄断企业拥有定价权，可以通过控制产量来影响价格、获取收益。但是和其他企业一样，垄断企业的生产成本也会随着产量的增加而上升，呈现边际收益递减。因此，垄断企业仍然需要按照边际收益等于边际成本的原则确定最佳生产量。

由于企业利润等于总收益减去总成本，当产量确定时，总成本就确定了，这时利润取决于总收益（价格与销售量的乘积）。垄断企业虽然有定价权，能够通过控制供给量控制价格，但是它所面对的需求是整个市场的需求，其产品需求曲线仍然是向右下方倾斜的，这就意味着随着垄断企业产销量的扩大，价格会下降。虽然垄断市场利润最大化原则与完全竞争市场一样，但是，完全竞争市场面临的需求曲线是水平线，价格不会随销量扩大而下降，而垄断企业只有降价才能扩大销量。而且由于降价的并不仅仅是最后一个单位产品，而是所有的产品，因此其边际收益会低于市场价格。这样完全竞争市场条件下的市场价格同边际收益、边际成本相等的等式，在这里就不成立了。

垄断企业如何获得超额利润呢？由于“利润=总收益-总成本=（平均收益-平均成本）×销量”，而平均收益等于价格，因此，垄断企业只要将价格定得高于平均成本就能获得超额利润。但是，居于垄断地位的企业也不能为所欲为，要受市场需求状况的限制，如果价格太高，消费者会减少需求，或购买其他替代品。一般来说，如果产品需求价格弹性较小，价格提高后需求量降低的幅度不大，这时企业可以制定较高的价格；相反，如果产品的需求价格弹性较大，企业制定的价格就要低一些。也就是说，完全垄断企业在进行价格决策时，也必须考虑到产品和市场需求状况。

9.3.4 价格歧视

由于垄断者具有制定价格的权力，因此垄断者可以在同一时间内对同一成本的产品向不同的购买者实行不同的价格，或对不同成本的产品向不同的购买者实行相同的价格，这被称为**价格歧视**，也称差别价格。实行价格歧视的基本条件是：

第一，必须有可能根据不同的需求价格弹性划分出两组或两组以上的不同购买者。

第二，市场必须是能够有效隔开的，同一产品不能在不同市场之间流动，换句话说，就是不能使购买者在低价市场上买到该产品再卖到高价市场上。

企业实行价格歧视的基本原则是，不同市场上的边际收益相等并且等于边际成本。垄断企业可以对需求价格弹性较小的市场规定较高的价格，实行“厚利少销”，而对需求价格弹性较大的市场规定较低的价格，实行“薄利多销”。

经济视野9-1　　**价格歧视的类型及应用**

一级价格歧视，又称完全价格歧视。即垄断厂商根据每个消费者愿意为每单位商品付出的最高价格而为每单位商品制定的不同销售价格。

一个旅游纪念品，经济条件好的人可能愿意花500元去购买，经济条件一般的人可能最多只愿意出300元。那么为了多挣钱，景区卖旅游纪念品的老板会上下打量每一个询价的游客，如果你衣着光鲜，一身名牌，他认为你的经济能力比较好，报价就高，反之报价则低，这是看人定价。

二级价格歧视。即垄断厂商按不同的价格出售不同单位的产量，但是购买相同数量产品的每个人都支付相同的价格。一个垄断的卖方还可以根据买方购买量的不同，收取不同的价格。由于此类价格歧视不是针对不同类型的消费者，而是在不同的产量之间存在价格歧视，因此这种价格歧视又被称为数量歧视。5元1个的小商品，商家可能定价为10元3个，如果消费者需求的数量更多，还可能更便宜。

三级价格歧视。对于同一商品，完全垄断厂商根据不同市场上的需求价格弹性不同，实施不同的价格。买方的需求价格弹性越大，卖方收取的价格就越低；买方的需求价格弹性越小，卖方收取的价格就越高。通过这种方法，垄断卖方就从需求价格弹性小的买方那里榨取更多消费者剩余。相同的公园，老年人免票，1.4米以下半价，成年人全价，这也是按不同群体在定价。

资料来源　佚名. 价格歧视的三种类型 生活中价格歧视的例子［EB/OL］.［2022-03-14］. https：//article.autotimes.com.cn/article/50760.html.

9.4　垄断竞争者和寡头的决策

所谓垄断竞争市场，是指许多企业销售近似但不完全相同产品的市场。垄断竞争市场的特点是：市场上企业的数量较多，企业可以较为自由地进出该行业，各企业的产品既相似，又存在一定的差别。

9.4.1　垄断竞争者对价格只有有限的影响

垄断竞争市场既不同于完全竞争市场，又不同于完全垄断市场。由于垄断竞争企业各自的产品存在一定的差别，因此企业就处于一定的垄断地位，对产品价格具有一定的影响力，即获得一些定价的自主权。但是这种差别是同类产品之间的差别，同类产品虽有差别，但又有相似之处，这些产品相互之间存在替代性。因而企业之间存在相互竞争关系，企业只能对自己出售的产品价格发挥有限的影响。

9.4.2 垄断竞争者利润最大化的价格决策

1）当价格等于平均成本时垄断竞争者可获取正常利润

垄断竞争者要想实现利润最大化，依然要遵循边际收益等于边际成本的基本原则。在短期内，若产品价格高于企业的平均成本，则企业获得超额利润，多卖出一个产品就多一份利润，企业有降价增加销量、扩大利润的冲动；若价格等于平均成本，则获得正常利润；若价格小于平均成本，则发生亏损。

在长期内，企业进出行业相对自由，当行业有超额利润存在时，新的企业进入，其提供的新产品会增加购买者得到的好处，但同时也会抢去原来企业的市场份额，竞争的结果是价格下降，超额利润消失；反之，如果行业存在亏损，企业会选择退出该行业，留在行业里的企业市场份额扩大，价格上升，直到亏损消失。因此，在长期内产品价格等于平均成本，企业就实现了获取利润最大化的基本条件。

2）垄断竞争者的主要手段是非价格竞争

现实生活中绝大多数产品的市场处于垄断竞争市场，垄断竞争市场的特点决定了企业既有垄断性又有竞争性。垄断性使其有一部分定价权，但是企业对价格的影响力有限，通过打“价格战”来扩大销量的余地不大。企业竞争的手段则主要集中于非价格竞争上。

增强产品差异性是一种非价格竞争手段。企业通过提高产品质量，改变材料、外观设计、包装等手段突出自己产品与其他产品的差异，提升自己产品的影响力，扩大市场份额。例如，麦当劳、肯德基不断推出新产品，可口可乐和百事可乐经常更换外包装和不同容量的包装等。

广告是企业相互竞争的另一种非价格竞争手段。企业通过广告发布有关本企业及产品的信息，扩大企业的知名度和影响力，创造品牌效应，吸引购买者的注意力，培养、激励购买者对自己品牌的忠诚度，从而达到扩大销量、增加利润的目的。品牌与广告是密切相联的，品牌是产品培育长期忠诚客户的基础，创造品牌、巩固品牌的目的与广告是相同的，做广告是达到利润目标的手段之一。当然，垄断竞争企业只有在广告带来的收益大于成本时才会施行“广告攻势”。

经济视野 9-2　　垄断竞争下的差异化战略

产品差异化是垄断竞争市场上常见的一种现象，不同企业产生的同类商品之间存在替代关系，但这种替代关系并非完全替代。垄断竞争企业的差异化战略包括制造产品本身的差异和人为的差异，后者包括市场定位的差异、服务的差异、营销策略的差异等。企业往往希望通过产品的差异化来刺激产品需求。

1. 产品的原料差异

美国安利集团旗下的纽崔莱如今已成为全球性的营养保健食品品牌。纽崔莱目前拥有四个有机种植农场，是当今世界上仍自行种植植物原料的营养保健食品公司。在培护土壤、作物管理、灌溉等方面，纽崔莱采用有机种植方法，确保每一种营养保健食品不含除草剂、杀虫剂和其他有害的农药残余物质。纽崔莱将这些富含植物营养素的植物提取物添加到营养保健食品中，使产品更天然，当然也更受消费者喜爱，更容易与其他保健品区别开来。

2. 产品的颜色差异

过去，人们所使用的牙膏都是白色的。当市场上出现一种透明啫喱或彩色牙膏时，消费者便觉得新奇，进而想体验一下。高露洁有一种三重功效牙膏，膏体由三种颜色构成，给消费者以直观感受：白色的可洁白牙齿，绿色的可清新口气，蓝色的可清除细菌。

3. 产品的造型设计差异

在移动电话刚刚普及的时候，市面上绝大部分的手机不是翻盖的，就是直板的。当诺基亚公司推出“倾慕系列”7370旋转式翻盖手机时，就立刻得到了消费者的“倾慕”，并一举获得“亚洲移动新闻”大奖（该奖项被誉为“移动行业奥斯卡”）颁发的年度最时尚手机奖。

4. 产品构造差异

“好电池的底部有个环”，南孚电池通过“底部有个环”给消费者一个简单的辨别方法，让消费者看到“环”就联想到了高性能的电池。

5. 产品暗示区别

瑞星杀毒软件用狮子来代表其品牌，以显示强大的“杀力”；白沙烟用鹤来表现飞翔、心旷神怡的品牌感受。

6. 产品代言人区别

好的产品代言人能使消费者产生品牌联想，即把对偶像的喜爱转移到产品当中去。如曾经由周杰伦代言的“动感地带”就非常能凸显年轻人朝气蓬勃的行动性和追求新潮的求知性。

9.4.3 寡头企业的价格和产量决策

1）寡头垄断的含义

寡头垄断市场是指少数几家厂商控制了某种产品的绝大部分产销量、垄断了某种产品市场的市场结构。寡头垄断企业对市场价格和产量的决定起着举足轻重的作用，同时它们之间又存在着不同形式的竞争。

经济课堂9-2

纳什均衡

寡头垄断可分为纯粹寡头和差别寡头。纯粹寡头是指无差别的寡头垄断，如钢铁、石油等。这些企业彼此之间依存性较高，一家企业的产量和价格变动必然影响竞争对手的产销量，迫使竞争对手采取策略。差别寡头是指生产的产品性质相同但有差别的寡头垄断。如汽车、机电产品等，它们之间依存性较低，但由于同类产品可以相互替代，各企业之间必然存在竞争。

形成寡头的原因主要是规模经济的作用。在某些生产领域，比较适合于大规模生产，只有规模经济才能获得较好的效益，最后发展结果是只需要几家大企业的产量就可以满足市场的需求。此外，存在阻止新企业以平等地位与现有企业进入市场进行竞争的障碍。

2）寡头企业价格和产量决策的难题——囚徒困境

寡头市场中企业数量极少，规模庞大，新企业进入十分困难。正是由于企业数量少，规模和实力大，因此，企业间相互依存牵制特别明显，每个企业决策时都必须注意自己的决策对对手可能产生的影响，每一个企业的价格和产量决策都会明显地影响其他竞争对手的销量和利润水平。

这里出现了一个突出的难题，寡头企业不能像完全竞争、完全垄断和垄断竞争那样独立决策，而要顾及竞争对手的反应。这种反应是决策者难以预测的。这就产生了企业行为的不确定性。这种不确定性使企业决策面临难题——是独立行动还是相互勾结或合作，即囚徒困境。

近年来，经济学家使用被称为对策论的数学方法来研究寡头之间的勾结，这种对策的一个例子被称为囚徒困境。囚徒A和囚徒B被认为合谋参与了一桩犯罪活动，他们被分别关在不同的囚室。警察对两个犯人分别约定：如果一个嫌犯认罪，而另一个同谋拒绝交代，则法庭允许认罪者减刑只判6个月，而拒绝交代的同谋要判10年。两个人都知道，如果两人都认罪，则两人会判8年，如果两人都不认罪，则会因证据不充分而各判2年。两人选择的可能结果见表9-2。

表9-2 两个囚徒合作的可能结果

		囚徒A的选择	
		认罪	不认罪
囚徒B的选择	认罪	每人判8年	A判10年，B判6个月
	不认罪	A判6个月，B判10年	每人判2年

从两名囚徒共同的利益看，最好的选择是两个人都保持沉默，这样每人坐2年牢。但是从每个囚徒自身的利益看，无论其同伙坦白与否，坦白总是最好的选择。不过，一旦两名囚徒从他们自身利益出发都选择坦白，他们俩就都会面对更坏的结果——每个人都坐8年牢。囚徒困境是一个简单的对策，这一对策中，由于双方都独自地依照自身利益行事，结果都陷入更加不利的境地。如果双方能在一起编造一个说法，并且让同伙感到偏离这一说法的损害，则双方都可以得到更好的结果。

3）寡头合作

在现实经济生活中，寡头的市场战略的确定，不仅要满足自己的意愿，而且要考虑对手的反应。囚徒的两难处境和相似的博弈游戏说明利己之心是怎样导致不合作的。面对现实中反复出现的囚徒的两难处境，人们最好进行合作（而且往往也进行了合作）。

寡头企业在市场上既有公开的勾结或合作，当然也有不公开的勾结或合作。公开的勾结或合作通常被称为卡特尔。**卡特尔**是一个行业内各独立企业之间就价格、产量和市场划分等事项达成明确协议而建立的垄断组织。其主要任务：一是为成员企业的产品规定统一价格；二是为各成员企业之间分配总产量，即规定成员企业的生产限额。

还有一种非公开勾结或合作，称为价格领导。**价格领导**是指行业中一个或极少数几个大企业开始变动价格后其他企业跟着行动的合作方式。价格领导的寡头企业可能是行业中地位和实力最强大的，在行业中处于支配地位；也可能是能及时准确摸透市场行情的寡头企业，最能代表其他寡头企业的愿望。

当然合作也会有损社会，如寡头企业之间的合作会损害消费者的利益，政府也会制定反垄断法等，加以限制。

经济视野9-3

航空运输如何实现与高铁共赢

在高铁还没开始投入运行前，通往全国各省不同城市的交通工具主要有飞机、火车、汽车。普通火车的时速一般在80km/h～120km/h，旅客要跨省出行，选择火车可能需要几天几夜，而选择飞机仅需几个小时，相比较而言，飞机要快得多；以前的高速公路不多，汽车时速100公里左右，与时速900多公里的飞机相比，也不是一个等量级。那个年代，飞机是通往各大城市的最快的交通工具。也正因为速度方面差距较大，民航业在票价控制方面很有优势。

但如今，高铁的时速已达到250km/h～430km/h，各大城市几乎都开通了高铁。每个高铁始发站都串联很多城市站点的铁路线，高铁网络几乎已覆盖全国。高速路网也在不断扩张，高速公路四通八达，地面运输速度在快速提升，交通特别方便。

高速公路、高铁的快速铺建给航空业带来很大的冲击。特别是时速高达430km/h的高铁，缩小了铁路运输和航空运输的时速差距，加上人们总是认为地面运输安全，因而很多游客出行都愿意选择高铁。有公开数据显示，端午节某高铁站增加40多趟车次，始发量高达100多趟，平均每5～8分钟一趟高铁，可见高铁的市场需求量之大。高铁线还有一个优势，就是除了到达目的地站点外，沿途可设好多经停站点，只要旅客愿意选择乘搭，在各个城市站点都可以上下，非常方便。在高铁运输全面布网的环境下，很多城市间的运输已从原来的空运转为高铁。为与高铁竞争，航空公司只能通过票价打折或削减国内短程航线来平衡运输需求，已出现个别航班的票价低于高铁票价的情况。

面临如此激烈的竞争环境，航空公司要实现与高铁共赢，需联手与出行有关的行业来丰富机票产品组合，改变机场地面接送模式、固化票价、缩短旅客提前到达机场时间，为旅客旅途各节点加速并提高服务品质，树立“超好超快”的行业品牌形象。当旅客体会到坐上飞机后他更省心，到达机场后发现机场除空运四通八达外，陆运也四通八达，他便离不开飞机，也会主动选择从机场出行了。

资料来源 吴漫云. 航空运输如何实现与高铁共赢［EB/OL］.［2019-06-21］. http: //news.carnoc.com/list/497/497439.html? tdsourcetag=s_pcqq_aiomsg.

经济视野9-4

BAT垄断中国互联网

BAT，B指百度、A指阿里巴巴、T指腾讯，是中国互联网公司百度公司（Baidu）、阿里巴巴集团（Alibaba）、腾讯公司（Tencent）公司首字母的缩写。

百度总部在北京、阿里巴巴总部在浙江省杭州市、腾讯总部在广东省深圳市。

中国互联网发展了20年，形成了三足鼎立的格局，三家巨头各自形成自己的体系和战略规划，分别掌握着中国的信息型数据、交易型数据、关系型数据，然后利用与大众的通道不断兼并后起的创新企业。

过去五年，三家巨头共投资了30家已上市公司和几百家未上市公司。中国互联网未上市创业公司估值前30名的公司，80%背后有BAT的身影。

基于现有业务的竞争优势在移动互联网领域构建完整的生态体系已经成为BAT的布局核心，但在这个过程中，三巨头的侧重点各不相同。

百度以搜索引擎为支撑，在探索新业务方向时，主要以战略投资为主，形式多为收购和控股，这样一方面可以引进人才，一方面可以卡位新的业务。

资料来源　佚名．BAT［EB/OL］．［2022-03-10］．https：//upimg. baike. so. com/doc/1449025-10496249.html.

9.4.4 竞争与垄断的利弊分析

思政课堂9-1

资本主义垄断的形成及危害

一般来说，竞争与垄断相比有更高的经济效率，能增加消费者福利。因为垄断厂商是在价格高于边际成本处生产，从而垄断产量比竞争产量低，而垄断价格比竞争价格高。于是垄断使消费者剩余减少，利益受到损失。例如，目前在我国的一些行业，包括电信、铁路、电力、民航、金融等行业中，个别经营者滥用市场支配地位的垄断权力，强制交易，个别地方行政机关滥用行政权力，排除、限制竞争，行业垄断势力抬头，产品或服务的垄断价格高于一般竞争价格，使消费者剩余减少，造成社会福利的损失。

但垄断与竞争相比也有其优越性：

第一，在垄断条件下，厂商规模巨大，可以形成规模经济，增进经济效益。

第二，垄断条件下存在超额利润，能刺激厂商为追求超额利润而进行技术创新，进行发明创造。投资开发与研究要冒很大的风险，也只有大企业才能承担这种风险。因此，垄断促进了科学技术的发展。

启智润心9-1　科学反对垄断竞争，有效维护市场公平公正

外卖平台在经历了长时间的补贴大战之后，市场逐渐开始回归冷静。虽然美团与饿了么在行业中争得头破血流，但不得不说，两大平台的入局开启了外卖新时代，培养了一批又一批外卖用户的消费习惯，不论是上班族还是大学生，外卖已成为他们的日常用餐方式，需求扩大，市场规模也随之壮大。因而这给许多本地创业者创造了许多新的商机，纷纷选择加入外卖行业赛道。就目前的发展情况来看，市场已被美团、饿了么两大巨头平台垄断，并且行业“潜规则”愈发明显，先不论代理商能否赚钱，单是两大平台的代理费就高达几十万甚至上百万，门槛很高。对于代理商或者入驻商家，其制定的考核标准十分严格。比如：选择美团或者饿了么平台，先缴纳入门费也就是代理费用，少则几十万，多达上百万，成功之后，他们会以半年或一年时间作为考核期，在考核期结束后，KPl没有达到他们制定的考核标准，那么他们会单方面撤销代理商当地市场的代理权，并且全程无赔偿。在清退代理商之后，又重新找别人来代理这块区域，这样的霸王条款对于商家后期是没有任何保障的。

国家市场监管总局反垄断局主要负责人在接受采访时说：“线上经济呈现出市场集中度越来越高的趋势，市场资源加速向头部平台集中，关于平台垄断问题的反映和举报日益增加，显示线上经济发展中存在一些竞争风险和隐患。”“虽然平台经济领域竞争呈

现出一些新特点，但互联网行业不是反垄断法外之地，所有企业都应当严格遵守反垄断法律法规，维护市场公平竞争，也只有这样，才能确保整个行业的健康发展。”目前我国违法实施经营者集中的罚款额度确实偏低，威慑力有限。在《反垄断法》修订过程中，多位专家学者、律师、企业等都对此提出了意见建议，国家市场监督管理总局也深入研究论证了违法实施集中罚款额等问题，并在《反垄断法》修订草案中进行了反映。

资料来源　佚名．美团饿了么称霸外卖市场，代理商的出路就此被垄断？[EB/OL]．[2023-01-29]．https：//www.bilibili.com/read/cv21477393/.

思政元素：公平公正　法治意识　社会责任感　科学思维

明理善行：《反垄断法》是市场经济重要的基础性法律。《反垄断法》通过法律的强制性作用排除各种对竞争机制作用的干扰，保护市场主体参与市场竞争的权利，维护竞争的市场结构，保护消费者的合法权益。《反垄断法》的立法目的在于禁止垄断和其他限制竞争的行为，创造公平竞争的良好环境，使市场在资源配置中的基础性作用能够充分发挥，以保证市场经济健康发展。对于社会主义国家的企业来讲，应承担一定的社会责任，为社会主义市场经济的发展贡献一份力量。

本章小结

- 本章主要介绍了完全竞争、完全垄断、垄断竞争、寡头垄断四种市场结构，比较了四种市场的不同特点，并以经济生活中的现象为例，分析了四种市场结构中企业的收益状况和生产决策。
- 无论何种市场结构，企业利润最大化的基本原则都是边际收益等于边际成本，由于所处市场结构环境不同，企业对价格的影响力也不同：完全垄断企业有绝对定价权，完全竞争企业只是价格接受者，垄断竞争企业和寡头垄断介于二者之间。
- 价格水平的差异导致企业利润状况不同，短期和长期的影响则取决于资源配置的流动性。

主要概念和观念

□ 主要概念

市场　行业　完全竞争市场　完全垄断市场　价格歧视　垄断竞争市场　寡头垄断市场　卡特尔　价格领导

□ 主要观念

无论何种市场结构，企业利润最大化的基本原则都是边际收益等于边际成本，也是企业决定价格或产量的基本原则。

基本训练

1）选择题（单项或多项选择）

（1）由少数几家企业控制的市场结构是（　　）。

A.寡头垄断　　B.完全垄断　　C.完全竞争　　D.垄断竞争

（2）完全垄断市场和垄断竞争市场的主要区别是（　　）。

A.进入障碍　　B.企业规模大小

C.产品是否有差别　　D.信息是否完全

(3) 完全竞争市场个别企业的需求曲线（　　）。

A.同整个行业的需求曲线是相同的

B.是一条向右下方倾斜的曲线

C.是一条平行于横轴的水平线

(4) 寡头垄断市场中个别寡头企业之间的关系是（　　）。

A.只考虑竞争，只满足自己的意愿，独立决策

B.只考虑合作

C.既有合作又有竞争

(5) 市场类型划分的标准是（　　）。

A.本行业内部的生产者数目或企业数目

B.本行业内各企业生产者的产品的差别程度

C.进入障碍的大小

D.生产要素的效率

E.市场规模的大小

(6) 实施价格歧视的前提条件有（　　）。

A.生产者必须具有一定的规模

B.企业生产的产品存在差别

C.能根据不同的需求价格弹性划分出两组或两组以上的不同购买者

D.市场是能够有效地隔离开的

E.不同市场上的边际收益相等

(7) 有关完全垄断市场的正确表述是（　　）。

A.完全垄断企业市场的需求曲线就是行业的需求曲线

B.企业生产的产品不存在产品差别

C.企业是价格的接受者

D.需求曲线是一条水平线

E.需求曲线向右下方倾斜

在线测评 9-1

选择题

(8) 垄断竞争者相互竞争的主要手段有（　　）。

A.打“价格战”　　B.非价格竞争　　C.增加产量

D.增强产品差异性　　E.加大广告攻势　　F.创品牌

2) 分析题

(1) 为什么利润最大化原则的边际收益等于边际成本，即MR=MC在完全竞争条件下可表达为MR=P？

(2) 为什么企业在短期内即使亏本也要继续经营？企业在什么情况下应停止生产？企业能否长期亏本经营？

(3) 为什么垄断企业不能把产品价格任意提高？

(4) 为什么垄断竞争企业更注重于非价格竞争？非价格竞争手段有哪些？

（5）如何认识寡头企业之间的合作与竞争？

（6）试对四种市场类型进行比较分析。

观念应用

京东物流宣布已经完成收购德邦控股的相关交易。以接近90亿元的并购价格，创下了快递行业至今为止最大并购金额交易案例。随着收购的完成，京东系高管接连入驻德邦，德邦全面进入了“京东时间”。

德邦近年财报显示2018—2021年，公司营收增速为每年9%，业绩增速却呈现逐年下降趋势。且根据京东物流财报显示，这三年内京东物流亏损增速每年2.7倍，2021年净利润同比下降283%。因此需要通过业务扩张和联合来抑制持续亏损，并购联手便成为一个较好的选择。

另外，京东和德邦合作有利于进一步促进快递快运行业数智化升级、综合服务能力不断提升，有力推动行业高质量发展，双方期望实现“1+1>2”的效果。

京东物流并购德邦，并不是物流行业合纵连横的开始。之前极兔与百世的整合已经拉开物流行业加速竞争的序幕，而物流之间的竞争也势必会影响到电商领域。极兔通过并购接入“淘系”，京东也通过并购，进一步巩固其在电商领域的地位。

资料来源 佚名．2022中国上市公司十大并购案——典型例子点评［EB/OL］．［2023-01-24］．https：//caifuhao.eastmoney.com/news/20230124154718327920250.

问题：分析京东和德邦合作会提升企业发展效率吗？

第4编

宏观经济分析

第10章

社会总供求的平衡与失衡

学习目标

知识目标：掌握总需求、总供给、国内生产总值、国民收入、投资乘数、市场失灵、经济增长、经济波动等基本概念，掌握消费、储蓄与投资的关系，掌握宏观经济均衡的条件，掌握国内生产总值的计算方法；

技能目标：能用所学理论分析我国的宏观经济政策，

素养目标：积极践行社会主义核心价值观，弘扬工匠精神，坚定四个自信。

思维导图10-1

社会总供求的平衡与失衡

引例 加快构建以国内大循环为主体、国内国际双循环相互促进的新发展格局

党的十九届五中全会通过的《中共中央关于制定国民经济和社会发展第十四个五年规划和二〇三五年远景目标的建议》（以下简称《建议》）提出，要加快构建以国内大循环为主体、国内国际双循环相互促进的新发展格局。这是对"十四五"和未来更长时期我国经济发展战略、路径做出的重大调整完善，是着眼于我国长远发展和长治久安做出的重大战略部署，对于我国实现更高质量、更有效率、更加公平、更可持续、更为安全的发展，对于促进世界经济繁荣，都会产生重要而深远的影响。

这是适应我国经济发展阶段变化的主动选择。经济发展是螺旋式上升的过程，也是分阶段的。不同阶段对应不同的需求结构、产业结构、技术体系和关联方式，要求发展方式与时俱进。

这是应对错综复杂的国际环境变化的战略举措。近年来，国际力量对比呈现趋势性变迁，经济全球化遭遇逆流，国际经济循环格局发生深度调整。同时，新冠肺炎疫情全球大流行影响深远，全球产业链供应链面临冲击，世界经济复苏动能不足，外需对我国经济增长的支撑作用面临不确定性，可能对我国国内经济循环产生负面影响。我们必须努力扭转一些领域对外依存度过高的局面，更多立足国内实现自主安全发展，着力提升经济发展的自主性、可持续性，保持我国经济平稳健康发展。

这是发挥我国超大规模经济体优势的内在要求。大国经济的特征都是以内需为主导、内部可循环。我国有14亿人口，其中有4亿多中等收入人群，人均国内生产总值突破1万美元，是全球最大和最有潜力的消费市场。同时，我国有雄厚的物质基础、丰富的人力资源、完整的产业体系、强大的科技实力和持续提升的宏观经济治理能力。这些既是我国增强国内大循环主体地位的重要保障，也是支撑我国深度融入国际经济循环的底气所在。我们有条件、有能力充分发挥大国经济的规模效应和集聚效应，更好利用国内国际两个市场两种资源，有力推动我国经济高质量发展。

传统的经济理论主张自由放任的政策，相信通过市场竞争可以达到最优配置。但是，周期性的经济波动表明，仅仅依靠市场机制是无法解决一系列社会问题的，即会出现所谓的市场失灵。市场失灵构成政府必须干预经济的理论依据。宏观经济政策主要研究政府对整个国民经济的运行进行干预和调节。

资料来源 刘鹤. 加快构建以国内大循环为主、双循环相互促进新发展格局 [N]. 人民日报，2020-11-25（6）.

宏观经济学的分析是从国民收入决定开始的，而总需求是国民收入决定的主要因素之一，因此阐述国民经济的总量及平衡应从分析总需求的形成开始。

经济学宏观部分以整个国民经济流动作为考察对象，研究社会整体经济问题及相应的经济变量的总量如何决定以及这些总量间的相互关系，研究政府行为主体在平衡国民经济的总量、治理市场失灵中应发挥的作用。

通过本章的学习，你能够了解，社会总需求的形成、国民经济的总量及其平衡、社会经济增长模式的选择、对经济周期波动幅度和频率的理性控制，都离不开政府宏观

调控。

10.1 社会总需求的形成

总需求是国民收入决定的主要因素之一。经济学所讲的**总需求**是指最终产品的需求，是在货币价值量上全社会一年内花在最终商品和劳务上的货币支出总量。它由个人消费需求、国内投资需求、政府消费需求和进口需求构成。为此，我们对宏观经济的分析，首先从消费开始。

10.1.1 消费与储蓄

消费是由消费者有购买能力的需求所决定的。不论从个人还是从社会看，人们的消费主要取决于消费者可支配的收入水平，收入水平越高，消费水平也越高；收入水平降低，消费水平也降低，但并不按同一比例变动。所谓消费函数，是用一条曲线将不同时点上居民的消费支出与其可支配的收入联系起来，用以表示消费总开支与消费者可支配收入之间相互依存的动态关系。如果用C代表消费、Y代表收入，消费函数的公式则为：

$$C=f(Y)$$

消费与收入之间的关系，可以用平均消费倾向和边际消费倾向来说明。所谓**平均消费倾向**（APC）是指消费在收入中所占的比重。如果用Y表示收入，C表示消费，那么平均消费倾向的公式则为：

$$APC=\frac{C}{Y}$$

一般来说，用于消费的份额大小，主要取决于收入的多少，收入多则用于消费的份额大，收入少则用于消费的份额小。因此，消费与收入正相关。然而，对于不同收入水平的家庭来说，其消费倾向是不同的。消费支出在收入中所占的比重是随着收入增长而下降的，这种消费与收入之间的关系，可用图10-1来加以说明。

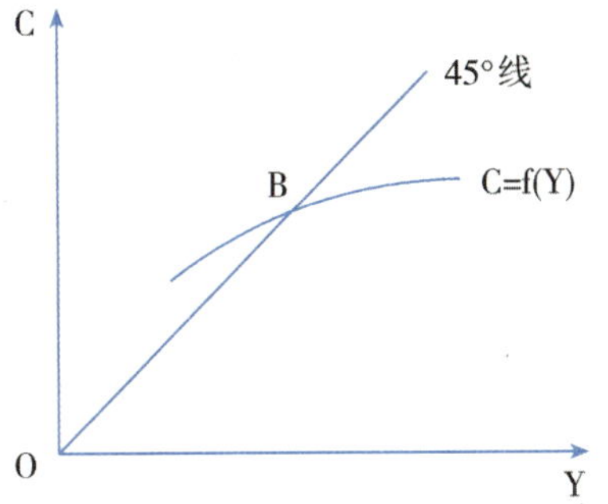

图10-1 居民消费函数曲线

在图10-1中，横坐标为居民可支配的收入，纵坐标为消费支出；在45°线上的任何一点，消费正好等于收入。平均消费曲线与45°线相交的B点，为“收支相抵”点，在这里消费开支正好等于可支配收入；家庭不借债，也不储蓄。在B点的左边，消费支出大于收入总额，即平均消费曲线高于45°线，此时平均储蓄倾向为负数；在B点的右边，随着收入的增长，消费支出反而相对降低，即平均消费倾向逐渐低于45°线并向右延伸，此时平均储蓄倾向相对提高。总之，消费在收入中所占的比重是随着收入的增长而下降的，然而储蓄的份额则随着收入的增长而上升。

边际消费倾向（MPC），**是指增加的消费在增加的收入中所占的比重**，即每增加一单位收入所引起的消费增量。如果用ΔC、ΔY分别代表增加的消费和收入，那么其公式则为：

$$MPC=\frac{\Delta C}{\Delta Y}$$

在一般情况下，边际消费倾向是递减的，即在不断增加的每一单位中，用于消费的比重越来越小，这种变化倾向称为边际消费倾向递减规律。按照此规律，收入增量越多，其中消费增量所占的比例就越小。一般来说，收入增加，消费也增加，故$\frac{\Delta C}{\Delta Y}$总是大于零；又因为所增加的消费总是少于收入的增加量，故$\frac{\Delta C}{\Delta Y}$的数值又必然小于1。边际消费倾向递减规律可简单地表示为：

$$0<\frac{\Delta C}{\Delta Y}<1$$

储蓄是收入中没有被消费的部分，即储蓄等于个人或社会的一定收入减去消费的剩余。储蓄与收入之间的依存关系称为储蓄函数或储蓄倾向。在其他条件不变的情况下，收入增加，储蓄增加；收入减少，储蓄减少。但储蓄函数是由消费函数来决定的。这是因为，储蓄是一定收入减去消费的余额，消费多了，储蓄自然就少了；反之则相反。所以，储蓄函数可由消费函数求得。

储蓄与收入之间的关系，可以用平均储蓄倾向和边际储蓄倾向来说明。所谓**平均储蓄倾向**（APS），**是指储蓄在收入中所占的比重**。如果用Y与S分别表示收入和储蓄，那么其公式为：

$$APS=\frac{S}{Y}$$

用于储蓄份额的大小主要取决于收入的多少。收入多则用于储蓄的份额大，收入少则用于储蓄的份额小。然而，对于不同收入层次的家庭来说，其储蓄的倾向是不同的，一般是富人比穷人的储蓄不论在绝对量上，还是在相对量上都多。很贫穷的人根本没有能力储蓄。

边际储蓄倾向，**是指增加的储蓄在增加收入中所占的比例，即每增加一单位收入而引起的储蓄增量**。如果用ΔS和ΔY分别表示增加的储蓄和增加的收入，用MPS表示边际储蓄倾向，那么其公式为：

$$MPS=\frac{\Delta S}{\Delta Y}$$

在一般情况下，边际储蓄倾向呈上升趋势，即在不断增加的每一单位收入中，用于储蓄的比重越来越大，根据收入均衡公式，一定时期的消费增量和储蓄增量之和，必然等于相应时期的收入增量。由此得出，边际消费倾向与边际储蓄倾向之和等于1，即

MPC+MPS=1。

10.1.2　投资与储蓄

投资是开支的一个巨大的组成部分，在宏观经济中起着重大作用，它的变动对总需求会产生重大影响。投资会导致资本积累，它发挥着影响产出和收入的双重作用。投资一般可分为三部分，即设备购买、存货增加以及工厂和房屋建设。

投资的资金来源于储蓄，但储蓄和投资水平并不会自动相等。因为在现代社会中，进行储蓄和投资的主体不尽相同，其动机也不尽相同。在私人经济中，储蓄主要来自个人和家庭，而投资则主要是企业活动。当然，企业也用其储蓄进行投资，但一般所占的份额较小。

在现代社会，投资主要是由公司或企业进行的。一个公司或企业在投资之前，应考虑到投资回报率、投资成本和对未来经济状况的预期，只有在预计建一座新工厂或买一台新机器会给其带来大于投资成本的收益，而且预期看好时，才会抓住投资机会，充分利用其分配的保留利润和银行贷款等来进行投资。因此，公司或企业进行储蓄的动机是准备进行有效投资，而公司或企业进行投资的目的却是增加收益。

但是，个人或家庭进行储蓄的动机却是多种多样的，如为了老年生活或为购买耐用消费品做准备，或为了预防不测事件等。这些动机往往与公司或企业投资不发生自动的联系。因为公司或企业即使找不到有利的投资机会，个人也会愿意进行储蓄。我们平常所说的储蓄是指银行存款、邮政储金等。但作为经济学概念上的储蓄，则专指收入中扣除消费支出之后的剩余，即宏观上不用于消费支出而加以储蓄的部分。相应地，平常所说的投资，是指创办企业、购买股票或债券等。而作为经济学概念上的投资，则专指资本存量的增加，如在一年中新生产的机器设备、新建造的建筑物和新增加的存货等。总投资的概念可以具体划分为更新投资和净投资。更新投资是补偿现有资本存量损耗的投资，它不会导致资本存量的增加。更新投资意味着生产能力的恢复。净投资是改变现有资本存量的投资，它导致资本存量的增加或减少，净投资为正意味着生产能力的提高。

可见，宏观上的储蓄和投资是一对变量，就资金运动而言，储蓄表示其供给，投资表示其需求。然而，一定时期的投资额，则是由资本边际效率和利率共同决定的。

资本边际效率（RM），是指资本的预期收益率，即投资增加一个单位预期可以得到的收益。如果用Q、P分别代表预期收益和投资的资本品的供给价格，那么其公式为：

$$RM=\frac{Q}{P}-1$$

预期收益愈是大于供给价格，则资本边际效率愈高；反之，则相反。影响资本边际效率的因素很多，如生产经营者对未来产品销售量的预期、技术革新、成本费用的预期、投资决策者素质，以及对资本存货数量及其构成的预期等。

一般来说，随着投资的增加，必然会引起设备供给价格的提高，从而导致投资的预期收益率下降。与此同时，由于投资的增加，又会促使产品的预期供给量增多，相应地降低产品销售价格，从而导致投资的预期收益率下降。因此，资本边际效率呈现递减的趋势，如图10-2所示。

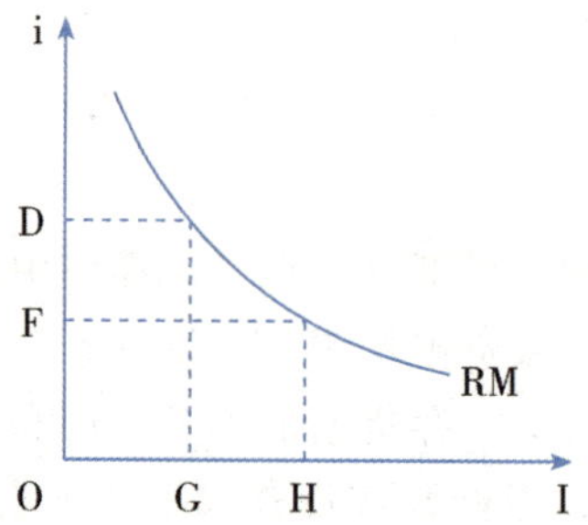

图 10-2 投资与资本边际效率的关系

假定资本边际效率曲线如图 10-2 所示，投资的大小取决于利率水平，因为生产部门从事投资而获得收益起码能抵偿其成本。当利率为 OD 时，投资为 OG；当利率为 OF 时，投资则增加为 OH。因此，资本的边际效率曲线同时又是投资需求曲线。

由于公司和企业投资的动机是追求利润最大化，那么投资预期得到的收益必须同投资的成本进行比较，只有在投资预期的收益不低于投资成本时，投资才可能进行。从投资者角度分析，利息就是一种成本。利息，即在单位时间内借用货币所支付的价格。因此，投资需求取决于资本的边际效率与利息率的相互对比关系。若资本的边际效率大于现行利息率，则有预期盈利，投资将继续下去；若资本边际效率下降到与利息率相等，投资即停止，一定时期投资总量也随之确定下来。

10.1.3 宏观经济的均衡与非均衡

所谓**总供给**，是一国经济在一定时期内所能提供的按市场价格计算的全部物品和服务。除了国内生产提供的物品和服务外，总供给还包括进口。所谓总需求，则是一国经济在一定时期内对物品和服务的全部需求，它也要以市场评价和货币表现为基础。一般来说，总需求由四个基本部分组成：

（1）居民消费者购买；

（2）企业购买；

（3）政府购买；

（4）出口。

研究总供给与总需求之间的关系，是宏观经济分析的基本内容之一。

如果假设国民经济是一个宏观均衡的经济，即总需求一定等于总供给。换句话说，要想实现经济的宏观均衡，就必须满足以下的基本均衡条件：

总需求=总供给

这里，我们把总需求定义为消费需求与投资需求之和，即 C+I，把总供给或总产出理解为分配给消费者的消费和储蓄，即 C+S，那么，总需求与总供给的均衡式为：

$C+I=C+S$

简化后，便有：

$I=S$ 或 $S=I$

这个基本公式的含义既是实际的储蓄必须等于实际的投资，又可以理解为计划或意向的储蓄必须等于投资。

事实上，实际的储蓄不一定恰好和投资相等，成千上万居民的储蓄决策加起来刚好等于成千上万企业的投资决策是相当困难的。实际的情形往往是，要么$S>I$，要么$S<I$。所以，宏观非均衡表现为常态，而宏观均衡似乎只能是偶然的。但是，人们对实现从非均衡到均衡也并非是完全无能为力的，如果把政府对宏观经济的协调和干预考虑进来，储蓄等于投资的可能性就会更大些。

前面提到，投资的边际效率、利率与投资间的关系，表明了如欲增加投资，一要提高投资的边际效率；二要降低利息率。利息率是一个非常活跃的变量，且利息率的降低是有限度的，而投资的边际效率一般又呈下降的趋势，有时甚至大幅度下降，这样势必引起总需求的严重不足。总需求不足将会给国民经济带来不利影响，它不仅会打破社会再生产的运行环节，而且带来生产滑坡、经济衰退和失业率上升，以及市场疲弱和产品滞销等恶果，使生产因缺乏需求拉动力而发展缓慢以至停滞，从而造成社会资源的闲置乃至浪费。当新增投资需求超越社会经济承受能力时，即会出现投资需求膨胀。如果投资主体为单一结构时，投资需求膨胀就表现为政府投资需求膨胀。如果投资主体为多元结构时，各投资者从自身利益出发，不顾社会承受能力，竭力扩大投资需求，此时，如果中央政府不及时实施有效的宏观经济调控，在投资资金“软预算约束”下，预算外投资需求的膨胀就会转化为现实的投资需求膨胀。

总需求膨胀，即总需求大于总供给。如果在资源短缺和效率低下的情况下，就会极大地约束总供给的增加。然而消费基金和投资基金盲目增长，必然扩大总需求，当社会总供给严重不足，造成总需求极度膨胀，势必导致物价水平普遍而持续地上升。它客观上要求政府进行宏观调控。

【小思考10-1】

银行降低存款利息产生的主要影响效应是什么？

小思考10-1
分析提示

10.2 均衡国民收入

均衡国民收入，即总供给与总需求恰好达到平衡时的国民收入。国民收入决定理论是宏观经济学的核心，它为分析各种宏观经济问题提供重要工具，我们应从总供给与总需求的相互关系来考察国民收入的决定。本节主要阐述国民收入的基本概念、国民收入流程及均衡。

10.2.1 国内生产总值

1）国内生产总值的含义

经济课堂10-1
国内生产总值

国内生产总值（GDP）是指一国（或地区）在一定时期内运用生产要素所生产的最终产品（商品和服务）的市场价值。国内生产总值是衡量一个国家（或地区）经济活动最主要的数据，通常以该国的货币单位为计算单位。

在理解国内生产总值的含义时，应注意以下几个问题：

（1）国内生产总值是一个市场价值的含义，用货币来衡量。其计算公式为：

市场价值=单位价格×产量

(2) 国内生产总值只测定最终产品（包括商品和服务）的价值，而不计算中间产品价值。最终产品是指在一定时期内生产的可供人们直接消费或者使用的商品和服务；中间产品是指为了再加工或者转卖用于供别种产品生产使用的产品和劳务。最终产品的价值等于生产过程中每一个阶段所增加的价值总和，其中已包括了中间产品的价值，所以应当避免中间产品的重复计算。

(3) 国内生产总值一般以一年为统计核算期限。也就是说，某年的国内生产总值不能包括以前年度生产出来的商品和服务，只能是当年生产出来的商品和服务。按此规则，出售以前年度生产的存货所得就不能计入当年的国内生产总值。

(4) 国内生产总值只衡量市场活动所产生的价值。而那种用于自己消费的自给性商品和服务，因为不用于市场交换，所以没有价格，不能计入国内生产总值。

(5) 国内生产总值是一个地域含义，是指一个国家境内创造的全部最终产品的市场价值，而不管境内的生产要素是不是本国的，它侧重衡量一国本土所具备的生产能力。

2）国内生产总值的核算

国内生产总值的核算方法主要有支出法、收入法和部门法。

(1) 支出法，又称最终产品法，是把一定时期内购买的各类最终产品的支出相加，计算出该年内生产的最终产品的市场价值的方法。

假设用Q_1，Q_2，Q_3，…，Q_n代表各类最终产品数量，用P_1，P_2，P_3，…，P_n代表各类最终产品的现行市场价格，支出法的核算公式则为：

$$GDP=Q_1P_1+Q_2P_2+Q_3P_3+\cdots+Q_nP_n$$

按支出法统计国内生产总值时，各国具体项目的分类不尽相同，但大体包括以下四个项目：

①个人消费支出（C）：它主要包括所有家庭对最终产品和劳务的总消费。

②私人国内总投资（I）：它是指用于固定投资和用于变动存货的支出。

③政府在物品与劳务上的支出（G）：它包括中央和地方各级政府购买现期产品和劳务的支出。

④净出口（X-M）：它指出口减进口的净值。

把用货币额表示的上述四个项目相加，其总额即国内生产总值。

(2) 收入法，又称要素收入法，此种方法是从投入的生产要素所取得收入角度出发，计算一年内产出最终产品和劳务的总产值，即把劳动所得的工资、企业家管理所得的利润、资本所得的利息、土地所得的地租相加，计算国内生产总值。

各国在按收入法计算国内生产总值时，具体项目的分类也不尽相同，但大体包括以下三个项目：

①生产要素收入：主要包括工资、利息、租金、利润。

②固定资产消耗：主要是固定资产折旧。

③间接税：是指税收负担不由纳税者本人承担的税。

(3) 部门法，是按提供物质产品与劳务的各个部门的产值来计算国内生产总值的方法。这种计算方法反映了国内生产总值的来源，所以又称生产法。国民经济产业部门可以按三次产业分类。在用这种方法计算时，各物质生产部门要把所使用的中间产品的产值扣除，仅计算本部门的增加值；无法计算增加值的部门，则按该部门职工的工资收入来计算，以工资代表他们所提供的劳务的价值。

在实际中，由于统计误差和相关数据可获得性的差异，这三种方法计算得出的结果往往并不一致。国民经济核算体系通常以支出法所计算出来的国内生产总值为标准，若按收入法和部门法计算出的结果有偏差，则必须进行误差调整，使之达到一致。

10.2.2　国民收入流程

国民收入（NI），即一国在一年内用于生产的各种生产要素所得收入的总和。国民收入用公式表示则为：

国民收入=工资+利润+利息+地租

国民收入的生产、分配、流通和消费形成了国民收入的总流程。国民收入总流程是一国经济总流程的核心内容，它反映了各种经济单位之间复杂的联系和利益关系，将一国的经济单位联系起来，分析一国经济的循环流动，从而为研究宏观经济运行规律奠定基础。

国民经济是一个相互联系、相互提供需要的有机体。企业为社会提供产品，同时自己得到收入和利润；劳动者为企业提供劳动服务，同时自己得到薪水；居民从企业那里买到所需要的消费品，企业因此而出售了自己的产品，实现了货币收入；政府部门从企业和居民那里收税，同时它又作为买者向企业采购，作为雇主向职工支付薪金。可见，各经济部门之间存在相互联系的商品、服务和货币的交换，存在一个不断循环的收入流。如果我们加上外贸，就可以勾画出如下四部门收入流程（如图 10-3 所示）。

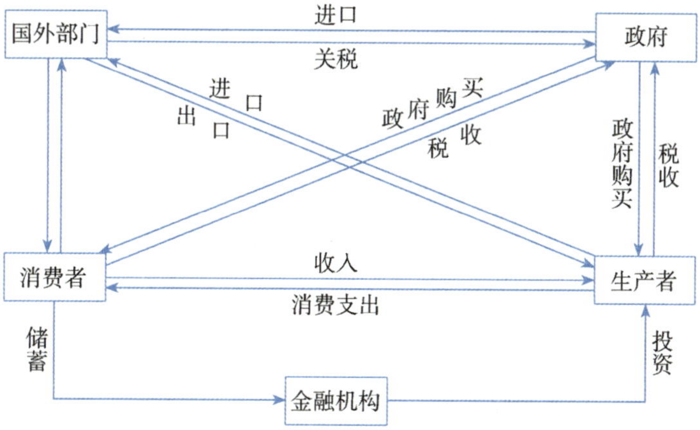

图 10-3　国民经济活动的收入流程

图 10-3 中有四个经济部门，这四个部门之间互相提供需要，对于其中的单个部门而言，一方面让渡服务，一方面获取收入。对整个国民经济而言，这个收入流程反映出总供给与总需求的平衡。

在国民收入体系核算中，除了国内生产总值和国民收入外，还有三个重要的总量，即国内生产净值、个人收入、个人可支配收入，以上五个总量之间存在着一定的关系。

国内生产净值（NDP），是指一国国境内一年生产出来的最终产品与劳务扣除了在生产过程中的折旧后的净增加值。

个人收入（PI），是指一国在一年内个人所得的总收入。

个人可支配收入（DPI），是指一国在一年内个人可支配的总收入。

在国民收入核算中，以上五种总量是相互联系并可彼此推导的，其关系式是：

国内生产净值=国内生产总值-折旧

个人收入=国民收入-公司未分配利润-企业所得税+政府给居民户的转移支付+政府向居民户支付的利息

个人可支配收入=个人收入-个人所得税=消费+储蓄

10.2.3 均衡国民收入决定

总供给与总需求恰好达到平衡时的国民收入，即为均衡国民收入。当总需求等于总供给时，国民收入就实现了均衡，这里，我们用国民收入循环流程来分析国民收入均衡的决定条件。

图10-3是四部门经济活动的循环流程图，四部门经济是比较接近现实的经济模型，因此，是研究国民收入循环和决定的比较规范的模型框架。

在四部门经济中，总需求不仅包括四部门的需求，而且还包括国外需求。国外需求对国内来说是出口，所以，可用出口代表国外需求。于是：

总需求=消费+投资+政府支出+出口

如果用AD表示总需求、用C表示消费、用I表示投资、用G表示政府支出、用X代表出口，则上式可写为：

AD=C+I+G+X

在四部门经济下的总供给中，除了居民供给的生产要素和政府的供给外，还有国外供给，国外供给对国内来说是进口，所以用进口代表国外供给。于是：

总供给=消费+储蓄+政府税收+进口

如果用AS代表总供给、用T代表政府税收、用M代表进口，则上式可写为：

AS=C+S+T+M

这样四部门经济中，国民收入的均衡条件是总需求等于总供给，可以写为：

AD=AS

或 I+G+X=S+T+M

如果上式得到实现，意味着经济达到均衡状态，经济资源得到充分利用，社会实现充分就业，无经济危机或通货膨胀。

假定一国是封闭型的“两部门”经济，即政府在经济活动与对外贸易中不占主要地位，从而暂略不计。从需求方面分析，一国的国民收入是一定时期国内用于消费支出和用于投资支出的总和。因此，总需求可以分解为居民户的消费需求与企业投资需求。如上以AD代表总需求，以C与I分别代表消费和投资，总需求可用公式表示为：

AD=C+I

从供给方面分析，一国的国民收入是一定时期内各个生产要素供给的总和，即等于各生产要素相应得到的收入的总和。而各生产要素的收入，一部分用于消费，另一部分转为储蓄。如上，用AS代表总供给，以C与S分别代表消费与储蓄，那么总供给可用公式表示为：

AS=C+S

这样，均衡国民收入的基本模型由总需求与总供给两个方程式构成，其均衡条件为：

总需求=总供给

即　AD=AS

C+I=C+S

如果等式两边消去同类项，等式可简写为：

I=S

可见，一国一定时期储蓄与投资的平衡是均衡国民收入的最基本的要素条件。

由于总供给主要决定于科学技术和要素价格，且科学技术和要素价格在短期内不易变动，因此均衡国民收入水平即总供给与总需求达到平衡的水平是由总需求决定的。总需求水平的高低决定了均衡国民收入的大小，总需求增加，均衡国民收入增加；总需求减少，均衡国民收入也减少，可用图10-4来说明。

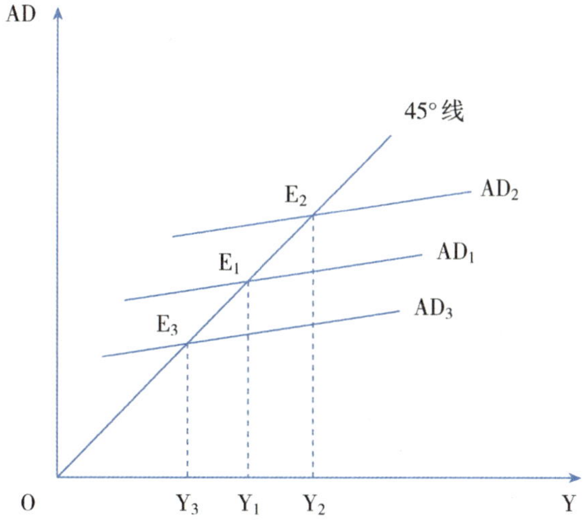

图10-4　总需求与均衡国民收入的关系

图10-4的纵坐标表示总需求，横坐标表示总供给。AD_1、AD_2、AD_3分别表示总需求曲线。三条总需求曲线与45°线分别相交于E_1、E_2、E_3点，凡45°线上任何一点都是均衡点，都表示总需求等于总供给。如果以AD总需求曲线为基础，总需求曲线向上移动，表示总需求增加；总需求曲线向下移动，表示总需求减少。当总需求为AD_1时，决定总供给Y_1；当总需求为AD_2时，决定总供给Y_2。因为$Y_2>Y_1$，所以总需求水平从AD_1增加到AD_2，从而使均衡国民收入水平从E_1增加到E_2。此时，由于总需求上升，企业会增加生产，增雇工人，促使产量、收入和就业趋向均衡水平。当总需求水平由AD_1减少到AD_3时，均衡国民收入水平相应由E_1降到E_3。因为$E_3<E_1$，表示总需求下降。此时，企业的销售预期减少，存货大量增加，于是生产减少，工人被解雇，从而产量、收入与就业的均衡水平缩减，最后又复归均衡状态。通过以上分析得知，收入与就业要达到均衡，就必须使总供给与总需求相等或储蓄与投资相等，此时生产、收入和就业不再有扩大或缩小趋势。

10.2.4 乘数原理

在国民经济活动中，投资是由消费引起的，消费是投资的出发点，投资的结果形成产出和收入。当消费和投资需求增长时，国内生产总值也随着增长。总需求的增加，实际上是对国民收入注入一定扩张力，引起国民收入同方向变动。现在的问题是，前者对后者的影响程度如何？为了回答这个问题，需要引入投资乘数概念。

所谓投资乘数，是指总收入增量与投资增量之比，是指在消费倾向一定的情况下，总投资量增加将引起若干倍于投资增量的总收入的增加。这是因为，增加投资就要增加投资品或生产资料的生产，生产的增加导致就业增加，就业增加导致收入增加；而收入增加时，消费也将随之增加（比收入增加的幅度小一些），这又会导致消费品生产扩大，从而增加更多的就业和收入。所以增加一笔投资最终引起总收入增加的量，不仅包括因增加这笔投资而直接增加的量，还包括因间接引起了消费需求增加而增加的收入，而后者往往相当于前者的若干倍。

我们用K表示投资乘数，ΔI表示投资增量，ΔY表示总收入增量。投资乘数等于总收入增量与投资增量之比，即：

$$\text{投资乘数}=\frac{\text{总收入增量}}{\text{投资增量}}$$

亦即 $K=\frac{\Delta Y}{\Delta I}$

这样：

$$\text{总收入增量}=\text{投资乘数}\times\text{投资增量}$$

即 $\Delta Y=K\cdot\Delta I$

在现实的经济中，乘数K大于1，这是因为国民经济各部门之间是相互联系的，自发总需求的增加首先会使国民收入等量增加，这种国民收入的增加中必然有一部分用于支出，从而使总需求再一次增加，这种总需求的增加会使国民收入再增加。这种总需求和国民收入的增加会不断地进行下去，形成一种连锁反应或链条效应，最终使国民收入的增加数倍于最初自发总需求的增加。当然如果自发总需求减少，也同样会有乘数作用，从而最终使国民收入数倍于最初自发总需求的减少。因此，经济学家将乘数视为一把“双刃剑”，是国民收入决定理论的核心组成部分。

投资乘数为国民收入总的增加量与初始投资增加量之比，但投资乘数的大小依赖于投资后边际消费倾向的大小，边际消费倾向愈大，则投资乘数也愈大；反之，则愈小。

我们以某部门初始增加100万元投资，其边际消费倾向为4/5，储蓄倾向为1/5，说明投资乘数的作用过程，见表10-1。

在表10-1中，在初始投资增加100万元的情况下，第一轮国民收入增加100万元，消费增量为80万元，储蓄增量为20万元。第二轮消费增量为64万元，储蓄增量为16万元。如此循环下去，最终国民收入增加为500万元。

表10-1说明，当边际消费倾向为4/5，储蓄倾向为1/5时，每增加100万元的投资，就能导致增加500万元的收入，增加的收入，刚好为原始增加的投资量的5倍，这个数字等于边际储蓄倾向1/5的倒数，即K=5。因此，收入中增加消费支出越多，或边际消

表 10-1　　乘数的作用过程　　单位：万元

初始投资增加量 ΔI=100	本期收入增量 ΔY	收入增量引起的消费增量 ΔC	收入增量引起的储蓄增量 ΔS
第一轮	100	80	20
第二轮	80	64	16
第三轮	64	51.2	12.8
第四轮	51.2	40.96	10.24
⋮	⋮	⋮	⋮
合计	500	400	100

费倾向越大，则所得到的乘数和收入增量也越大；若收入中作为储蓄的部分增加越少或储蓄倾向越小，那么得到的乘数和收入增量也越小。

投资的增加，不仅使收入按乘数成倍增加，也使就业量成倍增加。投资的增加不仅本身可以直接增加就业量，而且还间接地引起一系列部门和企业连锁反应，从而间接地引起更多的部门和企业扩大生产和就业量。如果减少投资，收入也会按乘数比例减少，生产和就业量也会按乘数比例减少。

另外，其他因素，如税收、政府支出和对外贸易也会引起国民收入变化，产生乘数效应。

经济视野 10-1　　一串烧烤带火一座城

2023 年初要说舆论热度最高的城市，那非淄博莫属。凭借小饼烧烤蹿红的淄博，在互联网世界里红得发紫，火得发烫，“五一假期人满为患”“淄博地区希尔顿酒店打折”等新闻也给淄博这个原来的普通山东城市增添了许多热度。

从淄博市统计局官网信息显示：一季度，淄博市实现生产总值 1 057.70 亿元，同比增长 4.7%。其中，第一产业增加值 25.04 亿元，增长 4.4%；第二产业增加值 507.43 亿元，增长 4.6%；第三产业增加值 525.23 亿元，增长 4.7%。第三产业中“重点行业实现较快增长，批发和零售业、住宿业和餐饮业、金融业增加值分别增长 9.7%、10.2%、8.2%，增速分别较去年全年提高 5.7 个、6.4 个、2.3 个百分点。一季度，规模以上服务业企业景气指数和企业家信心指数分别为 127.1 和 130.5，分别较去年四季度提高 18.5 个和 19.7 个点，均提升至“较为景气”区间。”

当然，也有人会怀疑山东淄博举全市之力来配合这么一轮网络流量，到底值当不值当呢？能给淄博带来多大的经济与税收增量呢？

首先，烧烤摊生意红火，也许在税收方面不会有巨额突破，但烧烤摊的老板们应该是普遍性地都赚到钱了。根据网上对其中一些烧烤摊的老板的采访，有些老板自 3 月 24 日以来就没有怎么休息过，单日销量都在 4 万～10 万，肉制品消耗量也在 500～1 000 斤左右。按照饮食行业一般 30% 左右的利润来计算，一些老板一天大概就可以赚到 1 万～3 万元。

其次，烧烤生意的红火直接带动了酒店住宿、餐饮的入住率、满座率，这些都是可以直接创造当地的税收增量的。毕竟，很多人千里迢迢而来除了享受自由畅快的氛围，也是要住宿和一日三餐的，总不可能只吃烧烤。

再次，淄博本市行政区域内的旅游景点、零售业务更加好做了，也是可以直接带动税收的。

最后，淄博本市行政区域内的猪肉、羊肉、鸡翅、鸡腿、牛肉之类的肉类生意呈倍数上升，由此带来的经济增量都是非常可观的。

一套淄博小饼烧烤也许只要50元，但是当人们选择去淄博吃烧烤的时候，就带来了价值几百元或者上千元的交通、食宿、服务业的旅游效益。用经济实惠的50元烧烤撬动更大的旅游收益，才是淄博要算的那笔账。

资料来源　佚名. 一串烧烤带火一座城［EB/OL］.［2023-05-10］. https: //www.kchuhai.com/report/view-54832.html.

小思考 10-2

分析提示

【小思考10-2】

投资一定会产生高的乘数效应吗?

10.3 市场失灵与政府干预

市场配置资源的某些不经济性促使市场经济国家开始重视“市场失灵”，并由政府干预以消除或减少各种“市场失灵”的问题。

市场失灵是指由于垄断、外部性、公共物品和信息不对称等原因，导致资源配置不能达到最优，即资源配置低效率或无效率的状态。市场失灵主要表现在：第一，垄断阻碍了市场机制的作用。第二，市场机制往往无法解决伴随经济活动而产生的外部性负效应的影响。第三，市场无法有效地提供公共物品。第四，消费者和生产者的信息不对称或不完全。

10.3.1 垄断与市场失灵

1）垄断引发市场失灵

垄断是对市场的控制。如果是生产者垄断，就是一般所说的垄断。如果是购买者垄断，就称为买方垄断。这两种垄断都会引起市场失灵。

在垄断市场条件下，垄断厂商为实现自己的利益最大化，也会像竞争厂商一样努力使生产定在边际收益等于边际成本的点上，但与竞争企业不同的是，垄断市场的价格不是等于而是大于边际收益，因此，它最终会选择在价格大于边际成本的点上组织生产。垄断厂商不需被动地接受市场价格、降低成本，而可以在既定的成本水平之上加入垄断利润形成垄断价格。所以垄断市场的价格比竞争市场高，产量比竞争市场低。

2）政府对垄断的干预

在市场机制无法有效地解决垄断对资源配置的低效率时，政府有必要对其进行干预，实行反垄断政策。政府对垄断的消除一般主要用以下三种方法：

①管制，即对垄断厂商可能索取的价格进行管制。在自然垄断的情况下，例如，在

自来水和电力公司中，这种方法是常见的。如果一个厂商索取价为20元，那么，政府可以实施一个17元的最高限制价。

②实施《反托拉斯法》。各国都可以有名称不同的反对垄断保护竞争的立法。在美国，这种立法称为反托拉斯法。例如，美国早在1890年就制定了《谢尔曼法》，接着制定和实施一系列法案反对垄断。我国也已于2008年8月实施了《中华人民共和国反垄断法》。

③国有化。国有化即对垄断的企业实行国有，由政府经营。如政府经营电话、供水和电力等行业。

经济视野10-2　　**我国的反垄断措施**

反垄断政策措施主要从干预市场结构和企业行为两个方面进行。

第一，政府干预市场结构的措施导致市场垄断的主要因素是卖方的集中度、产品差异化和进入障碍。因此，政府干预市场结构。抑制垄断弊病的相应措施是：

（1）降低卖方集中度或阻止集中度上升；

（2）减少进入障碍或阻止其上升；

（3）降低产品差异化程度。

第二，政府干预企业行为的措施在国外，抑制垄断的常用手段是干预市场行为。政府干预企业行为的内容包括：干预企业定价方式；干预企业的非价格竞争程度，反对压制竞争对手的行为。具体来说，措施包括：

（1）禁止阻碍正常交易的合同和合谋；

（2）禁止对不同销售对象实施价格歧视；

（3）禁止签订排他性交易协议；

（4）禁止通过降价倾销争夺市场，压制竞争对手；

（5）禁止采取不公平的竞争方式和欺诈行为垄断市场；

（6）禁止企图垄断的联合。

资料来源　根据《中华人民共和国反垄断法》整理。

10.3.2　外部性与市场失灵

1）外部性导致的市场失灵

除了垄断导致的市场失灵，还有一种是由于外部性的存在可能给第三方，即交易中买卖双方之外的其他人带来影响，而这种影响没有得到相应的回报或惩罚。其中一类被称为负外部性，即双方的交易使第三方受损，但并没有对该损失进行补偿。另一类被称为正外部性，即双方的交易使第三方受益，但并没有对该收益项进行收费。无论哪一类外部性存在，个人的最优选择和社会的最优选择都可能不一致，这就出现了典型的市场失灵现象。

负外部性的例子很多。比如，生产企业造成污染，对居民而言就是负的外部性；噪声、被动吸烟，也有负外部性，因为吸烟给周围的人造成伤害，但吸烟者没有付出相应的代价；交通事故的肇事双方因为一直争论过错的归属和赔偿细节，造成了不必要的交通拥堵，这也是一种负外部性。

正外部性的例子也很多，比如，苹果园的所有者会因为养蜂人的存在而受益。养蜂人饲养蜜蜂，帮助苹果树传授花粉，这有助于提高苹果产量，苹果园的所有者无须为此向养蜂人支付报酬，养蜂人也没有因此得到补偿，果园主得到的收益就是正外部性收益。

当出现负外部性时，从私人角度看，市场调节是有利的，但从社会角度看，不是资源配置的最优，这就是外部性引起的市场失灵。

当出现正外部性时，从社会角度看，资源配置最优，但从私人来看并不是资源配置最优，同样是市场失灵。

2）政府干预解决外部性的市场失灵

（1）在产权明晰的情况下，有些外部性可以通过市场机制来解决。如为什么象牙的商业价值威胁到大象的生存，而牛肉的商业价值却成了黄牛的护身符呢？这就涉及产权的界定问题。因为野生大象没有确定的产权，任何人都可以随意捕杀大象获取高额利益。而黄牛生活在私人的牧场上，每个农场主会尽全力保护他的牛群。政府试图用两种办法解决大象的问题。如肯尼亚、坦桑尼亚、乌干达等非洲国家把捕杀大象并出售象牙作为一种违法行为，但收效甚微。而同在非洲，纳米比亚、津巴布韦等国则允许捕杀大象，但只能捕杀自己土地上作为自己财产的大象，结果大象开始增加了。由于私人产权和利润动机的双重作用，非洲大象或许会像黄牛一样有了护身符。因此某些外部性问题，可以考虑通过界定产权途径解决（有些则不能，如空气）。这样，政府的首要目标不是简单地补贴或者收税，而是确认能否通过界定产权解决某些问题。

（2）用征税和补贴解决某些市场无法解决的外部问题。比如对污染企业征税，用于纠正污染企业的负外部性。另外，与税收相反的做法是补贴，对产生有利的外部性的机构则可以进行补贴。例如，对教育事业和科研事业进行补贴。

经济视野 10-3　　火车噪声的负外部性与产权安排

我们知道火车经过时发出的噪声会使周边的居民受到干扰，这就是负外部性。此时，如果限制火车通行，比如禁止晚上通行，只允许白天通行，那么就相当于让铁路公司承担了原来的外部性成本，问题是，为什么非得铁路公司承担外部性的所有成本而不是让居民承担呢？居民不是也可以搬走吗？所以要真正解决外部性，我们必须弄清楚，外部性究竟是谁造成的？铁路公司会认为居民居住在铁路沿线，导致火车被迫晚上停使，这是居民给它造成了负外部性；居民会认为火车发出的噪声，对他们造成了负外部性。所以无论是征税、补贴还是管制，实际上涉及的都是一种隐含的产权安排。如果政府要求铁路公司补偿居民，就意味着政府假定居民有不听噪声的权利，把该产权配置给了居民，反过来，如果铁路公司不必补偿居民，就意味着政府把产权配置给了铁路公司。

10.3.3　公共物品与市场失灵

1）公共物品及其特征

私人物品的消费具有排他性和竞争性，每个人只有通过购买，才能消费某种物品。

公共物品是集体消费的物品。例如，国防、道路、广播、电视、交通、秩序和公正（法律）。它的特征是消费的非排他性和非竞争性。例如，你无法排除其他人利用路灯，也不会因为你利用路灯而减少了别人享受路灯的质量与数量。

2）公共物品导致的市场失灵

公共物品非排他性导致市场失灵。公共物品不用购买就可以消费的行为称为“搭便车”。搭便车即免费乘车，不花钱而进行享受。这样，公共物品就没有交易，没有市场价格，生产者不愿意生产。如果仅依靠市场调节，生产供给会远远不足。而公共物品是不可或缺的，公共物品的供给小于需求是资源配置失误所致，是市场失灵的表现。

经济视野10-4　　**免费搭车：街心花园**

街心花园的例子很好地说明了“免费搭车”问题。每个城市都有街心花园，对于街心花园来说，它除了具有非排他性（无法收费或收费成本太高，或者因为收费而导致社会效益降低，因此没必要收费）之外，也具有非竞争性。例如，某个人在途经花园享受美景时，并不减少其他人对该花园的消费和享受。此外，多一个人享受该公园的风景，并不需多用更多的社会资源。因此，即使某个私有部门能够依照人们对公园的消费收费，它也不应该收费。原因在于，向途经花园的人们收费，会造成个人成本与社会机会成本不一致。每多一个人留意该花园时，就会发生效率改进：该人获益而其他人不受损失。因此，为了实现经济效率，所有人为观赏该公园有价值的人，都能够观赏它。以任何方式阻拦一部分人享用公共物品都会造成效率损失。但是，这种情况发生的前提是：观赏花园的价格为零。

既然如此，就可能导致一种结果：由于街心花园的经济有效率的价格为零，所以，所有企业都不会提供该花园的供给人使其市场供给不足。

资料来源　郝颖. 公园里的收费和搭便车［EB/OL］.［2012-08-01］. https: //www.renrendoc.com/paper/211005748.html.

3）公共物品市场失灵的解决

（1）由政府提供公共物品，而政府通过控制税收获得提供公共物品的资金。这是传统的解决途径。

（2）由私人提供公共物品，历史上大量的公共物品都是私人提供的。例如，英国早期的马车道路是私人投资建造的。美国第一条高速公路是由十几家汽车制造商私人修建的，那是因为高速公路的修建有利于扩大汽车的销售，只有在高速公路上汽车才能展现出它的速度优势。随着技术的进步和人们认识的转变，某些必须由政府提供的公共物品可能会越来越少。

经济视野10-5　　**公共物品的提供**

由于公共物品的非排他性和非竞争性，导致市场在公共物品的供给上是无效率的，因此，公共物品的供给主要是由政府来提供的，但也有私人提供的。政府提供公共物品并不等于政府生产全部公共产品，单纯由政府生产和经营公共产品，由于多种原因往往缺乏效率。特别是对准公共产品，政府常常通过预算或政策安排给企业甚至私人企业进行生产，还有政府也可能通过对生产公共产品的企业进行补贴的方式来鼓励公共产品的生产。

公共物品提供的方式主要有如下几种：

第一，政府提供。政府直接向公民提供各种公共物品，这是现实生活中最普遍的方式，如国防、安全、公共道路、给排水等。

第二，政府与私营机构签订合同。国家与企业签订经营公共产品，这是最普通、范围最大的一种形式。适应这一形式的公共产品成本，主要是具有规模经济的自然垄断性产品，如大部分基础设施。国家允许私人企业以建设—经营—转让（BOT）的方式参与公共基础设施及服务的提供，即政府允许私人企业投资建设公共基础设施，并通过若干年的特许独家经营等到收回自己的投资并获得利润后，再由政府接收该公共基础设施，如广西的马江至梧州的高速公路。

第三，政府授予私营机构经营权。政府将现有的公共基础设施以授予经营权的方式，委托给私人公司经营，如自来水公司、供电等。此外，还有很多的公共服务项目也是由这种方式经营的，如政府将城市卫生管理、绿地维护、市政设施维护等委托私人管理。

第四，政府给提供公共物品的私营机构提供补贴。例如，补助津贴、优惠贷款、减免税收等，政府提供财政补贴的主要领域是科学技术、基础研究、教育、卫生保健、住房、图书馆、博物馆等。

第五，私人提供。以广播节目为例：广播节目是公共物品，既无竞争性，也无排他性。但有私人提供，如私人电台或者私人办的节目。在中国的官办电台里，一些节目也承包给私人。提供广播节目的私人，如私人电台或承包官办电台的节目的个人或者企业，虽然不能从广播节目的消费者中收取费用，但却可以向广告发布者收取广告费。一些海上灯塔也有私人经营的，经营者虽然没有办法向使用灯塔的船只收费，但可以向港口收费，因为如果港口不交费，灯塔经营者就关闭灯塔，船只也就不能来这个港口了，这与广告商愿意交付广告费是同样的道理。

资料来源　夏新燕．经济学基础［M］．北京：教育科学出版社，2018.

10.3.4　非对称性信息与市场失灵

1）非对称性信息及危害

对称性信息是指每个人都知道的信息，并且是每个人都知道一样的信息。“非对称性信息”是指交易一方拥有但不被另一方所知道的信息。比如，一个产品的质量，卖的人知道而买的人不知道，这就是非对称性。在信息不对称或不完全的情况下，市场机制往往不能很好地发挥作用。例如，由于缺乏足够的信息，生产者可能会带有很大的盲目性。如有些产品生产过多，而另一些产品生产过少；消费者的消费选择也可能出现失误，例如，购买了一些质量较差的商品，而错过了一些高质量的商品。更进一步说，在信息不对称的情况下，市场很可能出现道德风险和逆向选择问题。

2）道德风险和逆向选择

道德风险就是拥有信息多的一方以自己的信息优势来侵犯拥有信息少的一方的利益，实现自己利益的可能性。如卖方有可能把自己的伪劣商品当作优质商品卖给买方。

逆向选择是指拥有信息少的一方做出不利于另一方的选择。如在市场上买方并不拥有商品内在品质的私人信息，但他们知道，对方有欺骗自己的道德风险，因此就会把所有卖方都当成骗子，把所有商品都视为伪劣商品。这时，市场上正直的卖方无法存在，优质商品也无法存在，这就是逆向选择。

在经济生活中，这类信息不对称及相应产生的道德风险及逆向选择普遍存在，影响了资源的配置效率，这在我国当前社会中尤其突出。

3）市场信息不对称及解决

市场机制能在一定程度上解决信息不对称问题，如企业花钱做广告，向客户发出其产品的相关信息。同时企业也会注重提高质量，改进功能，完善服务，创造良好信誉和品牌知名度等。

当然在许多时候，市场机制并不能解决所有信息不完全问题。在这种情况下，政府就有必要在信息方面进行调整以增加信息的透明度。例如，保护消费者权益的规定，广告上不得有不符合实际的夸大之词等。

经济视野 10-6　　不对称信息——买的不如卖的精

俗话说“从南京到北京，买的不如卖的精”，这其中讲的就是信息不对称现象。一般来说，市场上买卖双方所掌握的信息常常是不对称的，卖者掌握的信息往往多于买者。

中国古代有所谓“金玉其外，败絮其中”的故事，讲的是商人卖的货物表里不一，由此引申比喻某些人徒有其表。在商品中，有一大类商品是内外有别的，而且商品的内容很难在购买时加以检验。如瓶装的酒类，盒装的香烟等。人们或者看不到商品包装内部的样子（如香烟、鸡蛋等），或者虽看得到却无法用眼睛辨别产品质量的好坏（如瓶装的酒类）。显然，对于这类产品，买者和卖者了解的信息是不一样的。卖者比买者更清楚产品实际的质量情况，这时卖者很容易依仗买者对产品实际情况的不了解而欺骗买者。如此看来，消费者的地位相当脆弱，对于掌握了“信息不对称”武器的欺骗行为似乎毫无招架之术。

由于信息不对称，价格对经济的调节就会失灵。比如，某些正常商品降价，消费者也未必增加购买，消费者可能以为是假冒伪劣商品；相反，另一种情况可能是，某些假冒伪劣商品提高价格，反倒有人增加购买，消费者可能会以为这些商品质量较高。这就是市场失灵造成的市场无效率。

为消除信息不对称，商家想了很多办法。比如，在大商场，某生产鸭绒制品的公司开设了一个透明车间，当场为顾客填充鸭绒被，以消除生产者和消费者之间的信息不对称。

资料来源　佚名．从南京到北京，买的不如卖的精［EB/OL］．［2023-05-24］．http：//open.syxy.ouchn.cn/mod/forum/view.php？id=23676.

【小思考 10-3】

过剩经济下政府关注促进经济发展的重点是什么？

小思考 10-3

分析提示

10.4 经济增长与经济波动

政府宏观调控的最主要目标是保持社会经济的增长和可持续发展，在市场经济情况下，社会总需求与总供给的不一致往往呈现为经济活动的上下波动，且表现出周期性的特征。

10.4.1 经济增长

1）经济增长理论

人类要生存，要发展，其前提就是物质产品的增加。在世界范围内，各国经济都在不同程度地增长、发展，而且不可避免地存在着竞争和赶超。

（1）经济增长的含义与特征。**经济增长是指一个国家和地区在一定时期内生产的产品与服务总量的增加，即国民经济的更多产出。**

美国经济学家库兹涅茨（S.Kuznets）对经济增长下了一个经典的定义：“一个国家的经济增长是指给居民提供日益繁多的经济产品能力的长期上升，这种增长的能力是建立在先进技术以及所需要的制度和思想意识适应调整的基础上的。”根据这个定义的分析，现在经济增长具有以下特征：①国内生产总值（GDP）和人均国内生产总值的增长；②劳动生产率和其他生产要素生产率的增长；③科学技术的进步；④经济结构的变革，以农业为主变为以工业为主以及服务性行业的扩大等。

（2）经济增长率。经济增长用经济增长率表示。我们设ΔGDP为本年度的国内生产总值的增量，则：

ΔGDP=本年GDP−上年GDP

而本年经济增长率（G）可以用下式表示：

G=ΔGDP/上年GDP

2）决定经济增长的因素：资源、技术与制度

17世纪英国经济学家威廉·配第对经济增长因素有较早表述：土地是财富之母，劳动是财富之父。不同的国情条件决定了世界各国的发展途径各不相同，但其中都包含了一些共同点，这些共同点就是决定经济增长的因素。

（1）资源。经济增长的源泉在于资源的增加。资源包括自然资源、资本和人力资源等内容。

①自然资源。这里包括土地、森林、水资源、矿产资源、环境资源等。

②资本。这里指有形的物质资本，如机器设备、厂房、存货，还包括社会基础资本，如公路、电力设施等。

③人力资源。这是一种无形的资本，它包括劳动力的数量和质量。一般来讲，在经济增长的开始阶段，劳动的增加主要依靠劳动力数量增加。而经济增长到一定阶段，人口增长率下降，劳动工时缩短，这就要通过提高劳动力的质量来弥补劳动力数量的不足，这是一个普遍规律。

（2）技术。这是经济发展所依赖的最为重要的因素，也是实现经济增长的必要条

件。科学技术是第一生产力，技术的进步带来了生产率的提高。现代经济增长理论认为，只有储蓄积累而没有技术进步的经济，其增长存在上限，实现经济持续增长的条件就是要加入技术升级因素。

（3）制度。适应经济发展的制度是实现经济增长的前提条件。制度决定人们的经济与其他行为，也决定一国的经济增长。制度因素是经济体制和政策安排的总和，政府和市场互动是经济和制度的基本内容。20世纪社会经济制度的变迁充分证明，积极发挥市场机制的作用是谋求经济长期增长的前提制度条件。明智合理地界定政府和市场之间的适当边界，是经济稳定运行和长期增长的一个重要前提。

3）经济增长模型

经济增长理论通常都是通过一定的经济增长模型来表达的。在经济增长模型中主要有哈罗德-多马模型、新古典增长模型和新剑桥增长模型，这些模型都在各自当时的情况下或侧重强调资本，或侧重强调技术，或侧重强调制度要素的决定作用。

（1）哈罗德-多马模型。这个模型是假设在技术不变的前提下研究资本增加与经济增长之间的关系，强调的是资本增加对经济增长的决定作用。

（2）新古典增长模型。这个模型提出了“技术进步对经济增长具有最重要的贡献”的观点。

（3）新剑桥增长模型。这个模型把经济增长和收入分配结合起来，说明了经济增长中收入分配的变化趋势，以及收入分配制度对经济增长的影响。

经济视野10-7　　滕泰谈中国经济增长

新供给主义经济学代表人物滕泰认为，经济的长期潜在增长率取决于人口和劳动力，土地及其附着资源，资本，技术和创新，制度五大财富源泉。

亚当·斯密关于制度和社会分工对生产力促进作用的研究，构建了资本主义经济增长理论的基础；熊彼特以“创新理论”解释经济增长过程，认为生产技术的革新是驱动经济螺旋式发展的核心力量，同时认为技术和制度的破坏性创新才是经济增长的长期动力；库兹涅茨则更多地从投入产出的角度分析经济增长，并将经济长期增长要素归纳为人口增长、生产效率提升、经济结构升级、社会结构转变等。这些理论无一例外都是从供给角度来解释经济增长的。

中国经济过去40多年的高速增长是上述经济理论的综合体现。20世纪80年代的制度改革开启了中国经济的“斯密增长”时代，而90年代以后持续的人力、资源、资本、技术投入换来了“库兹涅茨增长模式”，兼带着“熊彼特增长”的特征。未来中国“库兹涅茨增长模式”仍将延续，但应该通过“放松供给约束、解除供给抑制”的系列改革措施，刺激新的“熊彼特增长”阶段，通过制度改革重启“斯密增长”。

启智润心10-1　　中国经济韧性强、潜力大、活力足

经济实力实现历史性跃升。2012—2021年10年间，我国国内生产总值（GDP）从53.9万亿元增至114.9万亿元，翻了一番多，年均增速6.6%，为同期世界平均增速的两倍多，对世界经济增长的贡献率超过30%。2012—2021年，我国城镇新增就业年均超过1 300万人，物价涨幅连续10年低于3%，实现了增长合理、就业充分、物价稳定的优化组合。面对突如其来的新冠疫情，我国统筹疫情防控和经济社会发展，2020年成为全球唯一实现经济正增长的主要经济体，2021年最终核实GDP增长8.4%，2022年顶住下行压力实现GDP增长3.0%，经济总量达到121万亿元。得益于科学有效应对，新冠疫情发生以来的3年间，我国经济年均增长4.5%，远高于世界经济约1.8%的年均增速，也远高于美国、欧元区、日本的年均增速，在世界主要经济体中保持领先。

创新驱动发展压茬拓展。坚持创新在我国现代化建设全局中的核心地位，全社会研发经费投入连续7年保持两位数增长，2022年投入总量迈上3万亿元新台阶，投入强度跃上2.55%的新高度，超过法国、荷兰等创新型国家，进一步接近经济合作与发展组织（OECD）国家平均水平。我国国家战略科技力量明显增强，研发人员总量跃居世界首位，关键核心技术实现新突破，战略性新兴产业发展壮大，国家创新能力综合排名由2012年的第三十四位上升至2022年的第十一位，成功迈入创新型国家行列。

资料来源　毕吉耀，张哲人，李慰．中国经济韧性强、潜力大、活力足（人民观察）[N]．人民日报，2023-02-10（9）．

思政元素：坚定四个自信　拼搏奋进　创新精神

明理善行：党的十八大以来，以习近平同志为核心的党中央团结带领全党全国各族人民，书写了经济快速发展和社会长期稳定两大奇迹新篇章，取得了彪炳中华民族发展史册的历史性胜利。进入新时代，在习近平新时代中国特色社会主义思想的科学指引下，我国经济社会发展取得历史性成就、发生历史性变革，历史性地解决了绝对贫困问题，如期全面建成小康社会，经济实力、科技实力、综合国力显著增强，发展的平衡性、协调性、包容性持续提高。新时代中国青年应开拓创新、勇立潮头，为推动中国大踏步赶上时代锐意改革、拼搏奋进。

10.4.2　经济的可持续发展

经济发展与经济增长是两个既紧密联系又有区别的概念，经济增长指的是“量”的增加，而经济发展则是反映一个经济社会总体发展水平的综合性的“质”的概念。

1）不同的经济发展观

自20世纪以来，在经济应当如何保持可持续发展问题上，曾经出现过几种有代表性的思想观点：

（1）经济增长决定论的发展观。这种发展观的代表人物是英国经济学家凯恩斯。“有了经济就有了一切”是这种观点的代名词。他们把国内生产总值的增长视为发展的唯一指标，认为经济增长是社会发展的决定性指标，认为只有国家富裕之后，才能考虑环境问题。这种观点适应了第二次世界大战后世界各国发展经济的强烈愿望，成为世界普遍接受的正统发展理论。在这种理论的影响下，20世纪50—60年代世界经济发展出现了前所未有的高峰期，但这种高速发展是以牺牲环境为代价的。

（2）反增长或主张零增长的发展观。这种观点是20世纪60年代后被提出来的，认为：现代社会最大祸害就是追求增长。为了弥补人与自然之间日益扩大的鸿沟，主张应在世界范围内或一些国家内有目的地停止物质资料和人口的增长，回到零增长的道路上去。这种观点似乎是从一个极端走向另一个极端，即从单纯把大自然作为索取对象走向单纯地把大自然作为保护对象。按照这种观点，意味着富国将保持它们的既得利益，穷国将永远处于贫困落后状态。

（3）主张经济与社会、人口、资源和环境协调发展的可持续发展观。可持续发展观萌芽于20世纪70年代，成形于80年代，成熟于90年代。它是人们对单纯追求经济发展的传统发展观的深刻反思和检讨的结果，是对经济发展历程认识的一次质的飞跃。1987年，联合国环境和发展委员会的报告《我们的共同未来》明确提出了可持续发展的概念，并明确界定了内涵，即“既满足当代人的需求，又不对后代人满足其需要的能力构成危害的发展”。1992年6月，联合国在里约热内卢召开了有146个国家元首和政府首脑参加的第一次环境与发展会议，发表了《里约环境与发展宣言》和《21世纪议程》，并签署了几个单项环境保护公约。第一次把可持续发展由理由和概念推向行动。这次大会的精神和通过的文件，揭示了建立经济、社会、资源和环境相互协调的、可持续发展的新模式。可持续发展观的主要内容涉及可持续经济、可持续生态和可持续社会三个方面的统一，强调人与自然的和谐发展，强调人类的发展不能以牺牲环境为代价，牺牲环境的发展是不可持续的。

2000年9月，在联合国千年首脑会议上，世界各国领导人商定了一套有时限的目标和指标，包括“消灭极端贫穷和饥饿”“实现普及初等教育”“促进两性平等并赋予妇女权力”“降低儿童死亡率”“改善产妇保健”“与艾滋病、疟疾和其他疾病作斗争”“确保环境的可持续能力”“制定促进发展的全球伙伴关系”。这些目标和指标被置于全球议程的核心，统称为千年发展目标（MDGs），完成时间是2015年。2015年9月，联合国大会第七十届会议一致通过了《2030年可持续发展议程》，该议程呼吁各国采取行动，为2030年实现17项可持续发展目标而努力。该议程汇集了国际社会对可持续发展的新观点和看法，涵盖了可持续发展的三个维度：经济增长、社会包容和环境保护，包括应对不平等、经济增长、体面工作、城市和人类住区、工业化、海洋、生态系统、能源、气候变化、可持续消费和生产、和平与正义等方面的宏伟目标。与千年发展目标相比，该议程认识到：应对气候变化对可持续发展和消除贫穷至关重要。另外，千年发展目标仅面向发展中国家，《2030年可持续发展议程》具有普遍性，适用于所有国家。

2）中国经济的可持续发展

中国是一个发展中国家，当前正处在经济快速发展的过程中，同时也承受着人口基数大、人均资源不足、环境污染严重等方面的巨大压力。中国的国情决定必须走经济、人口、资源、环境相协调的可持续发展之路。1992年7月，我国开始组织编制《中国21世纪议程》，1994年经国务院批准颁布，并把实施可持续发展战略纳入我国的政府经济发展规划中来。而且明确提出，可持续发展战略是以控制人口、节约能源、保护环境为重要条件的，其目的就是使经济发展同人口增长、资源利用和环境保护相适应，实现资源、环境的承载能力与经济、社会发展相协调，从人口、资源、环境、经济、社会相互协调中推动经济发展，并从经济发展的进程中解决人口、资源和环境所面临的问题。1996年后，中国出于自身发展的需要，正式将可持续发展战略纳入国民经济和社会发展“九五”“十五”发展纲要。

1997年9月，党的十五大把可持续发展作为战略思想首次写入党代会报告，要求坚持保护环境的基本国策，正确处理经济发展同人口、资源和环境的关系。2002年11月，党的十六大提出要全面建设小康社会，正式将“可持续发展能力不断增强”作为全面建设小康社会的重要目标之一。2003年7月，国家发展和改革委员会发布了《中国21世纪初可持续发展行动纲要》，总结了10年来中国实施可持续发展的成就与问题，提出了可持续发展的指导思想、目标与原则，规定了可持续发展的重点领域，提出了实现可持续发展目标的保障措施。中国21世纪初可持续发展的总体目标是：可持续发展能力不断增强，经济结构调整取得显著成效，人口总量得到有效控制，生态环境明显改善，资源利用率显著提高，促进人与自然的和谐，推动整个社会走上生产发展、生活富裕、生态良好的文明发展道路。2003年10月，党的十六届三中全会提出了科学发展观，强调不仅要实现全面发展、协调发展、可持续发展，而且更要突出以人为本的发展。它将经济社会的发展统一于人类自身的发展，充分体现了中国社会发展的本质和目的。贯彻落实科学发展观，关键是要坚持以人为本，转变发展观念、创新发展模式、提高发展质量，把经济社会发展切实转入全面协调可持续发展的轨道。2007年10月，党的十七大首次将“生态文明”写入党代会报告，标志着中国共产党形成了当代中国用什么来有机统一、科学统筹人与自然关系这一历史和时代命题的理论回答。

党的十八大以来，以习近平同志为核心的党中央将生态文明纳入五位一体总体布局，以习近平生态文明思想形成了关于生态文明建设科学完整的理论体系。习近平生态文明思想内涵丰富、系统完整，强调坚持生态兴则文明兴，坚持人与自然和谐共生，坚持绿水青山就是金山银山，坚持良好生态环境是最普惠的民生福祉，坚持山水林田湖草是生命共同体，坚持用最严格制度最严密法治保护生态环境，坚持建设美丽中国全民行动，坚持共谋全球生态文明建设，深刻回答了为什么建设生态文明、建设什么样的生态文明、怎样建设生态文明等重大理论和实践问题。习近平指出：“中国秉持创新、协调、绿色、开放、共享的发展理念，推动中国经济高质量发展，全面深入落实2030年可持续发展议程。同时，中国积极深化南南合作，推动共建‘一带一路’同2030年可持续发展议程深入对接，为全球实现可持续发展目标做出积极贡献。”2020年9月习近平主席在第七十五届联合国大会一般性辩论上指出，中国将提高国家自主贡献力度，采取更加有力的政策和措施，二氧化碳排放力争于2030年前达到峰值，努力争取2060年前实现碳中和，为国内的高质量发展、全面绿色低碳转型指明了方向，也为全球应对气候变化和实现疫后绿色复苏增添了强劲动力。党的十九届五中全会指出，深入实施可持续发展战略，完善生态文明领域统筹协调机制，构建生态文明体系，促进经济社会发展全面绿色转型，建设人与自然和谐共生的现代化。党的二十大报告指出，“尊重自然、顺应自然、保护自然，是全面建设社会主义现代化国家的内在要求。”中国式现代化坚持推动绿色发展，同步推进物质文明和生态文明建设。加快发展方式绿色转型，就是要深刻把握自然规律和经济社会可持续发展一般规律，加快形成节约资源和保护环境的产业结构、生产方式、生活方式、空间格局，走出一条生产发展、生活富裕、生态良好的文明发展道路。

思政课堂10-1

增进民生福祉 提高人民生活品质

经济视野 10-8　　太平洋“垃圾岛”对人类发展提出警告

人类的愚昧和冷漠正在逐渐将地球变成一个巨大的垃圾场，其中最触目惊心的当属距离夏威夷 1 000 多千米的太平洋洋面上那个数百万吨的塑料垃圾堆。这个被称为“大垃圾岛”“第七大陆”等的海洋垃圾堆有着令人难以置信的庞大面积，占据了 170 万~340 万平方千米，相当于西班牙国土面积的 3~7 倍，垃圾总重量达 350 万吨。更为糟糕的是，这个生态灾难还在不断增大。目前一个由探险家帕特里克·戴克索纳带领的法国科学勘探队计划前往这个垃圾岛，研究其成分，并以此警告世界。

这个垃圾岛上堆积着所有你能想象到的废品，如浮标、渔网、牙刷、灯泡、瓶盖、下水道里的污物等，尤其是成百上千的小塑料废片，有些可能只有米粒大小，看上去与海浪拍在沙滩上的效果很像，但不同的是它们让人心生恐惧。

这些垃圾污染了海水，鱼类在吞噬了细小的塑料颗粒后被毒害。这些毒素随后被传递进入更为庞大的掠食者体内，这其中当然也包括人类自己。这片垃圾场不仅将带来严重的环境问题，还将影响到该区域未来的旅游业和海洋贸易活动，尤其是在其不断扩大的情况下。

法国科学勘探队的船只从美国圣迭戈出发，由加利福尼亚至夏威夷航行 4 630 千米，在美国航天局两个卫星的导航下抵达垃圾最为密集的位置。科学家们将在那里测量垃圾的密度并采集海水和浮游物质的样本。戴克索纳称，希望此举能够唤起人们对这一现象的关注，“信息是改变的关键”。

太平洋的这个垃圾堆并不是全球存在的唯一大垃圾岛。研究人员认为还有 4 个类似的面积骇人的垃圾岛。其中一个位于北大西洋西部海域，古巴与美国之间，距离内海 1 000 多千米。那里的垃圾更为集中，已经存在了好几十年。

10.4.3　经济波动

1）经济周期的含义与特征

一个国家或地区每一年的经济增长率一般都不相同，有的年份经济增长率较高，有的年份经济增长率相对较低。经济有的时候高涨，有的时候低迷、波动，这是一个普遍存在的现象。

经济周期，是指经济活动或波动沿着经济发展的总体趋势所经历的有规律的扩张和收缩。在一般情况下，一个完整的经济周期总是包括四个阶段：复苏、繁荣、衰退和萧条，如图 10-5 所示。

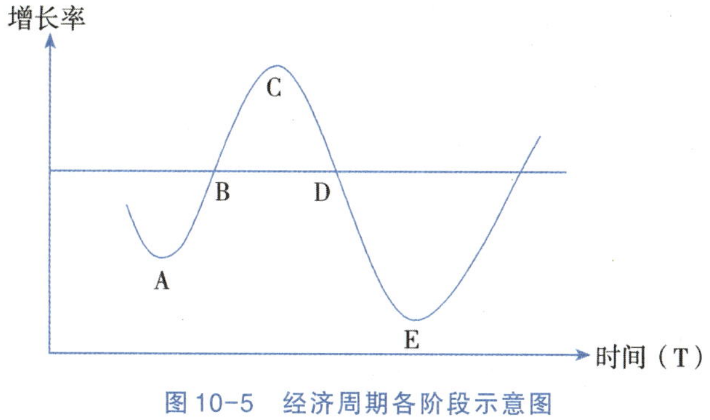

图 10-5　经济周期各阶段示意图

曲线上的A点和E点表示一国的经济正处于周期的低谷，C点表示一国的经济正处于周期的波峰，B点和D点表示经济运行正处在趋势线上。在坐标中，从A点到B点为复苏阶段，从B点到C点为繁荣阶段，从C点到D点为衰退阶段，从D点到E点为萧条阶段。我们可以把从A点到C点看成一国经济增长的景气上升阶段，把从C点到E点视为景气的下降阶段。计算经济周期的长波可以用从波谷到波谷，即A点到E点的时间跨度来度量。

一国经济处于经济周期的不同阶段会有不同的特征。在景气上升或扩张阶段的一般特征是：社会有效需求不断增加，产品畅销，一般的批发商和零售商的存货减少，纷纷向生产厂商订货，生产者利润大大提高，从而刺激其投资活动。随着投资的增长，就业率不断提高，失业现象减少，劳动和其他资源得到充分利用。在经济扩张过程中，一般商品的价格水平也由于有效需求的提高而不断上涨。同时，由于对劳动和其他生产要素的要求增加，工资和利率也逐渐上涨。相反，在不景气或收缩阶段，社会有效需求与社会过大的生产能力发生矛盾，一般的批发商与零售商的存货增加，企业利润下降，亏损和破产企业增加，投资减少，失业人数增加，在进入萧条阶段后，还常出现通货紧缩。

2）经济周期性波动的成因分析

经济出现周期性波动的原因是极其复杂的，西方经济学家提出了数十种理论，其中最具代表性的应是汉森和萨缪尔森的理论。汉森和萨缪尔森用乘数-加速原理来说明经济周期性波动的原因。这种理论认为，总需求变动会引起产量成倍变化，产量变化又会引起投资的成倍变动，从而形成经济周期性波动。例如，在总需求增加的情况下，由于乘数原理的作用，会形成产量的成倍增长，在加速原理的作用下，产量的增加又会引起投资成倍增加，进而引起产量的进一步增加，直至产量扩张达到潜在生产能力的上限，经济达到繁荣。这时，经济增长放缓，乘数-加速原理开始从反方向发生作用，经济从繁荣走向衰退，直到经济衰退达到其下限，即总投资不会为零，经济周期又开始一个新的循环。

其他西方经济学者们提出的“创新理论”“商业循环理论”“货币原因说”“投资储蓄论”等都从不同角度提出了各自的独到见解。

马克思和恩格斯则认为，市场经济出现经济周期性波动的根源是资本主义社会的基本矛盾，即生产的社会化与资本主义私有制的矛盾运动。

实践证明，国家可以通过宏观调控即干预经济的政策来减轻经济周期性波动。譬如，中国政府于2008年年底投入4万亿元人民币的一揽子经济刺激计划，减弱了世界金融危机对中国造成的经济干扰，收到了很好的效果，成为第一个走出世界金融危机波动的国家。但经济波动是市场经济固有的特征，因而企望根本消除是不可能的。这是一个普遍存在的现象，是由总供给与总需求的不一致引起的。政府宏观调控的目标即是通过理性控制，努力减小经济周期波动幅度和频率，避免经济增长的大起大落。

经济视野10-9　　疫情防控和经济发展

2020年年初突如其来的新冠肺炎疫情，是新中国成立以来发生的传播速度最快、感染范围最广、防控难度最大的重大突发公共卫生事件，给人民生命安全和身体健康带来严重威胁。面对严峻复杂的形势，以习近平同志为核心的党中央始终坚持人民至上、生命至上，团结带领全党全国各族人民同心抗疫，以强烈的历史担当和强大的战略定力，因时因势优化调整防控政策措施，高效统筹疫情防控和经济社会发展。经过不懈努力，我国取得疫情防控重大决定性胜利，创造了人类文明史上人口大国成功走出疫情大流行的奇迹。

3年多来，我国抗疫防疫历程极不平凡。在党中央的坚强领导下，我们战胜一切艰难险阻，最大限度保护了人民生命安全和身体健康，统筹疫情防控和经济社会发展取得举世瞩目的成果。

从经济社会发展成果看，2020年年初，党中央根据疫情防控形势，做出统筹疫情防控和经济社会发展重大决策。在实践中，我们深化了对在严峻挑战下做好经济工作的规律性认识，坚持在危机中育先机、于变局中开新局，把疫情防控融入高质量发展全局统筹推进。我们准确把握疫情形势变化，立足全局、着眼大局，巩固拓展疫情防控和经济社会发展成果，科学精准实施宏观政策，积极做好“六稳”“六保”工作，坚持扩大内需战略，强化科技战略支撑，扩大高水平对外开放，保持经济运行在合理区间。根据疫情变化的现实情况，2022年中央经济工作会议把“更好统筹疫情防控和经济社会发展”放在“六个更好统筹”首位。3年多来，在党中央坚强领导下，我们如期打赢脱贫攻坚战，如期全面建成小康社会、实现第一个百年奋斗目标，开启了向第二个百年奋斗目标进军的新征程。与此同时，国家战略科技力量加快壮大，产业链韧性得到提升，民生保障有力有效，生态文明建设持续推进，我国经济韧性和活力进一步增强。

资料来源　张旭．统筹疫情防控和经济社会发展的伟大实践［N］．经济日报，2023-04-27（10）．

启智润心10-2　　小烧烤，大政治——深度解读淄博烧烤火爆现象

淄博烧烤以迅雷不及掩耳之势走红，淄博市的游客量不断攀升。一段时间以来媒体从不同角度解读这一现象，有些地方政府也开始探讨淄博烧烤火爆的原因。烧烤成了淄博特有的一张名片，其规模、热度、意义均可称为当前一种现象——“淄博现象”。其深层次的原因主要有以下几点：

一是迎合了大众消费需求。经历了三年疫情压抑，虽然国家经济尚在恢复中，但大众消费潜力仍然很大。亲民、廉价的饮食店铺，包括路边烧烤摊在各地都相对比较热闹，何况淄博把烧烤打磨成了文化气息浓郁、适合大众消费的“一条龙”。

二是屏蔽了信用缺失。人们对商家的“缺斤短两”“以次充好”“假冒伪劣”深恶痛绝，淄博政府态度强硬地提出了“谁砸淄博的牌子，就砸谁的饭碗”的口号，铿锵有力，掷地有声！老百姓听了满意，“赶烤”的朋友吃了更满意，岂能不火？

三是政府带头践行“人民至上”理念。夜市经济、地摊经济在这里得到了诠释，城管变成了热情的服务者。党的二十大提出的人民至上、共同富裕的理念在这里得到了体现。广大人民群众创业和劳动光荣的热情得到了焕发。这绝不仅仅是信息时代模式的创新，更是普惠大众、重视民生的政治表现。各地朋友岂有不抢先体会之理！

四是顺应了信息时代营销模式。山东的大学生们2022年受到淄博政府“疫情隔离”后的烧烤送行恩惠，今年用实际行动兑现了再来淄博吃烧烤的承诺，便以信息化时代“进淄赶烤”鲜明主题的流量宣传，引爆了淄博烧烤。这迎合了信息时代的特点，抓住了大众能承受得起的消费实际，引领了国家强调和挖潜内需的要求，解开了文明城市与地摊经济一度冲突的认知难题。

五是周到热情的服务推动了人与人之间团结友爱。这些年商业活动不够生态，经营者与客户之间的情绪对立、人与人之间的冷漠在火爆而又有秩序的淄博烧烤热情服务和氛围中得到了很好的缓解。主客之间、客客之间的张张笑脸，政府的配套服务、经营者们的统一认识，催生了各地朋友们“进淄赶烤”的浓烈兴趣，享受自由自在的氛围，久违的和谐场面出现了，久违的人与人之间的团结友爱气氛出现了，这一切均源于多方的笑脸！

六是引领政府职能转型。“火爆”起源于淄博市政府疫情期间的善政，发端源于山东大学生们2022年来淄博隔离时的感受、感恩和信息化应用，成功源于淄博市委市政府的政治敏锐和对党中央关于“人民至上”理念的践行并精心运作，火热源于淄博政府、商户、广大人民群众的思想统一和热情服务，火爆源于全国人民对淄博践行“人民至上”国家理念的政治引领和向往。李昌平、司马南把抗战时期青年对延安的向往，改革开放时期对深圳的向往和党的二十大和疫情之后对“淄博现象”的向往等同起来，从由小见大的角度讲，完全有道理，体现了人民群众对政府转型的向往，意义深远。

资料来源　佚名．小烧烤，大政治——深度解读淄博烧烤火爆现象［EB/OL］．［2023-05-05］．https：//www.163.com/dy/article/I3TF2MTQ0541AHA5.html.

思政元素：服务意识　人民至上　治理体系和治理能力的现代化　管理智慧　社会责任

明理善行：“淄博现象”使淄博成为热搜并出圈，成功地撕开了一条新形势下工业淄博转型发展的思路，给全市人民上了生动一课，也给全国上了生动一课。在百年未有之大变局形势下，在国际政治格局正在进行重新调整的情况下，我们必须坚定捍卫“两个确立”，坚决做到“两个维护”，这是应对不对称变化的根本保证；必须坚持“人民至上”“共同富裕”，这是解决中国当前难题和社会经济发展的总钥匙，习近平总书记在这方面有诸多论述；必须进行强有力的思想政治教育，真正统一人民的思想认识，上下团结一心，调动广大人民群众的积极性，形成强大的发展合力；必须紧贴惠民惠农、强国强民的发展项目，选择发展的最大公约数，引领大众与国同行；必须坚持贯彻习近平新时代中国特色社会主义思想主题教育强调的深入开展调查研究要求，坚持问题导向，发现和解决扩大内需的瓶颈问题。不断推进我国治理体系和治理能力的现代化，坚信14亿中国人乘以任何项目其产值都是天文数字，内需潜力无比巨大。

10.4.4 通货膨胀与失业

在经济周期波动的不同阶段，通货膨胀和失业是两种常见的经济现象。譬如，在经济景气和上升阶段，由于有效需求的提高而引发价格不断上涨；在经济不景气和收缩阶段，又由于需求的萎缩，投资减少，失业人数增加。政府各种宏观经济政策也主要被用来应对这两种经济现象。

1）通货膨胀

经济课堂10-2

通货膨胀

通货膨胀是一种纸币现象。凡是存在纸币流通的国家或地区，都有可能发生通货膨胀。**通货膨胀**一般是指物价水平在一定时期内持续的、普遍的上升过程，或者说货币价值在一定时期内持续的下降过程。这里的物价水平不是简单地指一种商品或劳务的价格，而是所有商品和劳务总的价格水平。物价水平上涨在3%~10%之间称为温和的通货膨胀，物价以每月50%以上的速度不断上涨称为恶性的通货膨胀。

（1）通货膨胀的成因。

①需求拉动的通货膨胀。社会总需求的增加超过社会总供给时，价格水平就会上升。尤其是当需求总量超过充分就业时的产出水平时，由于是过量的需求，也就是扩大的总支出，买卖数量有限的商品，价格的急剧上升就是必然的了。

②成本推动的通货膨胀。成本推动的通货膨胀，是一种从供给方面的原因解释通货膨胀的“新通货膨胀理论”。它认为，在没有超额需求的情况下，一般物价水平也会因供给方面成本的增加而持续、显著地上升。

③结构式通货膨胀。在既没有需求拉动，也没有成本推动的情况下，经济结构因素的变动也会引起通货膨胀，即由于国民经济各部分的发展不平衡而引起的。例如，效率高的扩展部门必然存在不断上升的工资，而其他部门的人员为得到“公平的待遇”同样会要求增加工资，这就使得工资的提升遍及整个经济，从而引起结构性通货膨胀。

（2）通货膨胀的经济效应。通货膨胀是一个到处扩散其影响的经济过程，每个人和经济中的其他经济单位都在某种程度上受到它的影响。

①通货膨胀的再分配效应。首先，通货膨胀使靠固定的货币收入维持生活的人实际收入变少，生活水平相应降低。其次，通货膨胀使存款的实际价格或购买力降低。再次，通货膨胀使债权人的利益受损而使债务人获利。

②通货膨胀的产出效应。第一，需求拉动的通货膨胀会使产出增加。第二，成本推进的通货膨胀会引致失业。当成本推进的压力抬高物价水平时，实际产出下降，失业会增加。第三，极度通货膨胀会导致经济崩溃。因为这种情况人们会对货币丧失信心，货币失去正常的交换手段和储藏手段的职能，从而导致大规模的经济混乱。

2）失业

（1）失业的定义及失业率。失业与就业是一对对称的概念。所谓失业，是指在一定年龄范围内，具有劳动能力而没有工作，但愿意并且正在寻找工作的人。失业率是失业人口占劳动总人口的百分比。自然失业率是指自愿失业和摩擦失业人数同全体劳动力总数的比率。所谓充分就业，在西方经济学中并不是指所有劳动力都能找到工作的就业水平，而是指除了自愿失业者和摩擦失业者之外，其他人都能找到工作。

（2）失业的类型。

①自愿失业。这是指在现行市场工资水平下不愿意工作而失业。

②摩擦性失业。在职业市场，一方面存在职位空缺，另一方面存在相应数量的寻找工作的失业者，但由于信息不畅等原因，需要花费一定时间契合的失业。

③结构性失业。这是指由于经济结构的变动而劳动力供求不一致所产生的失业。

④周期性失业。这是指由于总需求下降而引发的失业，一般出现在经济衰退时，整

个劳动力市场出现过剩。

⑤隐蔽性失业。这是指当经济中减少一定数量的就业人员后，产量并未因此而下降的现象，即就业人数超过实际工作所需要人数的现象。

（3）失业的代价及治理。失业会给社会和个人都带来损失，这就是失业的代价。给社会带来的损失包括：失业率升高会使社会损失很多本来应当而且能够生产的产量。有经济学家认为，失业率每提高1%，实际产量会损失3%。给失业者本人及家庭带来的损失主要有，他们失去了本来用劳动可以换得的收入。他们个人的地位和声誉也会因失业而下降，因而身心健康也会因失业而受到摧残。为此，降低失业率、实现充分就业，就成为政府进行宏观调控的重要目标之一。政府要用多种对策来解决失业问题。一般来说，治理摩擦性失业，要用完善劳动市场、公开市场信息、促进人员流动的办法来解决；治理结构性失业，要用增加人力资本投资、加强职工培训的办法来解决；治理周期性失业，需要政府用财政政策和货币政策即总需求管理的办法来治理。

当然，失业对社会经济的发展也有有利的影响，例如，失业可使劳动力配置优化；可促使劳动力提高素质和劳动技能；失业的存在作为劳动力的储备，可随时满足社会的需要。一定的失业率也是社会正常发展的条件之一。

3）通货膨胀和失业的关系

（1）菲利普斯曲线。1957年，一位在伦敦经济学院工作的新西兰工程师威廉·菲利普斯在当时的《经济学报》上发表了一篇名为“英国1861—1957年失业率和货币工资率的变化率之间的关系”的论文，该文测算了从1861年到1957年英国失业率和工资的变化，从数据中提出了一个值得注意的规律，那就是货币工资增长率和失业率之间存在一种负相关的关系。这是因为，对劳动的需求越是超过供给，失业率越低，由于存在劳动的超额需求，雇主之间的竞争会驱使货币工资率上升；反之，失业率越高。劳动市场上越是供过于求，货币工资率上涨就越少。这种关系完全可以延伸为失业率与通货膨胀的替代关系：失业率高时，通货膨胀率就低；反之亦然。这种替代关系即所谓的菲利普斯曲线。

（2）政府“相机抉择”的管理政策。菲利普斯曲线提供的失业率与通货膨胀之间的关系为政府实施干预、进行总需求管理提供了一份可以选择的菜单：如果政府认为失业率或通货膨胀率超过4%，社会就无法接受了，那么这4%的失业率或通货膨胀率就成了一定时期社会所能承受的最大极限，被称为“临界点”。在失业率被认为太高时，政府可用扩大总需求政策、提高一些通胀率来降低一些失业率；当通胀率被认为太高时，政府可用压缩总需求政策、增加一些失业以降低通胀率。总之，把失业和通胀都控制在社会可容忍的限度内。这种需求管理政策就是所谓相机抉择。20世纪70年代以来，又出现高失业率与高通胀率并存的所谓“滞胀”现象（它超出了菲利普斯曲线描述），对此，政府也要相机抉择予以治理。

经济视野10-10　　历史上最严重的恶性通货膨胀

第一次世界大战之后，德国经历了一次历史上最引人注目的超速通货膨胀。在战争结束时，同盟国要求德国支付巨额赔款。这种支付引起德国巨大的财政赤字，德国最终通过大量发行货币来为赔款筹资。

从1922年1月到1924年12月德国的货币和物价都以惊人的速度上升。例如，每份报纸的价格从1921年1月的0.3马克上升到1922年5月的1马克、1922年10月的8马克、1923年2月的100马克直到1923年9月的1 000马克。在1923年秋季，价格实际上飞起来了：一份报纸价格10月1日2 000马克、10月15日12万马克、10月29日100万马克、11月9日500万马克直到11月17日7 000万马克。1923年12月，货币供给和物价突然稳定下来。

正如财政引起德国的超速通货膨胀一样，财政改革也结束了超速通货膨胀。在1923年底，政府雇员的人数裁减了1/3，而且赔款支付暂时中止并最终减少了。同时，新的中央银行——德意志银行取代了旧的中央银行——德国国家银行。政府要求德意志银行不要通过发行货币为其筹款。

根据我们对货币需求的理论分析，随着持有货币成本的下降，超速通货膨胀的结束会引起实际货币余额增加。随着通货膨胀上升，德国的实际货币余额减少；然后，随着通货膨胀下降，实际货币余额又增加，但实际货币余额的增加并不是即刻的。也许实际货币余额对持有货币成本的调整是一个渐进的过程。也许使德国人民相信通货膨胀已真正结束需要一段时间，从而预期的通货膨胀比实际通货膨胀下降得要慢一点。

本章小结

- 宏观经济学的研究是从国民收入决定开始的，而总需求是国民收入决定的主要因素之一，因此阐述国民经济的总量及其平衡应从分析总需求的形成开始。
- 总需求由个人消费需求、国内投资需求、政府消费需求和出口需求构成，因此分析总需求的形成应首先从消费开始。
- 人们的消费主要取决于消费者可支配的收入水平，一般说来，总收入越高，消费水平也越高；总收入水平降低，消费水平也降低。消费与收入成正比。
- 边际储蓄倾向，是指增加的储蓄在增加的收入中所占的比例，在一般情况下，边际储蓄倾向呈上升趋势。
- 资本边际效率是指资本的预期收益率，一般说来，随着投资的增加，必然会引起设备的供给价格的提高，从而导致投资的预期收益率下降，因此，资本边际效率呈现递减的趋势。
- 随着过剩经济的出现，在经济总量分析中，国家关注的重点应转移到需求的分析，包括需求构成和影响因素，采取相应措施发挥需求对经济发展的拉动作用。市场经济的发展，也为国家对需求的调节提供了调节空间和手段。
- 国民收入是一个重要的总量指标，国民收入的均衡和正常增长是国民经济正常运行的重要目标。
- 决定或影响国民收入增长的因素也是多方面的，而这些因素对国民收入变化通常发挥乘数作用，其最重要的因素是投资。在供求总量平衡的条件下，投资的增加会引起国民收入成倍的增长。
- 对经济运行的调节，市场机制起决定性作用，但市场机制有时会失灵，因此，政府干预成为现代市场经济的客观要求。

- 政府的作用并不是代替市场机制，而是补充市场的不足，用以提高资源配置效率。
- 资源、技术、制度是经济增长的决定性要素。不同的国家、地区应从各自的实际出发选择适合各自实际的经济增长模式。
- 在市场经济条件下，没有哪个国家的经济运行表现为直线式的增长，而总是表现为周期性的扩张和收缩，这是一个普遍存在的现象，是由总供给和总需求的不一致引起的。政府宏观调控的目标就是通过理性控制，努力减少经济周期波动幅度和频率，避免经济增长大起大落。
- 在经济周期波动的不同阶段，通货膨胀和失业是两种常见的经济现象。政府各种宏观经济政策也主要用来应对两种经济现象。

主要概念和观念

□ 主要概念

总需求　平均消费倾向　边际消费倾向　平均储蓄倾向　边际储蓄倾向　资本边际效率　总供给　国内生产总值　国民收入　投资乘数　市场失灵　经济增长　可持续发展　经济周期　通货膨胀

□ 主要观念

乘数是一把双刃剑，是国民收入决定理论的核心组成部分。

政府干预不是取代市场机制本身，而是弥补市场不足，提高资源配置效率。

人类社会必须选择建立经济、社会、资源和环境相互协调、可持续发展的新模式。

基本训练

1）选择题（单项或多项选择）

（1）公司或企业进行储蓄的动机是（　　）。

A.为了生活消费　　B.为了增加货币财富

C.准备有效投资　　D.准备扩大再生产

（2）国内生产总值（GDP）表示（　　）。

A.一国工业产品的总价值　　B.一国最终产品的价值总和

C.一国最终产品和劳务的价值总和　　D.一国劳务的价值总和

（3）下面存在“搭便车”问题的物品是（　　）。

A.收费的高速公路　　B.私人经营的电影院

C.路灯　　D.私立学校

（4）下面活动可能引起负外部性的是（　　）。

A.汽车排出的废气　　B.在街心花园种花

C.购买一台个人计算机　　D.修复历史建筑

在线测评10-1

选择题

（5）经济增长与环境治理中，（　　）。

A.应先发展经济　　B.应取消经济增长

C.应先发展经济后治理环境　　D.应二者协调推进

2）简答题

（1）一定时期的投资额由哪些因素决定？

（2）国民收入均衡的系数及基本条件是什么？

（3）消费倾向与储蓄倾向之间的关系怎样？

（4）消费与储蓄的关系怎样？

（5）乘数的大小取决于什么因素？

（6）导致市场失灵的因素主要有哪些？

（7）当出现外部性导致市场失灵时，政府干预的手段有哪些？

（8）公共产品的特点是什么？

（9）我们应确立怎样的发展观？

（10）怎样理解经济周期？

（11）通货膨胀有怎样的社会效应？

3）分析题

（1）下列每一种交易会影响GDP的哪一部分（如果有影响的话）？并解释之。

A.家庭购买了一台新冰箱

B.姑妈买了一套新房子

C.上海汽车公司从存货中出售了一部汽车

D.你买了一个古德面包

E.某省重新铺设了国道

F.你的父母购买了一瓶法国红酒

G.海尔公司扩大了其在美国的工厂

（2）假如政府支出增加100亿元，物品和劳务的总需求增加了300亿元，计算边际消费倾向是多少？

观念应用

供给侧结构性改革与宏观经济政策

改革开放四十年来，中国经济持续高速增长，成功步入中等收入国家行列，已成为名副其实的经济大国。但随着人口红利衰减、“中等收入陷阱”风险累积、国际经济格局深刻调整等一系列内因与外因的作用，中国经济发展出现了新的特征，具体表现在：主要经济指标之间的联动性出现背离，经济增长持续下行与CPI持续地位运行，居民收入有所增加而企业利润率下降，消费上升而投资下降，旧经济疲态显露而以“互联网+”为依托的新经济生机勃勃，等等。对照经典经济学理论，当前我国出现的这种情况既不是传统意义上的滞胀，也非标准形态的通缩。

面对经济发展的新形势，国家做出了经济发展进入新常态的重大判断，按照稳中求进的工作总基调，形成了以新发展理念为指导、以供给侧结构性改革为主线的政策体系。针对供需结构性矛盾，在适度扩大总需求的同时，去产能、去库存、去杠杆、降成本、补短板，推进结构调整，从生产领域加强优质供给，减少无效供给，扩大有效供给，提高供给结构适应性和灵活性，提高全要素生产率，使供给体系更好地适应需求结构变化。采取积极的财政政策和稳健的货币政策，并且按照宏观政策要稳、产业政策要准、微观政策要活、改革政策要实、社会政策要托底的思路和原则，出台相关配套政策，打好“组合拳”，使各项经济政策
综合发力，提高功效。

资料来源 佚名. 十大关键词解读十八大以来的这5年［EB/OL］.［2017-05-03］. http: //news.cnr.cn/native/gd/20170503/t20170503_523736967_1.shtml.

问题：对于不同的经济形势，国家应该出台怎样的经济政策来刺激经济发展？

第 11 章

国际贸易与总供求平衡

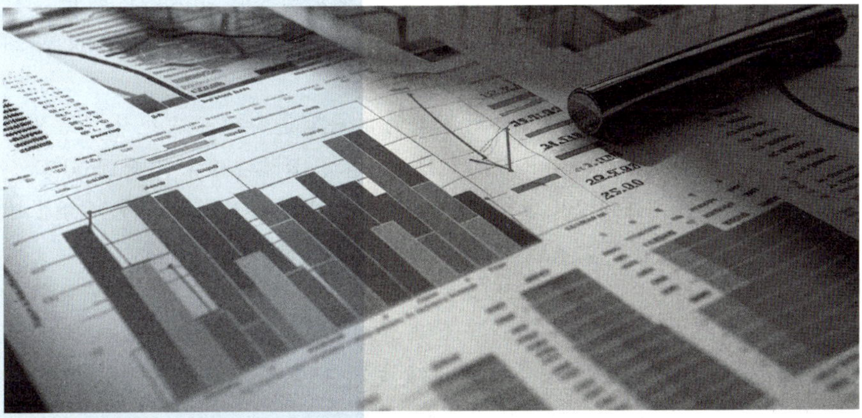

学习目标

知识目标： 掌握国际贸易、国际金融市场、外汇、汇率等基本概念，掌握国际贸易的基本政策，了解影响汇率变动的因素以及汇率变动产生的影响，了解世界贸易组织的基本原则和主要规则。

技能目标： 能用所学理论分析我国的国际贸易现状。

素养目标： 坚定中国特色社会主义道路自信，增强民族自信心和自豪感。

思维导图11-1

国际贸易与总供求平衡

引例

"苹果"究竟哪国产

据说，有"三个苹果"改变了人类历史的进程。第一个是伊甸园的苹果，它让亚当和夏娃明白了善恶；第二个是牛顿后院的苹果，它启发牛顿悟出了万有引力；而第三个就是苹果公司，它为人类开启了移动互联网时代。

目前，苹果已经成为世界上最有价值的电子品牌，它的iPhone、iPad、Macbook等产品备受消费者的青睐。但是，当人们愉快地使用着手中的苹果产品时，恐怕会很少关注以下问题：这些"苹果"到底是怎样被生产出来的？而它们带来的利润又是如何被分配的？

事实上，苹果虽然是一个美国品牌，但是我们却很难说任何一件苹果产品是由美国生产的。以iPhone6为例，它的处理器可能是由中国台湾地区的供应商提供的，屏幕可能来自中国大陆，而摄像头则由日本供应商提供，产品的组装是在中国进行的，而设计和销售则在美国。

Comparecamp曾在2014年对苹果的供应商进行过一次统计，结果显示，苹果的供应商在全球达800多家，其中中国大陆349家，日本139家，美国60家，中国台湾地区42家，韩国32家，另有200多家供应商散布在世界各地。可以毫不夸张地说，任何一样苹果产品都是世界产品，是全球范围内社会化专业分工的产物。

这样企业化分工大大节约了生产成本。以组装环节为例，如果将iPhone的组装放回到美国进行，那么每部手机的成本就会增加4美元。另外，如果苹果选择在美国制造所有部件，并对产品进行组装，就需要支付35%的所得税，而选择海外供应商，利用海外代工进行组装，就能规避掉一大块税收。

市场经济形成了发达的国际分工和广泛的国际贸易，进而带动了国际资本流动，国际贸易和国际资本流动对各国经济产生越来越大的影响，从而成为宏观经济分析的重要内容。

国际分工是国际经济关系的基础，在此基础上产生的和迅速发展的国际贸易成为国际经济关系的核心和基本内容。国际贸易的发展又引起了资本在国际上的广泛流动，形成了种类繁多、功能齐全的国际金融市场，而世界贸易组织则是致力于监督国际贸易和使国际贸易自由化的国际组织。

11.1 国际贸易

国际贸易通常是指国家之间的商品、劳务和其他生产要素的交换活动，是世界各国在国际分工的基础上通过国际市场的交易活动，实现商品以及劳动、科技等生产要素的合理配置，达到互通有无，取得绝对和相对利益的行为方式和过程。一方面，国际贸易的规模和结构是由各国经济发展水平和特点决定的；另一方面，一国对外贸易的状况又对本国经济发展速度和供求总量平衡的实现产生重要作用。

11.1.1　国际贸易的产生、发展和政策

1）国际贸易的产生

国际贸易是人类社会发展到一定阶段的产物。国际贸易的产生必须具备两个基本条件：一是要有社会分工和可供交换的剩余产品；二是国家或政治实体的出现。国际贸易是一个历史范畴，是在一定的历史条件下产生的。从根本上说，生产力的发展和社会分工的扩大是国际贸易产生和发展的物质基础。奴隶社会取代原始社会，商品交易开始越出国界，国际贸易由此而生。

经济课堂11-1

国际贸易的产生与发展

2）国际贸易的发展

国际贸易的历史虽然悠久，但真正大发展并形成国际市场，则是在资本主义随着工业革命的完成并在世界范围内占统治地位以后。工业革命不仅使国际贸易的大发展更为必要，而且更加可能。第二次世界大战后，国际贸易的发展速度更为惊人。1948年国际贸易额为570亿美元，到2011年已超过了3.7万亿美元，63年中规模扩大了65倍，增长速度大大快于同期工业增长的速度。

第二次世界大战后世界贸易的发展还表现为贸易构成的变化。首先，工业制成品和高技术产品、高附加值产品在贸易总量中占了绝大的比重（80%）；其次，技术贸易和服务贸易成为国际贸易中最活跃、发展最快的领域。因此，任何一个国家都不可避免地参与到国际贸易活动中去。

近几年，国际贸易规模加速扩大。1990—2011年，国际贸易以年均6%的速度增长，超过20世纪80年代贸易总量年均增长5.6%的速度，贸易增长与生产发展的相关度达到空前的水平，并呈现不断提高的趋势。随着全球贸易活动越来越频繁，贸易自由化不可逆转，各国贸易依存程度加深，世界市场向深度和广度拓展，国际贸易作为世界经济增长重要推动力的作用将明显增强。

3）国际贸易政策

国际贸易政策是一个国家的总政策，特别是经济政策的重要组成部分。它的目的在于发挥本国优势：一方面，优化产业结构和产品结构，提高产品在国际市场上的竞争能力，并利用国家力量扩大出口；另一方面，利用经济和其他手段限制进口，保护本国国内市场，达到平衡国际收支、扩大社会需求、刺激经济增长的要求。具体政策有：

（1）贸易保护政策。它的含义是，国家广泛利用各种限制进口的措施保护本国市场免受外国商品的竞争，同时对本国商品的出口给予奖励和优待，其实质是“奖出限进”。

保护贸易政策产生于20世纪初，随着资本主义国内生产过剩加剧，国际市场的竞争也日益激烈，扩大出口、限制进口成为各国调节国内供需矛盾、拉动经济增长、实现充分就业的重要手段。保护贸易政策的主要措施包括：

第一，在关税方面，主要是通过立法规定较高的进口关税税率；实行歧视性的复式税制，并征收惩罚性的临时附加税等措施来提高进口成本，用经济手段限制进口。进口税、出口税和过境税属于正税，反倾销税和反补贴税是两种采用较多的进口附加税。

第二，非关税壁垒方面。非关税壁垒是指除关税以外的其他限制进口的措施，一般分为两类：一是直接非关税壁垒，指进口国直接对进口商品的数量和金额加以限制或迫

使出口国直接限制商品出口；二是间接非关税壁垒，指对进口商品制定严格的条例限制进口，如进口押金、进口最低限价以及烦琐苛刻的技术标准等。

第三，在鼓励出口方面，许多国家在限制进口的同时采取各种措施来鼓励出口，主要措施有：①出口信贷，出口银行向本国出口商或外国进口商提供优惠贷款；②出口信贷国家担保制；③出口补贴，国家对出口商品给予出口商直接现金补贴或减免国内税收的财政优惠待遇；④商品倾销，通常是在政府支持下，以低于国内市场价格甚至低于成本的价格在国外抛售商品，以打败竞争对手，占领市场。

（2）自由贸易政策。自由贸易政策是资本主义早期奉行的政策，进入20世纪后，贸易保护主义政策抬头，严重制约着国际贸易和国际资本流动的发展。第二次世界大战后，为了建立国际贸易新秩序，相继成立了世界性经济贸易组织，如“关税与贸易总协定”，以及集团性、地区性经济贸易组织。这些贸易协调组织的机构、原则和措施不断完善，成员不断增加，对国际贸易自由政策形成的作用越来越大。例如，在关贸总协定组织的主持下，经过7轮多边贸易谈判，各缔约方平均进口最惠国税率已降到5%，1993年12月结束的第8轮多边谈判又使进口关税总水平降低40%。从1995年起，关贸总协定改名为世界贸易组织（WTO），由于其机构和措施的影响增大，成员增多，在促进全球自由贸易方面将发挥更大的作用，对国际贸易和其他国际经济关系的发展，对各国的对外经济政策的选择也发挥直接或间接的作用。

11.1.2 国际贸易的绝对利益和相对利益

在国际贸易中，贸易利益及其如何在贸易参与国之间进行分配涉及两个方面的问题：一是确定应当出口什么，进口什么，它与一个国家参与国际分工的产业结构和产品结构相关；二是如何确定进出口商品要达到的目标，它是指在国际贸易条件下进行什么样的商品交换更有利。那些基本上是自给自足的经济国家，经济结构以国内分工为基础，开放程度较低，对外贸易通常以互通有无、调剂余缺、满足需要为主要目标。而经济开放型国家则以国际分工为背景组织国内生产，国际交换突破了转换使用价值的局限，而注重贸易中的比较利益。依据比较利益原则确定其以何种方式参与国际分工，确定进出口商品的结构和流向，通过对外贸易求得利益的增长。

1）国际贸易的绝对利益

从对分工极大地有利于劳动生产率的提高这一规律的认识出发，出现了以绝对优势为基础的国际分工和贸易，以致贸易双方都能从国际贸易中得益。不同国家在具体产品的生产上具有绝对成本的差异。所谓绝对成本差异是指在某种产品的生产上一个国家所耗费的劳动成本绝对低于其他国家。例如，如果某个国家在某种产品生产上由于具有地理位置、矿产资源等自然优势，或在技术和工艺上具有优势，而劳动生产率较高，我们就说该国在这种商品的生产上具有绝对优势；而在另一些产品的生产上，由于相反的原因，该国可能处于绝对劣势。如果每个国家在生产上实行专业化分工，专门生产在劳动生产率上占绝对优势或绝对成本低的产品，继而通过国际贸易，去交换在国内生产占绝对劣势的产品，就可以得到比没有进行国际分工前或没有进行国际贸易前更多的产品，从而得到国际贸易的绝对利益。下面的例子可用来说明国际贸易上的绝对成本和绝对利益理论。

假定英国和法国分别在布和葡萄酒的生产上占绝对优势。英国生产1匹布需费100小时劳动，生产1吨葡萄酒需费200小时劳动；法国生产1匹布需费200小时劳动，生产1吨葡萄酒需费100小时劳动，见表11-1。

表11-1　在两种产品生产上各具优势的两个国家分工专业化前的情况

	布		葡萄酒	
	劳动时数	产量（匹）	劳动时数	产量（吨）
英国	100	1	200	1
法国	200	1	100	1
合计	300	2	300	2

在没有实行分工和国际贸易以前，它们分别各自进行两种产品的生产，其结果是各自只得到1个单位的布和1个单位的葡萄酒。在两国发生贸易的情况下，英国人会发现自己在布的生产上具有比法国更高的效率，具有绝对优势，但在葡萄酒的生产上，劳动效率低于法国。而法国的情况则正好相反。于是两国的劳动都将转移到本国的优势部门，生产自己的优势产品，实行国际分工，那么两国的生产，见表11-2。

表11-2　分工后两国在两种产品生产上的情况

	布		葡萄酒	
	劳动时数	产量（匹）	劳动时数	产量（吨）
英国	300	3	0	0
法国	0	0	300	3
合计	300	3	300	3

分工和生产专业化之后，两国生产两种产品的产量都得到增加。如果它们以1∶1的比例拿布与葡萄酒交换，其结果是，英法两国不但保持了原有消费品种和水平，而且英国比原来多了1个单位的布，法国比原来多了1个单位的葡萄酒。

不同国家在生产商品上的绝对成本差异是导致互利国际贸易的主要根据。在实行自由贸易的条件下，各国都用本国擅长生产的商品同别国擅长生产的商品相交换，使各国资源从生产效率低的行业转向生产效率高的行业，实现资源配置的优化。

2）国际贸易的相对利益

通过对两个国家生产成本的比较，如果某一个国家并不拥有任何绝对优势，而是居于绝对劣势，那么，进行国际贸易的结果，仍然可以使贸易双方取得贸易利益。只要各国商品之间的价格比率有所不同，在进行贸易时，每个国家都会有一种比较或相对优势。也就是说，即便一个国家生产任何商品的成本比其他国家都高，然而只要这个国家生产某种商品的成本相对于生产其他商品的成本较低，那么，这个国家在生产这种商品上便具有比较优势，就应该生产并出口它，通过国际贸易来交换本国生产处于相对劣势的产品，从而取得相对利益。

假定法国和西班牙都从事机器和布两种产品的生产。在两种产品的生产上，法国生产任何一种产品的效率都高于西班牙，处于绝对优势地位。而西班牙则相反，在任何产品的生产上都处于劣势。两个国家在两种产品生产上的情况，见表11-3。

表11-3 法西两国生产机器和布的情况

	生产1台机器花费的劳动	生产1匹布花费的劳动	相对价格（比率）机器价格/布价格
法国	100（小时）	10（小时）	10
西班牙	180（小时）	12（小时）	15
劳动比率（西班牙/法国）	1.8	1.2	
劳动比率（法国/西班牙）	0.56	0.83	

从表11-3可以看出，法国在两种产品的生产上对西班牙都占有绝对优势，但占优势的程度是不同的。一台机器的成本相当于西班牙的56%，而布的单位成本相当于西班牙的83%。西班牙在两种产品的生产上对法国所处的劣势程度也有差异，其机器的单位成本相当于法国的1.8倍，而布的单位成本相当于法国的1.2倍。因此，法国在机器生产上具有相对优势，在布的生产上处于相对劣势，而西班牙则正好相反。

从同一国家的两种产品的相对价格或价格比率来看，法国生产这两种产品的相对价格是10（100/10），即一台机器在法国可换10匹布；而西班牙的相对价格是15（180/12），即在西班牙同样的一台机器可以交换15匹布。在这种情况下，对两国来说，实行某种程度的生产专业化是划算的，因为在法国一台机器可换10匹布，如果在西班牙出售这台机器可换回15匹布，那么对法国来说，将生产布的劳动转而生产机器，通过贸易，不但可以保有原来机器的数量不变，还可以获得更多的布。同样，对西班牙来说，在没有外贸的情况下，需用15匹布才能换回一台机器，如果把生产一台机器的180小时生产布，可生产15匹布，用10匹布就可以从法国换回一台机器，剩余的5匹布可以增加国内消费。随着国际贸易的发展，逐渐形成了国际市场价格，一国商品的绝对优势或相对利益就通过国内价格与国际价格的比较反映出来。专门生产本国占绝对优势或相对优势的产品，就可以提高资源的利用效率，从国际贸易中获得利益。

经济视野11-1　加入世贸组织后中国地位与日俱增

加入世贸组织以来，中国经济获得了巨大成功——目前中国已成为全球第二大经济体、世界第一大贸易国、世界第一大吸引外资国、世界第二大对外投资国。

加入世贸组织对促进中国外贸发展和拉动经济增长发挥了重要作用。目前，中国已连续三年稳居世界第一货物贸易大国，成为全球120多个国家和地区的最大贸易伙伴。

2001年我国进出口总额0.51万亿美元，2015年这一数字为3.96万亿美元，约为加入世贸组织前的8倍。

2001年12月11日，中国正式成为世贸组织第143个成员。到2016年8月，世贸组织共有164个成员。

11.1.3　国际贸易的供求关系

国际贸易与国内贸易一样，是在一定的供求关系条件下进行的。国际贸易的供求关系对国际贸易的价格有着重大影响，也决定着一国对外贸易的战略、策略和进出口格局及结构。

1）影响国际贸易供求关系的因素

（1）经济发展周期的影响。经济发展周期是指市场经济国家存在的经济时而扩张时而收缩的周期性波动现象。当多数国家处于经济扩张时期，国内需求旺盛，出口压力减小，并且由于国内需求增长使进口增加，这样就会使国际贸易出现供不应求的局面；反之，当多数国家经济衰退，国内需求不足，会造成出口压力加大，竞争加剧，出口下降，国际市场会出现供大于求的局面。

（2）贸易保护的影响。当贸易保护主义抬头，各国政府采取限制进口、鼓励出口的政策时，会造成国际市场供大于求，出口困难。当世界性贸易组织和地区性贸易组织作用增强以及双边或多边谈判取得进展，贸易保护主义政策的作用被削弱时，就为国际贸易的正常发展提供了条件。

（3）国际垄断的影响。国际垄断是指少数国家或大企业集团在国际范围内对一个或若干个经济部门的生产和贸易进行的控制。垄断可分为买方垄断和卖方垄断。买方垄断是国际市场上的少数买主对商品的购买和需求进行控制，以便人为地决定需求和价格。卖方垄断是指少数卖主对国际市场上的商品生产和供给进行控制，能够人为地决定商品的供给和价格。由于国际垄断的存在，使国际贸易的供求关系出现扭曲，国际市场价格长期背离国际价值，从而使发达国家取得超额利润，而发展中国家往往蒙受巨大的经济损失，致使富国与穷国的差距进一步扩大。

（4）国际或地区性经济事件或政治、军事局势的变化的影响。例如，某国或某一地区因国际支付发生困难，再加上国际投机资本的兴风作浪，造成金融危机，往往会在更大范围甚至全世界范围内对国际贸易和经济发展产生深远影响。

2）增强对国际贸易供求关系变化的适应能力

国际贸易供求关系的变化，对于一个国家进出口业务、国际收支及国内经济发展产生的影响越来越大。为了适应这种变化，提高国际竞争能力，通常根据本国国情和国际贸易发展的趋势，适时调整对外贸易的战略和策略，调整国内的产业结构，充分发挥本国在生产产品上的绝对优势和相对优势，在国际贸易中获得绝对和相对利益。

发达国家一般会发展资本和技术密集型产业，增加高技术含量和高附加值产品的出口，把劳动密集型或初级产品的生产转移到发展中国家。发展中国家则以发展劳动密集型产品出口为主，发挥相对优势，通过国际贸易交换在本国生产上处于绝对劣势和相对劣势的产品，但发展中国家要从根本上改变在国际贸易中的不利地位，最终途径还是要加快本国技术进步，提高整体经济实力，逐步增加高技术产品、高附加值产品的出口比重，才能立于不败之地。

经济视野 11-2 **亚当·斯密的遗产**

下面是伟大的经济学家亚当·斯密所提出的观点：

如果一件东西在购买时所费的代价比在家内生产时所费的代价小，就永远不会想要在家内生产，这是每一个精明的家长都知道的格言。裁缝不想制作他自己的鞋子，而向鞋匠购买。鞋匠不想制作他自己的衣服，而雇裁缝制作。农民不想缝衣，也不想制鞋，而宁愿雇用那些不同的工匠去做。他们都感到，为了他们自身的利益，应当把他们的全部精力集中使用到比邻人处于某种有利地位的方面，而以劳动生产物的一部分或同样的东西，即其一部分的价格，购买他们所需要的其他任何物品。

这段引文出自亚当·斯密1776年的著作《国民财富的性质和原因的研究》，这本书是贸易与经济上相互依存分析的里程碑。许多经济学家认为亚当·斯密是现代经济学的奠基人。

启智润心 11-1 **中方硬气回应荷兰禁售光刻机：不会忍气吞声，坚持自主研发和制造**

2023年3月20日，荷兰媒体《金融日报》发表了他们对中国驻荷兰大使谈践的专访，引发巨大关注。荷兰以及欧美舆论普遍认为，这是中国政府对荷兰限制芯片设备出口所做出的正式回应。

谈践大使在采访中提到了很多问题，但是核心还是关于荷兰政府即将实施对华出口限制问题。大使表达了中国政府的原则和立场，对于荷兰目前的两难境地予以理解，但是也郑重声明：对于这种不公平的对待，中国绝不会“忍气吞声”。

近几年来，美国正不断加大对中国半导体行业发展的遏制力度，从先进制程半导体领域已经扩展到了和半导体相关的所有产品和技术，几乎已经无所不包。但是即便如此，美国依旧对于中国半导体行业非常担忧，甚至极其紧张。究其原因，美国人的目的是要让中国人屈服，但是这个目的不但没有达到，还在向自己最不希望看到的方向发展。

谈大使在采访中提到了两个核心概念，一个是绝不忍气吞声，另一个就是自主研发。如果其他国家不卖粮食给我们，那么我们只能自己种。高端芯片和粮食一样，都是必需品，我们必须要有，如果买不到，那我们就自己造。当我们自己造出来之后，欧美就将彻底失去领先优势。

美国在高端芯片领域愈发紧张，一个重要原因就是近两年中国在芯片研发方面不断取得突破。尤其是近期哈工大胡鹏程教授团队在“高速超精密激光干涉仪”方面的突破，更是让西方科技界感到震惊。ASML总裁温宁克以及比尔·盖茨都公开警告西方，中国将独立研发出完全属于自己的芯片技术，到那时西方不但无法遏制中国，还将失去与中国合作的机会。

谈大使之所以能够如此硬气地警告西方，就是因为我们在自主研发的道路上正在不断地突破。最先进的芯片制造技术确实非常难，但如同温宁克所说，再先进的技术也要遵循物理定律，它不是天外来物，西方能够研发出来，中国也能！

资料来源　佚名. 中方硬气回应荷兰禁售光刻机：不会忍气吞声，坚持自主研发和制造［EB/OL］.［2023-03-25］. https：//baijiahao.baidu.com/s？id=1761296294560161338&wfr=spider&for=pc.

思政元素：合作共赢　爱国情怀　使命感　守正创新

明理善行：重视创新思维是马克思主义的优良传统，马克思、恩格斯特别重视创新，他们指出，“全部问题都在于使现存世界革命化，实际地反对并改变现存的事物”，即马克思主义者要依据实践的变化，分析问题，解决问题，进而推动人们的思维“按照人如何学会改变自然界而发展”，最终实现思维创新。中国共产党在领导中国革命、建设和改革的实践中，非常注重把马克思主义与中国实际相结合，对中国革命、建设和改革做出创新性谋划，从而开辟了新的道路、创新了新的理论、形成了新的制度、发展了新的文化。习近平总书记指出，关键核心技术是国之重器。我们要下定决心、保持恒心、找准重心，加速推动信息领域核心技术突破。党的二十大报告也提出：“加快实施一批具有战略性全局性前瞻性的国家重大科技项目，增强自主创新能力。”历史发展已经证明，核心技术不可能从别人那里学来，核心竞争力不可能从外部得到，想要在国际竞争中不受制于人，必须依靠自主创新，需要全社会鼓励创新，尊重创新，保护创新。

【小思考11-1】

商品经济本身就是一种资源优化配置的方式吗？

小思考11-1

分析提示

11.2 国际资本流动

伴随着国际贸易额的不断增长，资本跨国界的运动规模则以更快的速度扩大。据不完全统计，国际金融市场上的国际信贷总额已高达3万亿美元，每年国际资本的交易量相当于国际贸易总额的25倍，还有增长更为迅速的国际直接投资。如此巨大的国际资本流动量，对于加强世界各国间的经济联系，加速生产和资本的国际化，实现资源在全球范围的合理配置和全球经济的发展发挥越来越大的作用，对于一国国际收支状况和国内经济发展也产生了重大影响。

11.2.1 国际资本流动与贸易收支的关系

1）国际资本流动的形式

国际资本流动是资本跨国界的运动，是资本为了牟取高额利润、利息、规避风险或取得其他利益而在国际转移的过程。依据不同的标准，对国际资本流动的形式可以进行不同的分类。例如，若按投资方式，可划分为直接投资、间接投资和银行信贷等；按资本所有性质，可分为官方资本流动与私人资本流动两大类；若按投资期限长短，又可分为长期资本流动和短期资本流动两类。下面根据不同的投资期限介绍国际资本的流动形式。

（1）长期资本流动。长期资本流动是指期限在一年以上的资本流动，主要包括直接投资、证券投资和国际信贷三种形式。

①直接投资。直接投资是投资者直接把生产资本投入另一个国家的经济部门从事生产或经营活动。

②证券投资。证券投资是指投资者在国际证券市场上购买外国政府或公司的中长期

债券和外国公司股票的投资活动。

③国际信贷。国际信贷是指通过信用方式实现的价值形态的资本在国际的流动。这类资本的流入构成流入国的债务，而流出国则拥有相应债权。

（2）短期资本流动。短期资本流动一般指使用期限在一年以内的资本流动，它是通过国际货币市场借助于各种金融资产、信用工具的流通来进行的。这些信用工具有短期政府债券、各种商业票据、银行承兑汇票、可转让银行存款单和银行活期存款凭证等。短期资本国际流动的特点是流动规模大、速度快，能够在较短时间内广泛而深刻地影响一国或世界经济活动，从而受到国际金融界和各国政府的普遍关注。

2）国际资本流动与国际贸易收支的关系

国际资本流动与国际贸易收支的关系十分密切，主要表现为：

（1）国际贸易的收支状况是决定一国资本流动方向和规模的主要因素。如果一国对外贸易的出口大于进口，即有较大顺差，那么该国外汇储备则大量增加，为了取得较高利润或利息，必然有资本流向国外，如增加对外直接投资，购买国外金融资产，提供出口信贷，提高本国出口商品的竞争力；反之，如果一国对外贸易有较大逆差，为了平衡国际收支，必然通过国际金融市场转入资金，同时对外债务也相应增加。

（2）国际资本流动引起一国贸易收支的变化。一国引进直接投资，可以同时带动先进的科学技术和其他生产要素的进口，壮大宏观经济实力，特别是促进对外贸易产业的优先发展，提高出口产品的国际竞争能力，扩大出口产品的地域和规模。发展中国家通过引进外资加快经济和外贸增长，取得了明显的效果。但也应该注意对引进技术消化能力的提高，保持适度的外债规模和外债结构；提高转入资本的利用效率，防范和化解金融风险。对于资本转出国来说，同样能促进对外贸易的增加，如对外直接投资，一方面带动了本国生产要素的出口，另一方面在国外就地生产销售，同样增加了出口量和贸易收入。同时，对外信贷的转出，如出口信贷，对增加出口同样也发挥着日益重要的作用。

经济视野 11-3　　跨境资本流动稳定性增强

外资保持净流入态势，跨境电商出口保持较快增长。2023年3月31日，国家外汇管理局发布的《2022年中国国际收支报告》（以下简称《报告》）显示，2022年，主要发达经济体通胀高企，货币政策加快紧缩，地缘政治形势更趋复杂，国际金融市场动荡加剧。我国有效应对内外部挑战，国民经济顶住压力保持增长。国内外汇市场运行总体平稳，韧性显著提升，人民币汇率弹性增强，在全球主要货币中表现相对稳健。

《报告》称，2022年，我国国际收支延续基本平衡。经常账户顺差4 019亿美元，与国内生产总值（GDP）之比为2.2%，继续保持在合理均衡区间。其中，货物贸易顺差较2021年增长19%，体现了我国产业链、供应链韧性以及出口新动能的快速成长；服务贸易逆差收窄9%，主要是新兴生产性服务贸易收入增长。非储备性质的金融账户逆差2 110亿美元，与经常账户顺差形成自主平衡格局。其中，直接投资仍是境外资本流入的稳定渠道，国内经济发展前景和广阔的市场空间继续吸引国际长期资本投资。经常账户顺差、外商来华投资等涉外资金来源的总体规模保持较高水平，主要转换为境内企业、银行等市场主体的境外资产，包括对外直接投资和对外证券投资等；因交易形成的储备资产小幅增加。从存量看，2022年年末我国对外净资产2.53万亿美元，较2021年年末增长16%。

资料来源 佚名.2022年我国经常账户顺差与历史峰值基本持平，外债风险总体可控［EB/OL］.［2023-03-31］. https：//baijiahao.baidu.com/s? id=1761897927966168454&wfr=spider&for=pc.

11.2.2 国际金融市场

无论是短期资本流动，还是长期资本流动，都是在国际金融市场上进行交易，并通过各种融资渠道完成国际转移的。国际金融市场是国际资本流动的产物和进一步发展的条件。

1）国际金融市场的概念

国际金融市场是国内金融市场的延伸，是一个结构复杂而又具有内在联系的系统，可以从不同角度进行了解。

国际金融市场通常指在国际规模上从事各种专业性金融交易活动的场所、领域或交易关系的总和。交易内容有外汇、黄金的买卖，短期资金的借贷，长期资本的转移，以及各种信用证券的发行和交易等。

2）国际金融市场的结构

国际金融市场种类繁多，体系复杂，这里主要介绍以下几类：

（1）国际货币市场。国际货币市场也称为短期资金融通市场，指期限不超过一年的金融工具的交易场所或领域，具体分为短期拆借市场、票据贴现市场、票据承兑市场、短期证券市场和短期信贷市场等，通常以商业银行或金融机构为中介进行交易。

国际货币市场具有重要作用。对公司和一般用户而言是融通国际资金，调剂余缺，使暂时闲置的资金流向资金短缺的需求者，为实现国际资金流动，提高资金利用率提供了渠道。对于政府来说，参与国际货币市场活动，是为了平衡收支差额，调控宏观经济。政府通过国际货币市场发行短期债券可增加财政收入，弥补财力不足。另外，政府利用买卖债券，调整再贴现率还可以调控资金的流出和流入，并影响对外贸易和宏观经济的发展。

（2）国际资本市场。国际资本市场是指融通长期资本的市场，在国际资本市场上融通的资本使用期限在一年以上。根据金融工具的类型，国际资本市场可分为国际债券市场、国际股票市场和长期信贷市场。

（3）国际风险市场。国际风险市场主要包括国际金融期货市场和国际金融期权市场，是国际金融市场的特殊组成部分。

①国际金融期货市场。国际金融期货市场是进行金融期货交易的市场。金融期货交易是一种书面的合约转让。签订期货合约或买卖期货合约的双方，约定在某一时刻，按既定的价格买进或卖出若干标准单位的金融资产。由于参加金融期货交易的双方一般并不是为了要买卖现实金融资产，而仅是为了分散投资风险或投机牟利，因此，期货合约可多次转让，到期后真正交割的是极少数，绝大部分采取对冲交易或买卖双方相互划拨资金头寸的方式结算。在国际金融期货市场上，期货交易主要有货币期货、利率期货和

股票价格期货等。从事金融期货交易风险较大。

②国际金融期权市场。国际金融期权交易是承诺在某一时刻按既定价格买卖一种金融工具的权利而非义务的交易活动。期权交易的对象是买入或卖出金融工具的权利，买方付出了期权价格之后，便获得了在约定的时期按合同价格购入金融工具的权利；而卖方则要承担出售金融工具的义务。作为买方期权，并不承担必须买进的义务，如果放弃购买，所损失的只是购买期权的价格。

11.2.3 对外债务的调节

1）外债的概念和种类

外债是指一国境内的机关团体、金融机构、企业或其机构对境外的国际金融组织、外国政府、金融机构、企业或其他机构，用外国货币承担的具有契约性偿还义务的全部债务。从债务期限上来看，有短期债务和中长期债务。从债务形成的形式来看，大体包括以下类型：

①外国政府贷款；

②国际金融机构贷款；

③国外银行和其他金融机构贷款；

④买方信贷；

⑤对外发行债券；

⑥贸易延期付款；

⑦境外企业和私人在国内存款；

⑧其他。

2）国家对外债的调节

通过借入外债来弥补建设资金不足，加快经济发展，无论是对发达国家还是对发展中国家都具有十分重要的意义。从我国情况来看，自改革开放以来，利用外资的规模不断扩大，利用外债也取得了良好的效果。目前我国属于中等偿债率国家，外债规模基本适宜。但我国在外债的举借、使用等方面也存在一些不可忽视的问题，需要加强对外债的管理和调节。

（1）建立国家外债管理体制。外债的政策性很强，并且受有关国家或国际借贷法律严格的约束，所以按照国际通例，债务国政府都指定中央银行或财政部门或专门机构严格核查，统一审批，集中管理，以便对内贯彻方针政策，对外确保国家信誉。这些机构的职责如下：主要是加强国家外债管理的法制建设，国家外债管理的体制建设，外债项目管理的制度建设，国家外债政策的制定和调整；吸收外债及其使用的规划的编制；外债项目各个管理环节的规范等。从项目可行性论证、审批、监督执行、效益考核直至保障落实偿付外债本息都按规范的程序、规章进行，以防范金融风险。

（2）调节和控制外债总体规模。外债总体规模要控制在国家承受能力的范围之内。从我国实际情况来看，外债余额以不超过当年出口收汇总额或年偿债率控制在20%以下为宜。

（3）合理安排外债方式、利率和期限结构。根据发展中国家利用外资的经验，在年度举借外债总额中，优惠利率和中等利率贷款的比重不能低于80%，市场利率的贷款或其他举债收入必须控制在20%以下。在外债的期限结构上，必须有计划地把长、中、短期债务有机结合，合理安排，实现还款期均匀分布，避免造成由人为的还债高峰期而带来的不应有的困难。

（4）调节外债的币种结构。这是外债管理的一个突出问题。在币种的选择上要考虑汇率的变动因素，形成一个合理的币种结构，避免因外汇升值或双重汇率风险带来的外汇损失。

小思考11-2

分析提示

【小思考11-2】

股票的国际交易对国际范围的资源优化配置有何作用？

11.3 汇率

自从有了国际的经贸往来和跨国界的资本运动，就有必要进行本币与外币的换算，从而进行国际结算，最终解决不同国家在贸易和资本流动中所形成的债权债务关系，从而产生了国际货币汇兑和汇兑比率的问题。随着国际经济贸易关系的迅速发展和复杂化，货币汇兑活动会变得更为频繁，汇兑活动和汇率的变化对一个国家的经济发展起着越来越重要的作用。本节着重分析外汇、汇率及其与国际贸易和资本国际运动的关系。

11.3.1 汇率的一般原理

1）外汇

（1）外汇的概念。根据国际货币基金组织的定义，外汇是货币行政当局（中央银行、货币机构、外汇平准基金组织及财政部）以银行存款、财政库券、长短期政府债券等形式所持有的，在国际收支逆差时可以使用的债权。我国政府颁布实施的《中华人民共和国外汇管理暂行条例》对外汇的具体形式也作了明确规定：①外国货币，包括钞票、铸币等。②外币有价证券，包括政府公债、国库券、公司债券、股票、息票等。③外币支付凭证，包括票据、银行存款凭证、邮政储蓄凭证。④其他外汇资金。因此，对外汇可以理解为：外汇是以外币表示的国外资产，具有国际性；外汇必须是在国外能得到偿付的货币债权；外汇必须具有可兑换性，即可兑换成其他流通手段或支付手段的外币资产。

（2）外汇的类型。根据是否可以自由兑换，外汇有自由外汇和记账外汇之分。自由外汇也可称为世界货币，最基本的特征是可以兑换其他货币。例如，西方发达国家的货币美元及欧元等都属于自由外汇。自由外汇广泛地在国际经济活动中被使用，如用于国际贸易中的计价、支付、国际资本流动及国际储备和向第三国结算债权债务等。记账外汇则是专指在两国政府间签订的支付协定规定使用的外汇。记账外汇可以是协议国一方的货币，也可以是第三国货币。不经货币发行国批准，记账外汇不能自由兑换成其货币，也不能向第三国支付，只能在协议国银行开立的专门账户上记载使用。到一定时期，将双方账面上的债权债务差额用自由外汇或货物清偿。

（3）外汇管制。外汇管制是指一个国家的政府利用各种法令规定和措施对于国际结算、外汇买卖及本国货币的对外汇率实行的限制。在外汇管制下，一切贸易和非贸易的外汇收入必须按官价卖给国家银行，一切贸易和非贸易外汇支出，必须事先经过外汇管理机构的批准方能向银行购买。

2）汇率及其标价

（1）汇率的概念。由于外汇可以在国际金融市场或国内金融市场上买卖，因此，外汇汇率就是两国不同货币单位之间的交换比率，或者说是一国货币以另一国货币表现的价格。正是由于汇率的存在，才使各国货币间的直接兑换成为可能。因此，每个国家都规定本国货币对其他国家货币的汇率。

（2）汇率的标价。折算两国货币的比率，首先要确定以哪国货币作为基准，这称为汇率的标价方法。在外汇市场上，通常有两种不同的外汇汇率的标价方法。①直接标价法。直接标价法是以一定单位的外国货币为基准，用本国货币来表示既定量外币的价格，即以外国货币为基准来计算应付多少本国货币，所以又称为应付标价法。②间接标价法。间接标价法是以一定单位的本国货币为基准，折算为一定数额的外国货币表示汇率，或者说以本国货币为基准，来计算应收多少外国货币，因此又称为应收标价法。

3）汇率的类别

汇率的种类是多种多样的，根据不同的划分标准，可以分为以下几种类型。

（1）固定汇率和浮动汇率。固定汇率是指两国货币间的比价基本稳定，汇率的波动被限制在规定的幅度内。浮动汇率是指一国货币对外国货币的比率由外汇市场上的供求关系确定，政府原则上不进行干预。汇率制度的选择往往是与一个国家的经济发展水平和对外经贸战略联系在一起的。亚洲一些新兴工业化国家实行有管理的浮动汇率。美国、日本等发达国家实行单独浮动汇率，欧洲货币体系成员国实行联合浮动汇率。

（2）法定汇率与市场汇率。法定汇率也叫官方汇率，是由政府机构（财政部、中央银行或指定的机构）公布的汇率。法定汇率是政府实行外汇管制的重要政策工具，一旦制定并公布，所有外汇交易都要以此汇率为规范，因此，法定汇率实际上是买卖外汇的汇率。市场汇率是指在没有外汇管制条件下，自由外汇市场上买卖外汇的实际汇率，它由外汇市场上的供求状况决定。外汇管理当局在必要的时候用经济手段进行干预，以避免汇率大幅度波动给本国进出口业务及国际收支带来不利影响。在外汇管制较松的国家，一般存在外汇自由市场，其交易按市场汇率进行。在外汇管制较严的国家，往往出现大大高于官价的黑市汇率。

（3）贸易汇率与金融汇率。贸易汇率指进出口贸易及其从属费用所需外汇买卖时使用的汇率。某些实行外汇管制的国家，对出口外汇的买进、进口外汇的卖出及其他费用的收入和支出，规定一种或多种结算汇率。金融汇率又称非贸易汇率，是指用于资金流通、旅游事业等方面支付结算的汇率。国家通过规定和调整金融汇率来调控资金流入和流出量，保证国际收入平衡和经济增长对资金的需求。

（4）即期汇率和远期汇率。按照外汇买卖的交割期限不同，汇率可分为即期汇率和远期汇率。即期汇率是指外汇买卖双方成交后，在两个营业日内办理外汇交割所采用的汇率，也称现汇汇率。即期外汇交易一般通过电话、电报、电传方式进行，因此即期汇率也就是电汇汇率。远期汇率是指外汇买卖成交后，在约定的未来某一日期进行交割的汇率，一般期限在六个月以内。远期汇率变动受利息率变化和外汇市场供求状况变化的影响。在直接标价法下，远期汇率高于即期汇率称为升水，低于即期汇率称为贴水，相等称为平价。

4）汇率的决定

汇率应是两种货币价值之比，即汇率决定的基础是各自货币具有或代表的实际价值。在不同货币制度下，货币的发行基础、种类和形态不同，各种货币所具有或代表的价值也不一样，因此，汇率的决定也有所不同。

（1）金本位制下汇率的决定。金本位制是指以黄金为本位货币的货币制度。在金本位制度下，各国都以法律规定自己国家货币的含金量，可以按照各国不同货币的含金量计算其比价。两个实行金本位国家的货币的含金量之比称为铸币平价，铸币平价决定两国货币之间的汇率。例如，在实行金本位时期，英国货币1英镑含纯金量为7.32238克，美国货币1美元含纯金量为1.50463克。根据含金量计算，英镑与美元的铸币平价是4.8665（7.32238/1.50463），也就是按铸币平价，1英镑等于4.8665美元。铸币平价只是汇率决定的基础，并不是市场上买卖外汇的实际汇率，实际汇率经常地、自发地随外汇供求关系的变化，以铸币平价为中心上下波动，但能保持相对稳定状态。

（2）纸币流通条件下汇率的决定。20世纪30年代初的世界性经济大危机，使金本位制彻底瓦解，各国普遍实行纸币制度。在国际汇兑方面，各国政府一般参照过去流通的金属货币含金量用法律规定纸币的金平价，即纸币代表的金量，所以在最初纸币流通条件下，决定汇率的依据是两国纸币的金平价。但是，在纸币流通条件下，普遍存在的纸币贬值现象，使得政府规定的单位纸币含金量与实际代表的含金量严重脱节，由政府法定的两国单位纸币含金量之比失去了作为汇率基础的作用。

第二次世界大战后，资本主义各国为了稳定汇率，建立了布雷顿森林体系。汇率确定的方式是：

第一，美元直接与黄金挂钩，以美元作为最主要的国际储备货币，确定35美元等于1盎司黄金的官价。

第二，美国政府承担各国政府或中央银行用美元根据美元官价向美国兑换黄金的义务。其他国家的货币与美元挂钩，依据美元汇价来确定各自货币的平价或含金量，构成了长期汇率决定的基础。

1973年3月以后，由于美国黄金储备不足，美国政府宣布不再用固定官价向其他国家兑换黄金，转而采取浮动价格进行兑换，布雷顿森林体系垮台。各国普遍放弃以美元为中心的固定汇率制，实行浮动汇率制，各国也不再规定和宣布纸币的含金量，汇率的基础也不再是铸币平价。

（3）购买力平价说。购买力平价说是当今世界颇具影响、广泛流传的一种汇率决定理论。其基本思想是：汇率由两国货币的购买力之比决定，汇率变化随货币购买力的变化而变化。人们之所以需要外国货币，是因为它在外国具有对商品和服务的购买力；外国人之所以需要本国货币，是因为本国货币在其国内市场上同样具有购买力。因此，两国货币间的比价主要是由两国货币在各自国内的购买力对比决定的。根据购买力平价决定的汇率是一种正常汇率或均衡汇率，而不是实际汇率，在现实兑换中，实际汇率围绕均衡汇率上下波动，并不断接近均衡汇率，所以购买力平价汇率成为纸币流通制度下的基础汇率。

11.3.2 汇率调整与供求平衡

1）影响汇率变动的因素

一个国家货币的汇率变动，表现为本国货币对外国货币的升值或贬值。影响汇率变动的既有经济因素，也有非经济因素，特别是国内、国际政治经济关系发生重大变化的时期，影响汇率变化的因素就更为复杂多变。具体来说，主要有以下几个方面的因素：

（1）国际收支。国际收支是指一国在一定时期（一般为一年）对外贸易和非贸易的收入总额与支出总额的对比。国际收支对汇率的影响是通过改变外汇供求关系的状况来实现的。当一国的国际收支存在较大顺差时，该国国际储备随之增长，外国对本国货币的需求增加，外汇供大于求，致使本国货币对外币汇率上升而外汇汇率下降；反之，当一国出现国际收支较大逆差时，对外币的需求便会增加，这自然引起本币贬值，外币升值。

（2）宏观经济状况。一国的宏观经济状况和经济实力，是决定该国货币汇率持续稳定的物质基础。一国经济持续增长，物价稳定，会增强其商品的国际竞争能力，使对外贸易进出口平衡，必然有力地支持货币汇率的稳定，不致引起汇率的大幅度波动；反之，一国经济停滞，通货膨胀加剧，会引起货币贬值，生产成本提高，国际竞争力削弱，出口贸易萎缩，必然导致其货币汇率难以保持稳定。

（3）国内外利率差异。不同国家的利息率差异是导致国际短期资本流动的直接原因。根据资本流动的规律，资本总是从利息率低的国家抽逃而涌向利息率高的国家。这种资本的频繁流动势必会引起外汇市场供求关系的变化，从而引起汇率的变化。当利息率提高时，外汇流入，外汇供给增加，必然引起本币对外币汇率的上升和外汇汇率的下降；而当利息率下降时，外汇大量抽逃，外汇市场供给减少，自然会引起外汇汇率上升。

2）汇率变动对经济活动的影响

汇率是实现国际商品市场和国际金融市场货币兑换从而进行国际贸易或资本国际运动的重要条件。汇率的形成和变动既受经济因素的制约和影响，同时汇率的确定和变动又会对国内国际各个方面的经济活动产生广泛而深远的影响。汇率的变动有两个方向，即本币对外币的升值和贬值。一般都是集中分析本币对外币的贬值对于经济发展的影响，汇率升值会导致与这一经济现象相反的情况。

（1）汇率变动对国际贸易收支的影响。一个国家本币贬值会造成用本币表示的出口收入增加，同时造成购买进口所需外币的成本提高，因此，本币贬值能起到鼓励出口、限制进口的作用。但如果本币贬值幅度过大，也会引起国内通货膨胀，增加生产和出口成本，削弱出口商品的竞争能力，部分或全部抵消了本币贬值的作用；相反，本币升值则会使出口商品竞争力下降，出口贸易萎缩，而使进口贸易扩大，造成国际收支失衡。总之，汇率波动过大，对一国的对外经济关系以致宏观经济活动会产生不利的影响。

（2）汇率变动对非贸易国际收支的影响。一国汇率稳定，必然有利于资本的转入转出，保证投资者获得稳定的利息或利润收入，筹资者也可免除或减轻外汇风险。反之，如果汇率频繁波动，就会对国际资本的流动带来两种不同的消极影响：一是本币贬值，就会造成资金持有者失去信心，将本币换成外币投放到国外，引起资金外流或资本外逃。二是本币升值，必然吸引大量外国游资流入，追求升值利润。为了控制本国货币汇率继续上涨而妨碍出口贸易，政府或中央银行就得购进流入的外国资金，从而引起本国的货币供应量增加，造成通货膨胀。为此，政府不得不限制外资的流入，从而又可能给正常的国际资本流动带来不利的影响。另外，汇率的大幅度波动，还会给投机者以可乘之机，给国际外汇市场及投资市场带来剧烈的冲击和干扰。

（3）汇率变动对国内经济的影响。首先，汇率变动对国内价格的影响。本币贬值，会造成出口增加，进口减少，国内商品供不应求，导致价格水平的提高；而一国货币对外升值，则会降低国内价格水平，抑制通货膨胀。其次，汇率变动对资源配置的影响。一国货币贬值，随着出口商品竞争力的增加，出口数量的扩大，必然引起出口商品的供不应求和价格的上升。同时，本币贬值，意味着进口商品的成本上升，并牵动国内同类商品或替代商品价格上升。所有对外贸易品价格相对于非对外贸易品价格上升，由此会诱发资源从非对外贸易品生产部门向贸易品生产部门转移。这样，一国的产业结构就会向外向型部门倾斜，从而提高一国的对外开放程度。再次，汇率变动对就业的影响。本币贬值造成出口扩大，进口减少，会使国内需求绝对或相对增加，如果还存在闲置的生产要素，该国的生产规模就会扩大，带动国内经济增长和实现充分就业。外向型部门的就业都会随出口扩大而增加；反之，就会相应减少。

3）汇率调整与总供求平衡

通过以上分析，我们发现汇率的变动与国内国际经济运行的变化是相互联系、互为因果的。一个国家为了实现宏观经济目标，通常运用经济或行政手段自觉调整和干预汇率的变动。

（1）当国内市场出现需求不足，价格持续下跌，经济增长缓慢甚至下降时，为了扩大出口，增加需求，刺激经济增长，政府一般通过中央银行调低本币汇率，实行本币贬值。同时，由国家金融机构用较高价格买进外汇，增加本国货币的供应，起到增加出口、限制进口、扩大需求的作用。由于出口收入的增加，会转化为国内投资和消费的增长，并且根据外贸乘数的原理，国民收入的增长会被按照一定的倍数放大。因此，几乎所有的经济理论和经济政策中，都把对外贸易视为平衡国内供求和刺激经济增长的一个“发动机”。

（2）当一国需求过旺、价格大幅度上升、通货膨胀严重时，政府通常适当调高本币汇率，使本币升值，鼓励进口，放慢出口增长速度，并通过国家金融机构售出外汇，加快本币回笼，增加国内供给，抑制国内需求，达到供求总量平衡和经济适度降温的要求，以实现经济适度、稳定增长。

思政课堂11-1

人民币国际化的趋势及意义

总之，汇率变动对总供求及平衡的实现发挥着重要作用，是宏观调控的手段之一，但要结合其他宏观调控手段，综合运用才能达到预定的目标。

小思考 11-3

分析提示

【小思考 11-3】

汇率变动对资源配置的影响如何？

经济视野 11-4　　中国要维持入世好处仍需改革

中国二十年前加入世界贸易组织极大促进了中国的经济发展。然而今天，它带来的好处正在减少，这对中国和世界其他地区来说都是坏消息。

如今，中国已经发展为世界第二大经济体，其外汇储备达到3.2万亿美元，人民币面临着升值压力。引进外资并推动市场经济改革的转变也改变了整个世界，引发了全球供应链的彻底重组。

不幸的是，加入世界贸易组织带来的好处现在已经逐渐消失了。世纪之交时国有企业改革大大提高了效率，但它们继续在信贷和其他资源上享受着特权。政府已出台了面向更多行业的私企准入计划，但进展缓慢。

普遍估计中国出口将进一步下滑。此外，经济基本要素也变得不利，原先似乎用之不尽的农村劳动力也开始吃紧。全国范围的用工荒迫使公司以高于劳动生产率增幅的幅度提高工资，从而助长了通胀，抑制了增长。

入世的经验是，改革所带来的益处远远超过其代价。政府保护了服务业，给私营和国外公司设置了很高的准入门槛，而降低门槛可以带来更多竞争、更好的服务以及更低的价格。银行利率在严格的调控下保持低水平，这对投资有利但却不利于消费。结果是，投资占到了GDP的约49%，而国际平均值是22%，这就导致了巨大的宏观经济不平衡。实行经济自由化有助于促进消费，削减投资，使经济实现再平衡。

这样做还有利于控制通胀。近几年食品价格迅速上涨，而且鉴于目前中国的城市化进程，农产品资源将会变得非常吃紧，增加进口将有助于稳定食品价格。

假如中国想维持长期的增长，这些步骤在今后几年里将是非常关键的。

本章小结

● 国际贸易与资本运动规模的扩大，使国家之间的经济联系更加广泛，更加密切。它不仅是国内市场经济发展的客观要求，而且对国内经济发展产生越来越重要的影响。因此，一个国家通常都把对外经济关系放在十分重要的地位。

● 为了发展对外贸易，一个国家一方面根据本国实际，制定相应的对外贸易政策，通常是鼓励出口，提高本国商品的国际竞争力，扩大需求，刺激经济增长；另一方面，保护本国市场，限制进口，并在有利或对等的条件下，互相开放市场，实行一定限度的自由贸易。

● 要在对外贸易中取得较多的利益，必须发挥本国在生产上的绝对优势和相对优势，生产并出口成本绝对或相对低的产品，换回在生产上处于绝对或相对劣势的产品，取得对外贸易的利益。

● 国际贸易的迅速发展，带动了资本国际流动的发展，以国际直接投资、国际信贷为主要内容的资本转出、转入不仅量上迅速增长，而且流动的结构、流向都发生了巨大变化，它对转出国和转入国的经济都有着越来越明显的影响，起着越来越大的作用。

- 国际资本流动会形成对外债务，一国的外债状况对其经济安全和经济利益有至关重要的影响，因此在债务调控上，要把债务总额控制在合理限度内，并在债务期限结构、币种结构和利率结构上都有一个合理的比例。
- 在国际经济联系中，由于存在不同币种之间的汇兑，因此产生了外汇和汇率问题。一个国家的外汇拥有量，反映一个国家对外贸易和国际收支的状况。而国家对汇率的调整，也是调节进出口规模和调节国内供求总量平衡的重要措施之一。
- 和平与发展是当今世界发展的大趋势，国际经济关系的发展是不可抗拒的历史潮流。随着我国现代市场经济体制的建立和不断完善，我国参与国际经济活动的能力会不断增强，对国内国际经济发展的影响也会不断扩大。

主要概念和观念

□ 主要概念

国际贸易　国际金融市场　外汇　汇率

□ 主要观念

国际贸易对一国经济活动有重要作用。

绝对利益和相对利益是引起国际贸易的原因。

基本训练

1）选择题（单项或多项选择）

（1）一国经济的发展（　　）。

A.可以离开国际孤立进行　　B.要依赖国际贸易

C.受国际贸易的重大影响　　D.要同国际一体化

（2）一个国家举借外债规模（　　）。

A.不受限制

B.以小为好

C.要控制在国家承受能力的范围以内

D.以大为好

（3）当国内经济增长缓慢甚至下降时，政府一般要（　　）。

A.调高本币汇率　　B.调低本币汇率　　C.稳住本币汇率

在线测评11-1

选择题

2）简答题

（1）影响国际贸易供求关系的因素有哪些？

（2）国际资本流动与国际贸易收支的关系是怎样的？

（3）影响汇率高低的因素有哪些？

（4）汇率的两种标价方法是什么？

3）分析题

结合实际分析汇率变动对我国经济的影响。

观念应用

汇率变动对经济产生的影响是多方面的。人民币汇率升值的有利影响主要表现在三个方面：一是刺激进口增加。人民币汇率升值，国外消费品和生产资料的价格比以前便宜，有利于降低进口成本。二是有利于改善吸引外资环境。人民币汇率升值，可使在华投资的外资企业利润增加，增强他们在华的投资信心，使其愿意追加投资和再投资；人民币汇率升值可以吸引大量国外资本进入中国市场，间接投资规模和比重进一步扩大。三是有利于减轻外债还本付息压力。人民币汇率的上升，未偿还外债还本付息需要的人民币数量相应减少，在一定程度上减轻了外债负担。

人民币汇率升值对中国经济的不利影响表现在以下方面：一是抑制出口增长。人民币汇率升值将使出口企业成本增加，不仅利润下降，而且影响到企业的竞争力，出口规模相对会减少，国际市场占有率会下降。二是外债规模进一步扩大。人民币汇率升值导致的大量外国资本流入到我国市场，加大了我国的外债规模。三是影响金融市场的稳定。资本市场最活跃的多为国际游资，这些游资规模大、流动性快、趋利性强，是造成金融市场动荡的关键的潜在因素，在我国金融监管体系有待进一步健全、金融市场发展相对滞后的情况下，国际游资通过各种渠道，流入资本市场的逐利行为易引发货币和金融动荡，对我国政治局势和经济持续健康发展产生不利影响。四是影响货币政策的有效性。为了保持人民币的汇率稳定，面对人民市的升值压力，货币当局不得不在外汇市场上关重美人外汇，从而使以外汇占款的形式投放的基础货币相应增加。五是导致就业压力加大。出口企业和外资企业是我国减轻就业压力的稳定器，人民币升值抑制和打击了出口，最终将使就业形势更加恶化。

资料来源　吕超．人民币汇率升值对中国经济的影响与对策［J］．经济研究导刊，2008.

问题：人民币汇率升值对中国经济有什么影响？

第12章

经济体制

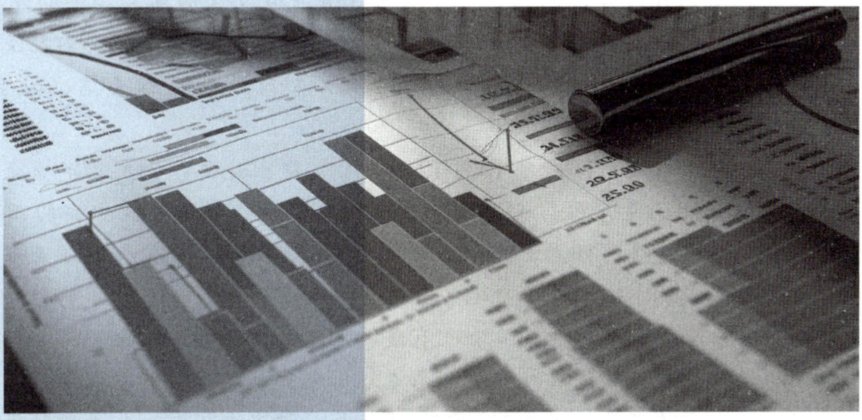

学习目标

知识目标： 掌握经济体制等基本概念，了解世界各国市场经济模式的特点，掌握我国政府主导型经济体制模式的特点。

技能目标： 能用所学理论分析我国社会主义市场经济体制的优越性。

素养目标： 坚定中国特色社会主义制度自信，增强民族自豪感。

思维导图12-1

经济体制

引例 社会主义经济体制是中国特色社会主义道路探索中的一个伟大创举

在中国共产党的领导下，建立社会主义市场经济体制，既是改革开放实践的必然结果，也是十一届三中全会以来理论探索的重要成果。1978年，以党的十一届三中全会的召开为标志，我国走上了改革开放的道路，我们党把工作重心转移到经济建设上来。1979年，我们党领导人民在实践中摸索，实施的改革方针政策实际上是以市场为取向的改革。

1981年党的十一届六中全会通过的《关于建国以来党的若干历史问题的决议》中提出“以计划经济为主，市场调节为辅”的理论，尽管这一理论仍然坚持计划经济的总框架不变，但是，必须按照尊重和利用价值规律的要求来进行经济活动已开始成为人们的共识，从而现实经济活动也逐步纳入了真正意义上的商品经济的发展轨道。1987年十三大提出“社会主义有计划商品经济的体制应该是计划与市场内在统一的体制”的观点。1992年十四大正式确立“我国经济体制改革的目标是建立社会主义市场经济体制”。

自党的十四大（1992年10月12—18日）提出建立社会主义市场经济体制的目标以来，至今（2019年）已二十七年。这二十七年来，我们在党中央的正确领导下，经过全党全国人民的共同努力，无论是在社会主义市场经济理论研究还是在实际改革中，都取得了显著成就。回顾这二十七年来的发展历程，展望未来改革的前景，对于进一步发展和完善社会主义市场经济体制具有重要的意义。

为进一步坚持和完善社会主义基本经济制度，构建更加系统完备、更加成熟定型的高水平社会主义市场经济体制，2020年5月，党中央印发《关于新时代加快完善社会主义市场经济体制的意见》，提出建设高标准市场体系，全面完善产权、市场准入、公平竞争等制度，筑牢社会主义市场经济有效运行的体制基础；以要素市场化配置改革为重点，加快建设统一开放、竞争有序的市场体系，推进要素市场制度建设，实现要素价格市场决定、流动自主有序、配置高效公平。完善政府经济调节、市场监管、社会管理、公共服务、生态环境保护等职能，创新和完善宏观调控，进一步提高宏观经济治理能力；以统一市场、平等交换、公平竞争、有效监管为基本导向，不断完善社会主义市场经济法治体系，确保有法可依、有法必依、违法必究。这些举措对于坚定不移深化市场化改革，不断在经济体制关键性基础性重大改革上突破创新，具有极其深刻的时代意义。

资料来源 佚名. 党史问答丨建立社会主义市场经济体制是伟大创举［EB/OL］.［2021-05-06］. https：//baijiahao.baidu.com/s？id=1698979128646956614&wfr=spider&for=pc.

经济体制是社会经济制度的宏观形式和资源配置方式，特别是我国正处在计划经济模式向市场经济模式的转轨期，因而成为宏观经济学研究的重要内容，本章我们将考察中国现代市场经济体制的模式选择及创建。

市场经济的实现形式即市场经济体制，应结合我国国情提出中国现代市场经济体制的模式选择及创建。

经济学家已承认，制度确定在很大程度上与经济增长的速度和模式有关，经济制度应属于“制度经济学”范畴。中国属于转型经济，正面临一个制度变迁的时代，不能不重视新的经济体制模式的设计或选择。转型经济指的是从原来的以计划手段作为配置经济资源主要方式的计划经济向以市场手段作为配置经济资源主要方式的市场经济过渡的经济。由于制度经济学相当注重人与人之间的利益冲突，因此“改革成本”就多来自改革导致的利益再分配对某些人的损害，以及这些人很自然地对改革的态度，即支持或反对。因而改革方案越是能够在改变规则时减少损失的人数，或受损失的程度，改革成本就越低，改革也就越容易成功。因此，制度经济学理论对当前中国深化经济体制改革是很有指导意义的。

12.1 现代市场经济体制的产生及演变

市场经济作为商品经济和社会化大生产发展的必然要求，无论是在哪种社会经济制度下都有其一般的共同的特征，从而决定了社会主义市场经济与资本主义市场经济在根本方法上是相似的，可以互相学习。市场经济模式是在资本主义发达国家首先形成并逐渐完善起来的，社会主义市场经济体制模式的选择不能不借鉴先进国家的经验。所谓**经济体制**，是社会经济制度的实现形式；市场经济体制，则是市场经济的实现形式。由于实行市场经济国家的国情不同，因而各国显现的市场经济模式有所不同。

12.1.1 古典自由的市场经济

在资本主义手工业时期及手工业向机器大工业过渡时期，完全自由放任的市场经济是资本主义经济的典型形式。在自由放任的市场经济中，经济运行完全是由市场价格来调节的，政府的作用仅限于维持法律、秩序，至多也只是承担某些公共工程和最低限度的社会保障，而不对经济运行过程进行干预。自由的市场经济是随着资本主义制度的产生而产生的。在这个时期，资产阶级古典经济学家们都坚信：在自由竞争的状态下，人们的欲望和福利都得到最好的满足，生产资源能得到最充分的利用。因此，政府在经济活动中的作用应该降低到最低限度。这种自由放任的经济理论和经济制度对于打破封建制度的束缚，促进市场经济和生产力的发展，起到了积极的作用，比较符合当时的实际，但是随着机器大工业的产生和社会化大生产的发展，自由市场经济体制的问题就逐渐暴露出来了。

12.1.2 西方发达国家现代市场经济体制的多种模式

1）英国的传统市场经济体制模式

经济课堂12-1

西方发达国家现代市场经济体制

英国的传统市场经济体制特征是：以私人资本为基础，以企业为决策主体，以市场机制为资源配置的主要手段。

私人经济在英国经济中一直占主导地位。尽管第二次世界大战后的几年和20世纪70年代，工党掀起了两次国有化高潮，但并未根本动摇英国经济的私有制基础，这就决定了企业享有比较充分的自主决策权，政府没有权利直接干预企业的经济活动。在英国，市场是经济活动的中心，企业是经济活动的主体。

英国企业自主经营不受干预主要表现在企业享有三方面的自主权：

(1) 企业为了追求自身的目标，根据产品和生产资料市场供求状况和其他经济条件来进行投资决策。

(2) 企业根据资本市场状况，即资本供应量和价格（利息）高低来进行财务决策，即决定利润中多少用于红利，多少用于积累；决定是否向银行贷款或发行债券；决定是否通过发行股票来筹集资本等。

(3) 企业完全根据市场因素如消费者偏好、收入水平和替代产品的规模和其他竞争状况来决定产品产量和价格。简言之，企业有进入和退出市场、生产经营和产品销售的自由。

但是，英国当代的市场已经不是早年那种缺乏规则、完全自由放任的市场。政府可以通过法律和经济手段来影响市场和企业行为。

2）美国的垄断主导型现代市场经济体制

当西欧资本主义进入自由竞争的黄金时代时，美国则刚刚走上独立发展资本主义的道路，而现在却发展成为世界上经济最发达的国家。这种跳跃式的发展与美国确立的较优的现代市场经济体制是密切相关的。

美国是以生产资料私有制为基础的，在1 700万家现有企业中，私营企业占绝大多数。但与其他国家不同的是，在美国，为数相对很少的大企业支配着整个经济部门。尽管美国人具有自由竞争的传统，但进入20世纪以来垄断经济却成为经济生活中的重要成分。所以，政府的行政措施主要是解决垄断和竞争的关系，既要有一定的垄断，又要有一定的竞争。这就是美国的垄断主导型现代市场经济体制的主要特征。

作为市场主体的企业在生产、经营、销售活动和分配等方面都具有充分的自主决策权，这些决策主要以价格机制提供的信息为基础，政府对它不进行直接的干预。但是，企业的行为都必须在法律允许的范围内进行，政府对企业的干预和管理也只能依法行事。

尽管美国市场机制相当发达完善，但政府对经济的干预并未被轻视，政府是在市场竞争的基础上，通过立法形式和动用财政金融手段在宏观经济领域对经济活动进行干预的。与其他发达国家相比，美国的特点是：在生产领域倾向于不用任何计划约束垄断资本的手脚，而是对市场经济进行短期调节。

3）德国的社会市场经济体制

第二次世界大战以后，德国成为一片废墟。当时，当局继承了纳粹政权战时的国家统制经济体制：食品和衣物配给；全部原料和生产资料实行管制；生产有规定，销售有义务；冻结物价和工资；管制整个外贸。面对这种局面，德国人民渴望重建家园，废除效率低下的国家统制经济体制。因此，新政府面临的第一个问题就是采用哪种经济体制才有利于经济的尽快恢复，对此各政党之间展开了广泛的争论，争论的结果是德国新自由主义代表人物路德维希·艾哈德所主张的“社会市场经济”模式占据了主导地位。

社会市场经济体制有两个基本点：

(1) 经济活动以市场为基础和纽带，市场机制在经济运行中起主导作用。

（2）国家具有指导和调节经济的职能，而不是绝对自由。国家进行适度干预，主要是创造正常的市场环境，充分发挥市场机制的作用，鼓励和保护竞争，以促使经济运行富有活力和效率；同时，防止和补救竞争所带来的不良后果，维护社会公正。总之，市场竞争与国家干预二者互为条件，相辅相成。实践证明，德国的这种经济体制是比较成功的。

德国社会市场经济的特点主要有以下两个方面：

（1）保护竞争，充分发挥市场机制的作用。社会市场经济认为，竞争是社会市场经济的核心，竞争对每个市场参与者起鼓励、监督和强制的作用。只有通过竞争，才能刺激企业改进技术、提高质量、降低成本、追求生产要素的最佳配置；才能推动原有经济结构最快地适应即将出现的变化。

（2）发展社会保障，维护社会公正。德国在市场经济前面加上了“社会”二字，其用意在于表明，一个有效的市场经济体制不仅要完成经济任务，同时要完成一系列主要的社会保障任务，这二者完全可以统一起来。西方经济理论一般认为，市场机制有利于经济的发展、效率的提高，但容易带来社会分配的不公正；社会福利可有效地解决社会不公正问题，但会造成效率低下，影响经济发展。德国较好地处理了公平与效率的关系，认为在实行高效率的市场经济体制的基础上完全可以建立起一套丰富多彩而又统一的“社会保障”和“社会公正”体系。政府的社会保障措施主要有：收入再分配政策、社会保障体系、劳动保护政策、劳动市场政策和企业职工参与决策五个方面。

德国的社会市场经济体制强调必要、适度的国家干预。国家干预分为直接干预和间接干预。直接干预是指国家直接参与经济过程本身，如国家直接进行投资或控股等。间接干预是指国家采取货币政策、财政政策和产业政策等客观经济手段来影响市场活动。德国的社会市场经济体制，是在逐步减少直接干预，不断完善间接干预的过程中实现的。

12.1.3 东亚政府主导型市场经济体制模式

第二次世界大战后，特别是20世纪60年代以后，日本和四个亚洲新兴工业国家和地区（韩国、中国台湾、新加坡、中国香港）的经济获得了突飞猛进的发展。这些国家和地区的市场经济体制是一种与欧美不同的模式，主要特点是：在市场经济的基础上实行温和的专制主义政治，利用政治上的集权维护政治的稳定，强化政府对经济的指导和干预，集中动员货币积累和利用金融货币手段推动经济结构的调整和经济的高速增长，充分利用传统文化中的积极因素，如集体主义、重权威、重教育、重和谐、守纪律和节俭、勤劳、反对个人主义等文化传统，使市场经济与传统文化有机地结合起来；经济是外向型的，开放度很高。这种东亚模式的典型代表是日本和韩国的模式。

1）日本的政府主导型市场经济

日本的政府主导型市场经济体制的基本特征是：以私人企业制度为基础；资源按市场经济原则进行配置；政府以强有力的计划和产业政策对资源配置实行导向，以达到一定的经济增长目标。

日本市场经济体制是以较高的私有化程度为基础的。私营企业制度是日本自由市场经济的基础，因而社会经济资源配置的决策也就自然而然地由私人企业做出。但从体制角度考虑，这种名义上由企业做出的决策事实上包含了大量的政府诱导的因素。正是从这个意义上，与其说第二次世界大战后日本经济走上了自由市场经济的轨道，不如说是走上了政府主导型的市场经济轨道。

所谓政府主导，就是政府具有制订社会经济计划和经济政策的决策权。

与欧美国家不同，日本经济中宏观决策的主体是政府。同任何市场经济的国家一样，日本政府通常是不直接干预企业经营活动的。也就是说，政府的经济计划完全是指导性的、诱导性的。计划的主旨是指明经济走向，表明政府的政策主张，向企业提供可靠的信息，协调各方利益关系，统一企业界的认识等。

同欧美市场经济体制相比，日本政府的主导型市场经济体制具有社会主义国家计划经济的特点，但更容易向市场经济过渡。

2）韩国有计划的市场经济

韩国有计划的市场经济体制的基本框架是：以国有资本的市场竞争作为经济体制存在运行的基础；资源配置以国家干预与市场调节相结合为特征；政府对经济实行强有力的干预；但政府干预不影响市场发育和市场调节作用的发挥，整个经济运行的基础依然是市场经济。

韩国所有制结构的主要特点是各种所有制经济并存，各种经济成分在国民经济中各占一定的比重。国家资本、私人资本和外国资本是三种主要所有制形式，它们之间相互渗透结合产生了公私合营、官外合营及私外合营等多种派生形式。在全部工商业资本中，国家资本占60%，私人资本占30%，外国资本占10%。从这个比例可以看出，韩国所有制结构中，以国内资本为主，而国内资本中，又以国有资本为主，这一特点可以说是韩国政府对经济实行强有力干预的所有制基础。

在所有制结构中，大私人垄断财团占有举足轻重的地位，基本上控制了韩国的经济命脉。大私人垄断财团的存在、发展及其重要地位是韩国经济体制的重要特征之一。虽然韩国国有资本占全部工商资本的60%，但这些资本的大多数控制在私人垄断财团和私营企业手中。

韩国的决策体系有两个重要特征：一是政府对经济实行强有力的干预，确立起以政府主导型为特征的经济决策体制；二是各种研究咨询机构对政府决策施加有效的影响。至于私人垄断财团的决策，则基本上掌握在这些财团手中，政府的决策仅限于为它们的决策提供“总的条件”。

在资源配置方面，韩国以国家计划经济与市场调节相结合为特征。

韩国经济在本质上是市场经济，因而市场在资源配置中的作用是始终存在的，区别在于20世纪70年代末以前，政府的计划调节占主导地位。自80年代初以来，政府开始注重发挥市场竞争机制的作用，更多地通过市场而不是政府计划来调整经济结构和分配资源。总的来看，韩国过去对市场机制重视不够，目前面临的突出问题之一就是如何把市场竞争和政府计划管理结合起来，解决资源的最佳配置问题。

12.1.4 发展中国家的市场经济体制模式

市场经济作为现阶段资源配置的基本方式，无论是在发达国家还是在发展中国家，其基本规则和框架都是一致的，即都以市场经济内在要求为基础。但是，发展中国家的市场经济体制模式与发达国家的市场经济体制模式存在很大差别，主要体现在以下几个方面：

（1）在发展中国家，商品经济和市场经济都不发达，表现为生产要素缺乏流动性、市场分割、信息分割、价格扭曲、分工粗疏、社会结构僵化、企业家阶层缺乏，从而使市场体制作用难以有效发挥。而这种不发达情况，由于受落后的生产力水平、科学技术、文化教育、交通、通信的制约，在短期内又难以改变。因而，政府在资源配置中的作用就相应提高。

（2）发展中国家大都有收入低、资源和资金短缺、人口众多、农业基础薄弱和对外依赖性强、对外竞争力弱的基本特征。这样，如何选择正确的发展战略，充分利用现有的资源尽快实现国民经济的现代化，就成了至关重要的问题。而这一问题如果单凭价格机制的作用是难以解决的，必须同时强化政府对经济的调控和指导能力。

（3）发达市场经济国家中，资源配置主要是依靠市场价格机制来进行的，国家职能是通过财政和货币政策维护市场总需求和总供给的平衡，为市场运行机制创造条件。而在发展中国家，政府的首要职能是通过产业政策、投资政策及供给政策实现国民经济持续协调发展，对资源配置过程进行宏观调节。因此，国家对市场价格机制运行过程干预程度比较深。应该说，发展中国家的市场经济体制是一种国家干预和计划调节程度比较高的市场经济，在这种模式下，政府的作用不仅包括宏观总需求调节，而且包括制定经济发展战略，动员货币积累和其他财政资源，由政府投资创办基础和新兴产业，发展科学、教育、文化事业等。

【小思考12-1】

在宏观调控的力度上发展中国家同发达市场经济国家相比有何区别？

小思考12-1 分析提示

12.2 中国现代市场经济体制模式的选择

我国现代市场经济体制模式的确立，既要借鉴、学习先进国家的经验，又要结合中国实际，特别是我国仍处在社会主义初级阶段的实际、市场发育不成熟的实际等，从而提出适应中国国情的现代市场经济体制模式。

12.2.1 借鉴发达国家发展市场经济经验的必要性

社会主义要赢得与资本主义相比较的优势，就必须大胆吸收和借鉴人类社会创造的一切文明成果，吸收和借鉴当今世界各国包括资本主义发达国家的一切反映现代社会化生产规律的先进经营方式、管理方法。这是因为：

（1）资本主义作为人类社会发展的一个阶段，有它积极的成果，这些成果中有许多是人类社会的共同财富，我们应当加以继承；而且社会主义与资本主义都是以市场经济为基础的社会化大生产，彼此之间有许多共同相通的东西可以相互借鉴；另外，即使是资本主义性质的东西，只要对发展社会生产力有好处，我们也应当用它来为社会主义服务。

（2）市场经济作为商品经济和社会化大生产发展的必然要求，无论是在哪种社会制度下都有其一般的共同特征，即经济关系的市场化、企业行为的自主化、市场竞争的公平化。这些共同的特征决定社会主义市场经济与资本主义市场经济在根本方法上是相似的，可以互相学习。

（3）建立中国现代市场经济体制对我们而言是一个新课题，我们缺乏这方面的经验。市场经济模式是在资本主义发达国家首先形成并逐渐完善起来的，它们有着丰富的经验，我们应当学习；它们也有失败的教训，值得我们吸取。譬如，进入20世纪90年代之后，随着泡沫经济的破灭，日本的经济结构中存在的政府干预过多、官民相互勾结、依赖公共事业、不良债权严重等“日本疾患”相继爆发，“日本模式”的局限性和弊端开始暴露出来。看清楚这些，就可以使我们在改革中减少失误，少走弯路，加快建立新体制的进程。

（4）纵观世界历史，发展快的国家都是在吸收别人长处的基础上前进的。任何国家闭关自守、夜郎自大，必然要落后，这是世界各国经济发展的共同规律，也是世界各国共识的问题，我们当然也不能例外。

12.2.2 我国现代市场经济体制模式的选择

在现代化过程中，人类选择过两种经济体制，即市场经济体制和计划经济体制。根据经济发展的不同阶段，选择不同的经济体制。人口众多、贫穷落后的社会主义大国，在实现工业化的初期阶段选择计划经济体制是最好的制度安排；社会主义大国在工业化中期和后期，选择市场经济体制是最好的安排。选择市场经济体制，并不是照搬西方市场经济模式。

西方发达国家发展市场经济的许多措施，当然都可以利用，但它们都是在一定的社会制度下实施的，不能不带有各自社会的特点。在资本主义国家行之有效的东西，对我们国家不一定完全适用。我们在吸收和借鉴西方国家经验时，一定要考虑社会制度的区别、具体国情的不同、经济发展阶段的差异，要结合我国情况灵活加以运用，不能简单照抄照搬。过去盲目照搬外国经验的历史教训很多，我们曾全部照搬过苏联的体制，曾机械地搬用过东欧一些国家的做法，也简单照抄过西方的东西，这都给我们带来了许多不良的后果。总之，我们要在学习西方国家发展市场经济经验的同时，根据我国的实际情况，探索建立适应中国特色社会主义道路和促进生产力发展的现代市场经济体制。

不管是资本主义国家还是社会主义国家，都需要在其经济体制中规定政府与市场的关系，通过界定政府与市场发挥作用的方式，在制度层面明确政府与市场的边界。运行良好的现代市场经济体制，既需要有效的市场，使市场主体的积极性得以充分发挥，使价值创造得到充分激励；同时也需要有作为的政府来保障经济运行的制度基础，并确保公共政策目标的实现。

成熟市场经济国家一般经历了较长时间的市场经济发展过程和相应的制度建构过程，与市场经济相关的各层次制度较为完善，政府与市场的边界以及政府对经济的调控方式较为稳定，政府职能也相对确定。而体制转轨本身就意味着政府职能的转变，以及政府和市场关系的调整。我国改革开放以后，在体制转轨过程中，政府与市场的边界处于持续动态调整之中，市场空间的每一次扩大都与行政管理体制改革密切相关，政府与市场关系互动的效果很大程度上取决于政府自身职能的转变程度。与资本主义国家政府所不同的是，中国政府是由共产党所领导的，中国政府所做出的发展规划、制度安排和执行方案等等，都是在党的领导下做出的，政府的经济调控政策方向总是在党中央的重要会议中确定的。

1984年，党的十二届三中全会一致通过《中共中央关于经济体制改革的决定》，提出我国社会主义经济是“公有制基础上的有计划的商品经济”。国家宏观调控的范围和方式得到调整与改进，小商品和计划外商品都由市场调节。1987年，党的十三大进一步提出新的经济运行机制，总体上来说应当是“国家调节市场，市场引导企业”的机制。“使政府对企业由直接管理为主转变到间接管理为主”。1992年，党的十四大确立了社会主义市场经济体制的改革目标，中国政府职能转变的目标是建立与市场经济体制相适应的服务型政府。改革的过程实际上也是政府从经济的直接计划者和管理者向市场环境塑造者和市场主体服务者转变的过程。1993年党的十四届三中全会制定《中共中央关于建立社会主义市场经济体制若干问题的决定》，明确了社会主义市场经济体制的基本框架，标志着社会主义市场经济体制建设的正式开启。2013年，党的十八届三中全会擘画了全面深化改革的蓝图，会议指出经济体制改革是全面深化改革的重点，核心问题是处理好政府和市场的关系，使市场在资源配置中起决定性作用和更好地发挥政府作用。2020年5月，党中央印发《关于新时代加快完善社会主义市场经济体制的意见》，提出全面完善产权、市场准入、公平竞争等制度，加快建设统一开放、竞争有序的市场体系，进一步完善政府经济调节、市场监管、社会管理、公共服务、生态环境保护等职能，提高政府宏观经济治理能力，构建更加系统完备、更加成熟定型的高水平社会主义市场经济体制。

12.2.3 我国社会主义市场经济体制的建立是一个渐进过程

从上述经济体制改革的历程来看，提出建立社会主义市场经济体制，不仅要求我们对当代资本主义和社会主义的经济发展加以历史性的总结和理论分析，更重要的是根据中国的国情把这一体制付诸实践，这是一项十分艰苦和复杂的社会系统工程。我国社会主义市场经济体制的建立，涉及社会的方方面面。从内部来说，建立和完善市场体制，既要求构建多元化的市场主体，明确公有产权关系，转换企业经营机制；又要求加快市场体系的培育，加强市场制度和市场法规建设以及市场价格机制的形成，深化分配制度和保障制度的改革；也要求政府以市场为基础转变传统的职能。从外部联系来说，市场体制所蕴含的开放性要求国内市场必须同国际市场接轨，从而要求我们的外贸体制必须向国际标准看齐。这样一个庞大的系统工程的实现，不只是涉及经济生活和政治生活，还必然要求教育、文化、理论、习惯以及价值观等的相应变化。因此，建立和完善社会主义市场经济体制，是一件十分复杂而艰巨的任务。

鉴于上述的困难和复杂性，社会主义市场经济体制的建立不可能一蹴而就，而是一个长期的过程，尤其在我国这样一个大国的历史和现实背景下，改革目标的实现只能是渐进式的。回顾20世纪70年代末开始的中国经济改革，正是沿着一条渐进发展道路逐步展开的。从地区来讲，是先农村后城市；从再生产环节来讲，是先流通后生产；从方法上讲，是先试点后铺开。正是这样一条渐进的路子把我国既有的改革大业一步步引向深入。当然，渐进式改革也不是一帆风顺的。这不仅仅是因为改革会带来利益的重新调整，而且还因为改革本身也会发生这样或那样的问题。在这一过程中，新旧体制的碰撞、利益调整引起的矛盾都是必然的。但问题的关键在于，改革遇到挫折以后怎么办？是继续前进，还是停滞不前或退回到原来的位置？我国20世纪90年代以来的改革表明，唯有深化改革，才能使生产力进一步发展，才能使既有的改革成果得到巩固和扩大，这已成为任何人也阻挡不住的历史潮流。

12.2.4 我国社会主义市场经济体制的特征

坚持社会主义市场经济改革方向，发展和完善社会主义市场经济体制，是经济体制改革最重要的理论和实践问题，也是中国特色社会主义政治经济学的理论主题。在党的十九届四中全会上，党中央将社会主义市场经济体制确立为社会主义基本经济制度，彰显了社会主义市场经济的制度规定性。

社会主义市场经济是经济体制一般和经济制度特殊的统一。既要发挥市场经济的长处，又要发挥社会主义制度的优越性，这是中国特色社会主义经济取得成功的关键因素，也是社会主义市场经济体制具有的制度规定的根据所在。党的十八大以来，全面深化经济体制改革的实践，使社会主义市场经济体制更为深入地与社会主义基本经济制度相兼容，社会主义基本经济制度规定性也更为实际地与市场经济体制相结合、相融合，生成为市场经济的属性。市场在资源配置中起决定性作用，并不是起全部作用，还要发挥党和政府的积极作用。我国社会主义市场经济体制的发展，是在社会主义制度框架内进行的，深受社会主义制度优越性的规制和影响，同时也深刻地彰显社会主义制度的优越性。

总之，社会主义市场经济体制是市场在国家宏观调控下对资源配置起决定性作用的一种经济体制，它是社会主义基本制度与市场经济的结合，既具有与其他市场经济体制的共性，又具有与其他市场经济体制不同的特征，这些不同的特征包括：

第一，坚持党对经济工作的领导和坚持以人民为中心的发展，是社会主义制度优越性和本质特征的集中反映，也是对社会主义市场经济的最重要的制度性规定，也是融入社会主义市场经济体制、并使之具有社会主义基本经济制度属性的根本规定。

第二，坚持以公有制为主体、多种所有制经济共同发展的基本经济制度，是中国特色社会主义制度的重要支柱，也是社会主义市场经济体制的根基。

第三，坚持按劳分配为主体、多种分配方式并存的基本经济制度，调动各方面的积极性，实现效率和公平的有机统一，使发展成果更多更公平惠及全体人民，使社会朝着共同富裕的方向稳步前进。

第四，坚持把人民的当前利益与长远利益、局部利益与整体利益结合起来，更好地发挥计划和市场两种手段的长处。政府作为生产资料公有制和全体人民利益的总代表，通过制定经济计划、长远规划等，合理参与社会生产和再生产过程。

第五，坚持把“走出去”与“引进来”结合起来，充分利用国内国际两个市场、两种资源，发展更高层次的开放型经济，致力于构建人类命运共同体，推动经济全球化朝着普惠共赢方向发展，推动构建开放型世界经济。

思政课堂12-1

以人民为中心的发展思想贯穿统筹推进“五位一体”

经济视野12-1　　改革开放以来，我国保持经济高速增长

中国经济发展一直以快速且平稳的状态保持增长，经过数十年的增长，如今的中国已经成为全球第二大经济体国家，获得的成绩令全世界都为之震惊。我国能够保持如此迅猛的增长速度，主要是在人口红利的基础上进行发展。基础设施的投资推动了城市经济的发展，让城市的发展潜力不断得到提升，各大城市的投资量增加，国外企业看到中国广大市场，纷纷选择对中国进行大力投资。

自从改革开放以来，我国保持经济的高速增长，那么其中都有哪几个阶段呢？

第一阶段，改革开放初期到20世纪80年代末，改革开放之初，消费起到了很大的作用，民众的消费需求不断增长，在农村民众收入增加，乡镇企业高速发展下，将农村的经济活力全面释放，国家的消费大幅度增长，消费带动经济的循环发展。改革开放下让城镇居民收入和消费同样得到提高，国有企业改革不断，劳动效率和生产力明显提高，此阶段下经济增长速度突破了10%，尤其是1984年更是突破15%，达到了一个巅峰值。

第二阶段，20世纪80年代末到90年代末，经济仍然保持一个高速增长，只不过相比较第一阶段增速有所下降，主要原因是一些领域不进反退，主要还是模式无法适应当时的具体情况，必须要重新找到一个全新的途径。农村经济体制在第一阶段释放下高速增长，到后期开始后力不足，加上乡镇的企业发展同样达到了一个瓶颈，想要继续发展很难，在大规模投资的情况下，使得社会出现一定的问题，通胀问题变得严重，给民众生活带来压力，消费欲望明显下降。为了让民众的消费欲望得到提升，国家采取了各种手段，比如延长学生的假期，征收利息税等。

第三阶段，我国正式加入WTO到2011年，加入WTO使得我国对外市场打开，国内外的合作下，中国经济发展再度被注入新动力，带来了一波小高潮，不仅仅是国外对国内投资加大，中国企业同样走向海外，开始进行更多的投资。

第四阶段，2012年到现在，经济的增长速度再次降速，这其中跟西方国家对中国的发展进行遏制有很大关系，由于美国等国家担心中国经济增长速度太快，取代自身地位，所以联合其他国家对中国出手，更是对一些中企进行制裁，使得我国经济发展受到影响。

四个阶段下，虽然增速起起落落，但是我国却一直都保持着经济不断增长，这些年中国的人均GDP和总GDP都在不断增加，民众的生活水平得到明显改善，因为人口基数太大，因此我国依旧还处于发展中国家的阶段，但是却一直都在向经济发达的国家进军，相信要不了多久我国就能够实现这个目标。但是我们却需要注意一个问题，那就是人口老龄化，如今我国已经出现这种情况，如果不加以重视，提高民众生育积极性，未来劳动力不足对经济发展产生很大影响。

资料来源 木晓财经. 改革开放以来，我国保持经济高速增长，其中都有哪几个阶段？[EB/OL]. [2022-07-28]. https：//baijiahao.baidu.com/s? id=1739588278756405084&wfr=spider&for=pc.

启智润心 12-1 社会主义市场经济给中国带来的发展奇迹

自1921年建党以来，中国共产党领导中国人民经过浴血奋战，推翻了帝国主义、封建主义和官僚资本主义的反动统治，建立了中华人民共和国，中国人民站起来了。1978年实施改革开放以后，中国开始在传统社会主义计划经济体制中逐步引入市场机制，中国人民富起来了。中国特色社会主义进入新时代，吹响了全面深化改革的号角，中国人民强起来了。

中国经济发展取得了令世人瞩目的辉煌成就，彰显了中国共产党开创的社会主义市场经济强大的生命力。

一是创造了经济增长奇迹。人均国内生产总值连续超过1万美元，2020年中国经济总量占世界经济的比重达到17.3%。自2010年超越日本后，一直稳居世界第二大经济体，被世界誉为“中国经济奇迹”。中国已经成为世界制造业和贸易大国，建立了世界最完整的产业体系，并拥有发达完善的基础设施。这些成就为开启全面建设社会主义现代化国家新征程奠定了雄厚的物质基础。

二是创造了共享发展奇迹。中国共产党开创的市场经济体制是社会主义市场经济体制，其创造的发展成果为全国人民所共享。伴随着中国的经济发展，人民生活水平发生翻天覆地的变化，人民生活从温饱不足到总体小康，再到全面小康，正朝着共同富裕的长远目标扎实迈进。特别是面对贫困这个人类社会顽疾和世界共同挑战，中国在2020年完成了消除绝对贫困的艰巨任务，提前10年完成联合国2030年可持续发展议程的减贫目标。

三是创造了稳定发展奇迹。建党百年来，面对经济社会发展中的各类冲击，中国共产党领导中国人民沉着应对，创造了经济社会稳定和持续发展的奇迹。尤其是面对中美贸易摩擦和新冠肺炎疫情的冲击，中国经济表现出巨大韧性，成为2020年唯一一个保持正增长的主要经济体。这充分体现出中国共产党开创的社会主义市场经济体制的优越性。社会主义市场经济条件下，市场在资源配置中起决定性作用和更好发挥政府作用二者有机统一，“看不见的手”和“看得见的手”高效协调，是中国经济高质量发展的重要保障。

资料来源 黄群慧. 社会主义市场经济给中国带来的发展奇迹 [N]. 中国社会科学报，2021-06-29.

思政元素：爱国情怀 制度自信 改革开放 民族自信 政治信仰

明理善行：党的二十大报告指出：“构建高水平社会主义市场经济体制，坚持和完善社会主义基本经济制度，毫不动摇巩固和发展公有制经济，毫不动摇鼓励、支持、引导非公有制经济发展，充分发挥市场在资源配置中的决定性作用，更好发挥政府作用。”回顾中国共产党开创社会主义市场经济体制的历史贡献及其新时代社会主义市场经济体制的发展变化，我们更能深刻体会中国共产党开辟中国特色社会主义道路之伟大，也更能增强对开启全面建设社会主义现代化国家新征程的信心。

【小思考12-2】

混合所有制经济形式在我国目前社会的具体表现形式是什么？

小思考12-2

分析提示

本章小结

● 中国近代的落后，主要是封闭保守，长期不了解外部的发展变化。建立现代市场经济体制既是新事又是关系中国前途命运的大事，发达国家在市场经济体制的建立方面有成熟的经验，也有教训。认真借鉴、学习先行者创造的经验可以少走弯路，少付学费。

● 在我国建立现代市场经济体制，经历了长期的探索过程。党的十一届三中全会拉开了我国经济体制改革的序幕。40多年来，我国经济体制改革实践取得了重大成就，特别是在建立现代市场经济体制方面取得了历史性突破。

● 在中国建立现代市场经济体制是一件亘古未有的新事，既要纵向了解市场经济体制产生、演变的历史，又要横向比较不同国家、不同地区采取的不同的市场经济体制模式，更要结合中国自己的国情。中国所处社会主义初级阶段的国情，市场发育的不成熟严重制约着中国现代市场经济体制目标的过高定位。但中国毕竟选择了市场经济，毕竟走上了市场经济发展之路，就一定要按照市场经济的规则、规律办事，一定要建立市场在资源配置中起决定性作用的经济体制。

● 经济体制优劣的评价标准，应是资源是否得到合理配置和利用。

● 政府主导并不等同于政府干预太多。中国选择“政府主导型市场经济模式”既是对先进国家的借鉴，更是因为这种模式符合中国国情。一般来说，中国现代市场经济的政府主导力度还应高于东亚国家，问题在于，这里要研究政府主导的方式、方法和操作技术，同时要制度性地消除腐败。

主要概念和观念

□ 主要概念

经济体制　市场经济体制

□ 主要观念

每一个国家都应按照自己的实际国情选择自己国家的经济发展模式。

基本训练

1）选择题（单项或多项选择）

（1）不同社会制度条件下，市场经济在根本方法上（　　）。

A.不相同　B.相同或相似　C.部分相同　D.不可比

（2）在西方现代市场经济条件下行之有效的东西，在中国现代市场经济条件下（　　）。

A.完全适用　B.完全不适用

C.不一定完全适用　D.有的适用，有的不适用

（3）我国现代市场经济体制的建立，在时间上是（　　）。

A.渐进式的　B.激进式的　C.超前式的　D.等待式的

在线测评12-1

选择题

2）简答题

（1）发展中国家市场经济体制模式与发达国家的市场经济体制模式有何差别？

（2）充分认识和借鉴西方国家发展市场经济经验的必要性是什么？

观念应用

近期美国有线电视新闻网、《纽约时报》、《福布斯》等媒体机构，艾伦·麦克阿瑟基金会等非政府经济组织都在积极关注中国经济复苏的话题，大量分析表明中国已重振经济，成功走出疫情危机。

中国经济之所以能快速复苏，主要得益于中国实施的强有力的经济政策。2000年后中国加入世界贸易组织，确立在全球经济中的地位，积极参与国际贸易。2010年前后中国开始着力发展电子商务，搭建电商基础设施，逐步实现数字经济转型。此后取得的一系列经济成果，如阿里巴巴电子商务网站、支付宝等，也印证了中国经济的成功转型。2015年以来，中国提供资金鼓励初创公司发展，引领了21世纪人工智能、机器人技术、大数据分析等新兴行业的发展，同时中国也培育了强大的消费市场，树立了对政府经济政策的信心。目前的中国已成功建立起现代型经济，拥有一整套金融工具和技术手段，成为名副其实的经济大国。

中国决策者们也积极思考疫情之后的经济发展，提出双循环新发展格局。正如克里斯·巴克利（Chris Buckley）在《纽约时报》的分析文章中说的，“这意味着中国将扩大内需和推动创新作为拉动经济的主要引擎，同时将国外市场和投资作为第二经济增长点。”据英国独立研究机构TS Lombard首席中国经济学家Bo Zhuang表示，中国双循环的新发展格局是对某些国家逆全球化的回应，目的是要通过重构平衡，规避外部风险，在提升国内经济动力的同时，深入推动全球供应链发展。

资料来源 佚名. 中国经济复苏充分体现了中国经济体制的韧性和先进［EB/OL］.［2022-11-01］. https：//export.shobserver.com/baijiahao/html/306382.html.

问题：你认为“中国发展模式”的优势何在？

主要参考文献

［1］马克思．资本论：第1~2卷［M］．2版．北京：人民出版社，1976.

［2］邓小平．邓小平文选：第3卷［M］．北京：人民出版社，1993.

［3］萨缪尔森 P A，诺德豪斯 W D.经济学［M］．杜月笙，等译．12版．北京：中国人民大学出版社，1992.

［4］斯蒂格利茨．经济学［M］．姚开建，刘凤良，吴汉洪，等译．4版．北京：中国人民大学出版社，1998.

［5］曼昆．经济学原理［M］．梁小民，译．北京：北京大学出版社，1999.

［6］梁小民．宏观经济学［M］．北京：三联书店，2002.

［7］厉以宁．西方经济学［M］．北京：高等教育出版社，2000.

［8］魏杰，韩小明，杨瑞龙．产权与企业制度分析［M］．北京：高等教育出版社，1998.

［9］陈东琪，李茂生．社会主义市场经济学［M］．2版．长沙：湖南人民出版社，1997.

［10］谷书堂．社会主义经济学通论［M］．3版．北京：高等教育出版社，2006.

［11］尹伯成，许晓茵．西方经济学基础［M］．上海：上海人民出版社，2007.

［12］高鸿业．西方经济学［M］．4版．北京：中国人民大学出版社，2008.

［13］吴汉洪．经济学基础［M］．3版．北京：中国人民大学出版社，2009.

［14］连有，王瑞芬．西方经济学［M］．北京：清华大学出版社，2009.

［15］韦曙林．经济学原理［M］．北京：中国人民大学出版社，2009.

［16］缪国亮．经济学原理［M］．北京：中国经济出版社，2011.

［17］张维迎．经济学原理［M］．西安：西北大学出版社，2015.

［18］刘苓玲．经济学原理［M］．北京：经济科学出版社，2015.

［19］赖文燕．经济学基础［M］．北京：经济科学出版社，2015.

［20］陈学忠，黄慧化．经济学基础［M］．2版．北京：电子工业出版社，2020.

［21］史忠健．经济学基础［M］．6版．北京：高等教育出版社，2021.

［22］刘华．经济学基础［M］．6版．大连：大连理工大学出版社，2022.

［23］冯瑞．经济学基础［M］．3版．北京：高等教育出版社，2022.